权威·前沿·原创

皮书系列为

“十二五”“十三五”国家重点图书出版规划项目

BLUE BOOK

智库成果出版与传播平台

生态发展蓝皮书

BLUE BOOK OF ECOLOGICAL DEVELOPMENT

中国生态旅游发展报告（2021~2022）

REPORT ON THE DEVELOPMENT OF ECOTOURISM IN CHINA (2021-2022)

中国林业生态发展促进会
中国生态旅游集团有限公司 / 研　创

主　编 / 李　群　沙　涛

副主编 / 钟栎娜　孟志军　傅梦麟

社会科学文献出版社
SOCIAL SCIENCES ACADEMIC PRESS (CHINA)

图书在版编目(CIP)数据

中国生态旅游发展报告. 2021－2022／李群，沙涛主编. －－北京：社会科学文献出版社，2021.12
（生态发展蓝皮书）
ISBN 978－7－5201－9341－2

Ⅰ.①中… Ⅱ.①李… ②沙… Ⅲ.①生态旅游－旅游业发展－研究报告－中国－2021－2022 Ⅳ.①F592.3

中国版本图书馆 CIP 数据核字（2021）第 227824 号

生态发展蓝皮书
中国生态旅游发展报告（2021~2022）

主　　编／李　群　沙　涛
副 主 编／钟栎娜　孟志军　傅梦麟

出 版 人／王利民
组稿编辑／周　丽
责任编辑／张丽丽
文稿编辑／谷丹阳
责任印制／王京美

出　　版／社会科学文献出版社·城市和绿色发展分社（010）59367143
　　　　　地址：北京市北三环中路甲 29 号院华龙大厦　邮编：100029
　　　　　网址：www.ssap.com.cn
发　　行／市场营销中心（010）59367081　59367083
印　　装／三河市东方印刷有限公司

规　　格／开 本：787mm×1092mm　1/16
　　　　　印 张：22.25　字 数：333 千字
版　　次／2021 年 12 月第 1 版　2021 年 12 月第 1 次印刷
书　　号／ISBN 978－7－5201－9341－2
定　　价／189.00 元

生态发展蓝皮书

编　委　会

主要编撰者简介

李　群　应用经济学博士后，现任中国社会科学院数量经济与技术经济研究所大数据与经济模型研究室主任，研究员（二级），博士后合作导师，中国社会科学院研究生院教授、博士生导师；兼任中国林业生态发展促进会副会长、中国生态发展研究院院长，中国科技论坛编委。主要从事不确定性经济预测与评价、人才资源与经济发展、生态治理、林业生态评价等领域的研究。

主持国家社科基金项目、国家软科学项目、中国社会科学院重大国情调研项目等6项，主持省部级课题31项；出版专著6部；主编公民科学素质蓝皮书、北京科普蓝皮书、生态治理蓝皮书、林业生态蓝皮书、生态旅游蓝皮书5部蓝皮书；在国内外期刊、报纸发表论文、理论文章等200余篇。

沙　涛　现任中国林业生态发展促进会法定代表人、执行会长。多年以来长期从事生态建设、绿色产业，对生态产业战略发展，生态产业资源转化利用等具有丰富的经验。

序

党的十八大以来，以习近平同志为核心的党中央高度重视我国生态文明建设，开展了一系列具有根本性、开创性的工作。党的十八大首次确立了“美丽中国”的建设目标，并将生态文明置于“五位一体”的总体布局中，对生态文明建设作出了顶层设计和总体部署，提出“绿水青山就是金山银山”，“尊重自然、顺应自然、保护自然”，“绿色发展”等生态文明理念。

我认为，生态旅游的核心是生态，出发点落脚点是地方的经济发展。正确把握“绿水青山就是金山银山”理念是至关重要的，应当尽最大可能维持生态环境与经济发展间的平衡，紧紧围绕“绿色发展”，科学利用青山绿水，实现生态美与百姓富的有机统一。

近年来，我国生态旅游在生态文明理念的引领下发展形势喜人。截至2021年上半年，全国生态旅游游客量达11.21亿人次，较2020年上半年的7.08亿人次，增加了4.13亿人次，同比增加58.33%。长假、小长假对生态旅游的拉动作用显著。2021年元旦、春节、劳动节（合计15天）的游客量占了上半年游客量的29.35%，日均游客量达2193万人次，是上半年其他时段日均游客量（477万人次）的4.6倍，其中最大单日游客量达4843.24万人次。旅游业在疫情后复苏，家庭出游意愿增强，生态旅游表现出强大的生命力，成为农民脱贫致富新渠道、地方经济转型新抓手。下一阶段，要正确引导生态旅游的发展方向，解决好自然环境污染、生态旅游产品同质化、片区间发展不平衡等深层次问题。

此外，建立生态旅游大数据系统是十分有必要的。现在是大数据时代，数据是很重要的资源，科学数据资源是国家重要的财富，也是生产力，必须使科学数据流动起来。科学数据完全可以支撑起国家信息产业或者大数据产业，而且数据资源越用越有价值。作为国家重要的战略资源，科学数据非常有意义，数据资源共享后如何进行整合、应用，值得各领域的科学家进一步研究。

此次编写的《中国生态旅游发展报告（2021～2022）》是一部力作，不仅界定了生态旅游系统的概念，更构建了科学的中国生态旅游发展指数指标体系，并建立了数据库。分报告引用了丰富的案例，从政策监管、区域发展等多个角度总结了生态旅游发展的经验并给出了政策建议，为我国生态旅游发展提供了参考。

中国工程院院士
中国科学院地理科学与资源研究所研究员
中国生态智库首席科学家
2021年9月6日

摘　要

中国地理位置独特，地形地貌复杂，气候类型多样，生物多样性丰富为发展生态旅游奠定了坚实的资源基础。《全国生态旅游发展规划（2016～2025年）》结合各地生态旅游资源特色，将全国生态旅游发展划分为八个片区，在建设“绿色中国”“美丽中国”的全新理念指引下，构建了科学合理的生态旅游发展指标体系，对片区发展进行了综合评价，是促进生态旅游行业发展、政策制定的有力保障。

本书总报告立足于新发展阶段、新发展理念、新发展格局，从“五位一体”总体布局出发，对生态旅游系统进行了概念界定，并总结了生态旅游的兴起原因、国内外生态旅游的发展历程。同时依据最新统计数据对生态旅游八大片区的发展情况进行了综合评价。研究发现，各地区间生态旅游发展程度差异呈扩大趋势，且具有独特生态旅游资源的地区拥有更强劲的发展动力。应当通过完善法律法规、完善生态旅游发展规划、发展地区生态文化独特性和加大宣传教育等手段，解决地区间生态旅游发展差异大、地区生态旅游发展阶段低等突出问题。

本书分报告共有六个部分，指数篇中，从大数据的角度系统地分析了中国生态旅游的发展现状，围绕中国生态旅游资源的城市间集聚效益、生态旅游产业的集聚效应、生态旅游传播的集聚效应进行了深入研究。测算结果表明东部地区经济较为发达的省（区、市）生态旅游发展大幅领先，应当更加注重东、中、西部各个省（区、市）自身及相互之间的均衡发展，充分发挥直辖市和部分先进省（区、市）的带动作用，充分促进东、中、西部地区的生态旅游可利用、可开发、可持续、可协调的科学化发展，进一步减小各地区在生态旅游基础建设及公共服务能力上的发展差距。

区域篇中，通过研究多个地区的生态旅游发展过程得出，建立生态旅游补偿机制和协同模式、构建人才培养长效机制和完善生态旅游公共服务体系能够有效促进地区生态旅游行业升级和经济发展。

专题篇中，对中国生态旅游发展规划的评价标准体系和验收体系以及中国生态旅游发展新格局下的需求进行了探讨。研究表明“双体系”要准确把握绝对量和相对量的平衡，保持体系动态性和稳定性，将游客满意度作为验收成果的重要参考；通过总结黄山、桂林和峨眉山等地区的生态旅游发展历程，本书发现拥有一定垄断性的景区资源可以带来稳定的收入增长，但是一些可有可无的配套设施则无法带来利润增长。

政策与监管篇中，对中国生态旅游法律法规现状、问题及应对措施进行了梳理，对国内生态旅游供给和需求、发展和保护、物质和精神、权利和责任之间的矛盾进行了辨析，对旅游企业和社会资本开展合作的模式在推广和运用中出现的“阵痛”进行了归纳。并给出编制生态旅游资产负债表、建立生态旅游监督管理机制、完善生态旅游法律体系、加强信用水平体系建设等政策建议。

案例篇中，以川西大九寨生态旅游线路为例，在资源及产业发展概况的基础上，探索其品牌化发展历程，分析其品牌化战略。川西大九寨生态旅游线路的成功表明依托政策明确品牌建设发展方向、进行资源整合和品牌集群化发展是打造生态旅游线路品牌的有效途径。

借鉴篇中，对国际自然保护地、美国黄石国家公园、日本“生态旅游+”、泰国“7大绿色概念”等成功的生态旅游发展模式展开分析，总结模式、做法与成效，并从行业监管与规划、部门协作、社区参与、人才培养、经营模式等方面给出了生态旅游发展建议。

总体而言，全书围绕《全国生态旅游发展规划（2016～2025年）》，对产业规划、环境保护、配套体系等方面的总体布局、重点任务进行了总结并实施了综合评价，为专家学者、管理部门、企事业单位研究制定生态旅游发展规划提供了参考依据。

关键词： 生态旅游 生态文明建设 生态旅游发展规划

目 录

Ⅰ 总报告

Ⅱ 指数篇

Ⅲ 区域篇

Ⅳ 专题篇

Ⅴ 政策与监管篇

Ⅵ 案例篇

Ⅶ 借鉴篇

皮书数据库阅读**使用指南**

总报告

General Report

B.1 中国生态旅游发展报告

李 群 沙 涛 王成慧 钟栎娜 孙 咏 毛宇挺 刘基伟*

摘 要：2021年是“十四五”开局之年，是中国生态建设与经济发展全面转向高质量发展的伊始之年。报告总结了国内外生态旅游的发展历程，并围绕“五位一体”总体布局对生态旅游的概念进行了界定。通过构建中国生态旅游发展指标体系，对《全国生态旅游发展规划（2016～2025年）》划分的生态旅游片区进行了综合评价，其中东部平原丘陵生态旅游片区、长江上中游生态旅游片区、黄河中下游生态旅游片区、珠江流

* 李群，应用经济学博士后，中国社会科学院数量经济与技术经济研究所研究员、博士研究生导师、博士后合作导师，兼任中国林业生态发展促进会副会长，主要研究方向：经济预测与评价；沙涛，中国林业生态发展促进会执行会长；王成慧，博士，北京第二外国语学院教授；钟栎娜，教授，北京第二外国语学院中国文化和旅游大数据研究院执行院长，研究方向：旅游大数据、区域旅游规划、文化地理学；孙咏，中国社会科学院数量经济与技术经济研究所数量经济学博士后，研究方向：经济可持续发展、生态文明建设；毛宇挺，中国社会科学院大学博士，上海浦东发展集团财务有限责任公司，研究方向为经济预测；刘基伟，中国社会科学院大学博士生，主要研究方向为不确定性经济预测与评价，多元统计。

域生态旅游片区超过全国的平均水平值0.0723；对所有省（区、市）进行排名，仅有北京市、上海市、重庆市、天津市和江苏省5个直辖市/省的生态旅游发展高于全国各省（区、市）整体平均值0.1269。研究发现，各地区间生态旅游发展程度差异呈扩大趋势，且具有独特生态旅游资源的地区拥有更强劲的发展动力。目前，中国生态旅游仍存在环境污染严重、资源遭受破坏、生态旅游发展阶段较低等现象，针对上述问题，报告认为要及时把握社会生态意识增强、生态旅游市场崛起和数智技术蓬勃发展的机遇，加大宣传教育、做好生态规划、加强生态管理并完善相关法律法规。

关键词： 生态旅游 绿水青山 综合评价体系

一　研究背景及现实意义

自 1983 年，世界自然保护联盟首次提出“生态旅游”概念后，这一新兴的绿色消费方式迅速火遍全球。20 世纪 90 年代初期，生态旅游概念被正式引入中国。随着我国可持续发展战略的实施，历经 20 多年发展的生态旅游初步形成以风景名胜、自然保护区、地质公园、森林公园以及湿地公园等为主要载体，以山、河、湖、海、荒漠、草原、湿地为代表类型的生态旅游体系，是一种崇尚人与自然和谐共生、倡导绿色环保的旅游方式。生态旅游不仅依靠其多元化、深层次、沉浸式、有特色的旅游产品受到了人们的青睐，更通过社区参与、环境教育、共建、共享等方式提高了当地居民的生活水平和地区的经济收益。随着支持生态旅游的声音越来越大，人们对绿色理念的认识和对生态保护的意识明显提高，“两山论”理念已逐步成为共识。

2016 年国家发展改革委、旅游局印发《全国生态旅游发展规划（2016 ~

2025 年)》(下称《规划》)。《规划》指出了当前中国生态旅游发展中凸显的问题：一是重开发轻保护，集中表现为地区对生态旅游认识不到位，未能贯彻绿色发展理念，不重视自然资源保护，在缺乏项目规划的情况下，过分追求眼前利益和局部利益，忽视环境承载力、生态修复力，大肆施行竭泽而渔式开发，导致环境恶化。二是生态旅游产品同质化。生态景区不仅要带动地区经济发展，更要相应地承担起社区参与、环境教育的功能，需要对缺乏利益共享机制、生态保护监督机制的景区进行整改，提高社区参与积极性。

本报告分为三部分：第一部分，对生态旅游概念进行界定，总结国内外生态旅游发展的历史进程；第二部分，结合多源数据，围绕生态旅游概念的内涵，构建反映中国生态旅游发展状况的指标体系，计算国内生态旅游发展指数并进行分析；第三部分，指出目前国内生态旅游新阶段新格局的发展趋势；第四部分，说明当前生态旅游发展的主要问题和机遇；第五部分，围绕中国生态旅游发展规划并结合指数分析的结果，对国内生态旅游发展提出政策建议。报告围绕《规划》的重大任务，对国内生态旅游发展情况做了归纳和评价，为生态旅游发展提供了科学的决策依据和研究材料。

二　生态旅游概念界定及国内外生态旅游发展历程

(一)生态旅游概念界定

自 1983 年谢贝洛斯·拉斯喀瑞提出生态旅游概念至今，国内专家学者从不同角度界定了生态旅游的概念，其内涵与外延也在概念认知的发展中不断充实。

党的十八大第一次将“生态文明建设”与经济建设、政治建设、文化建设、社会建设等并列为五大发展目标，即“五位一体”发展目标。生态文明建设不仅是“五位一体”总体布局的重要内容，更是建设“美丽中国”的必然要求；“美丽中国”的号召也为旅游业的科学发展指明了方向。

2005 年，时任浙江省委书记的习近平提出“绿水青山就是金山银山”

的科学论断；2017 年 10 月，习近平同志在十九大报告中指出，坚持人与自然和谐共生；2020 年 4 月，习近平同志强调践行“绿水青山就是金山银山”发展理念，推进生态文明建设迈上新台阶，把绿水青山建得更美，把金山银山做得更大，让绿色成为最动人的色彩。习近平生态文明思想，是习近平新时代中国特色社会主义思想的重要组成部分，是新时代生态文明建设的根本遵循和行动指南，是科学把握“宁要绿水青山不要金山银山”“既要绿水青山又要金山银山”理念的思想引领。

发展至今，生态旅游在四大理念（保护性、自然性、社区参与、环境教育）和三大要点（生态旅游的活动性质、对象、人文景观）的基础上，立足新发展阶段、新发展理念、新发展格局和高质量发展，从“五位一体”总体布局出发，定义生态旅游为以自然生态子系统为核心内容，同时包含经济生态子系统、社会生态子系统、文化生态子系统、政治生态子系统共五个子系统的社会活动。具体来看：

1. 自然生态子系统

是生态旅游系统的核心内容。1990 年，《生态旅游：潜力与陷阱》中提出生态旅游应以自然为基础；1992 年，国际资源组织强调生态旅游应以欣赏自然为初衷。习近平同志强调“宁要绿水青山　不要金山银山”，突出了“三新一高”格局下保护自然、形成人与自然和谐发展现代化建设新格局的重要性。

2. 经济生态子系统

“两山论”深刻揭示了经济社会发展与生态资源保护之间的辩证统一关系。在习近平生态文明思想指引下，经济生态子系统为地区推动传统产业高端化、智能化、绿色化，为加快补齐生态环保等领域短板、增加旅游产品附加值，为促进经济高质量发展提供了指导。

3. 社会生态子系统

社会稳定和长治久安是中国丰富的旅游资源发挥吸引力的前提保证，考虑到当下疫情对公众潜移默化的影响，公众对地区安全、公共服务与管理的重视程度达到了新的高度。即，良好的社会环境和社会形势能够促进旅游业的发展。

4. 文化生态子系统

中国文化源远流长，拥有着深厚的文化底蕴，大江南北数不胜数的历史遗迹、建筑、民族艺术、宗教等吸引着海内外游客。各地应当科学开发地方建筑和饮食、民俗节庆以及民间工艺，建设以当地文化为特色的博物馆、主题园，以“存真、做深、活化、延展”为指导思想，推进文化生态旅游开发的“归链、扩面、延线以及拓链”工作，提升生态旅游吸引力。

5. 政治生态子系统

“人无精神则不立，国无精神则不强”，从“沂蒙精神”到“延安精神”，从“长征精神”到“红船精神”，红色革命精神激烈一代代人民奋勇向前，这种精神是党和国家的宝贵财富，更是新时代中国特色社会主义文化的重要组成部分。依托于红色文化建立的经典路线和景区，既可以供游客观光赏景，也可以使游客了解革命历史，学习革命斗争精神，培育新的时代精神，引导人民树立正确的世界观、人生观、价值观。

（二）生态旅游兴起的原因

“生态旅游”是由国际自然与自然资源保护联盟生态旅游顾问豪・谢贝洛斯・拉斯喀瑞于 1983 年首次提出的。他不仅指出自然景观观光应在可持续发展思想的指导下进行，更强调生态保护的重要性。早在“生态旅游”被提出前，就曾有许多与其关系密切的专业名词，如乡村旅游、自然旅游、未经破坏地区旅游、轻松的旅游等等。但上述概念并没有明确反映出保护环境或生态资源的要求，均不如“生态旅游”所表达的全面和深刻。随着经济增长和科技进步，人们生活水平提升的同时面临着生活环境和生活质量遭受下降的威胁。一方面，社会思想进步使得广大游客对自然风光和地域文化的需求与日俱增；另一方面，许多生态旅游景区已经遭受污染和破坏，更为甚者污染与破坏已经影响到当地旅游产业的健康发展。面临这两大困境，如何做到既要“金山银山”又要“绿水青山”，如何维持旅游业增长和生态保护协调发展等问题亟须寻求解决方法和应对措施。在这种背景下，“生态旅游”概念便应运而生。

1. 人类生态意识的觉醒是生态旅游兴起的社会背景

人类与自然和谐统一，密不可分。人类的生活、生产及一切活动都离不开自然环境。从人类文明出现至今，人类栖息的环境随着经济发展而不断改变。人类社会从茹毛饮血、刀耕火种到现代化，已经历经了狩猎文明、农业文明、工业文明等阶段，正处于从工业文明向生态文明过渡的关键时期，且面临着严峻的生态环境挑战。20 世纪 60 年代以来，全球性生态危机日益加剧，传统工业化进程导致了能源资源枯竭、森林退化与土地荒漠化加剧，海洋资源与水资源在过度利用下污染加剧，更面临全球气候变暖、生物多样性锐减等问题，马斯河谷烟雾事件、多诺拉烟雾事件、日本米糠油等事件一遍遍为人类敲响警钟。1972 年罗马俱乐部发表的《增长的极限》通过研究世界人口增长、工业增长、资源消耗和环境污染之间的动态关系，尖锐指出人类不应该以当前的方式继续发展，必须暂停经济与技术的增长。同年 6 月，联合国于瑞典召开第一届“人类与环境会议”，通过了著名的《人类环境宣言》，提出了“只有一个地球”口号，号召、呼吁人类保护环境、保护地球。在“绿色思潮”影响下，为解决问题、应对困境，寻求一种优化的人与自然的关系，可持续发展的思想在全世界范围内迅速普及。生态旅游业不仅是现代文明的标志之一，更是可持续发展大框架下的重要子系统①，因此实施可持续发展战略，在不超越资源与环境承载力的前提下，提高生态旅游的质量水平成为时代潮流。可以说，生态旅游是人类生态意识觉醒的产物、是可持续发展思想在旅游领域的集中体现。

2. 市场需求的拉动是生态旅游兴起的外部原因

旅游是一种时尚活动，传统大众旅游的迅猛发展为生态旅游奠定了物质基础。“绿色思潮”的出现使公众逐渐认识到地球环境问题是与每个人生存相关的重大问题，据调查 85% 的工业化国家的居民认为环境问题是公众关

① 李金荣：《经济全球化与旅游业可持续发展问题的探讨》，《行政与法》2004 年第 8 期。

心的第一问题[①]。面对工业化、城市化发展导致的严重污染与环境破坏，公众对回避疲惫生活和严重工业污染的需求愈来愈旺盛，公众更倾向利用闲暇时间回归大自然，享受以自然为旅游对象的生态旅游。这种“市场的变绿”现象鲜明传达了旅客越来越注重生态环境健康的思想转变。在这种庞大的市场需求下，顺应“绿色思潮”，既强调生态保护又能够满足公众旅游需求的生态旅游蓬勃发展，展现出强大的生命力。据国际生态旅游协会（TIES）估计自然生态旅游以每年 10% ~12% 的速度增长，已经成为 21 世纪旅游业的重要发展方向。

3. 行业内部寻求持续发展是生态旅游兴起的内在动力

旅游资源的合理配置和科学开发是旅游业可持续发展的前提与保障。传统的旅游业发展迅猛却存在诸多约束行业发展的弊病：生态环境质量退化、旅游产品同质化、旅游资源品味下降。为避免旅游资源全面退化乃至消失，更为保证旅游业持续健康发展，行业内部寻求持续发展成为生态旅游兴起的内在动力。以美英为代表的发达国家在市场需求下促使生态旅游主动产生，如 1872 年美国国会正式批准成立了世界上第一个国家公园——黄石国家公园。在之后很长的时间内，许多国家先后创建了大大小小的国家公园。但迫于旅游开发和环境保护的冲突加剧，20 世纪中后期美国提出“生态旅游”一词，相继建立健全相应法律条文规定，引导企业注重生态保护。

欠发达国家由于社会与经济发展的压力，被迫发展生态旅游。哥斯达黎加就是这类国家的代表，在经历了由发展农业所导致的土地荒漠化、水土流失后，哥斯达黎加于 1970 年起先后建立了 30 余个国家公园及保护区，大力发展生态旅游成为重要的经济发展形式。通过对生态环境资源进行科学合理的开发、经营管理，该行业成为社会、文化、经济发展的重要支柱。

（三）国外生态旅游发展历程

生态旅游作为旅游的重要组成部分是在人类历史长河中逐步显露并明确

① 田里、李常林：《生态旅游》，南开大学出版社，2004。

起来的，它不仅是一种旅游方式，更是一种旅游产品和一种旅游价值观，这一发展历程可划分为三个阶段。

1. 18世纪及以前：生态旅游发展原始阶段

工业革命之前，社会生产力水平低下，人类行为活动对自然环境影响较小、依赖较大。原始社会时期，大自然更是原始人类最早崇拜的对象之一，最早的宗教活动也是以大自然为祭祀对象的，人类的一切生产生活都要依赖于大自然。然而千变万化的大自然令原始人难以捉摸，人类不能理解这种状况，便认为有神秘力量在支配这一切，主宰着人类的命运，可以决定世间人类的祸福。面对这种强大的力量，人类只有通过表达敬意以求避免灾难，人类怀有一种崇拜自然、顺从自然的社会心理状态。此外，该阶段人口较少、交通不便，仅有少数人能具备旅行的条件，因此这一时期的人类活动很难对生态环境造成实质性威胁和破坏。

2. 18世纪末到19世纪末：生态旅游发展起步阶段

工业革命使社会生产力达到了空前的水平，人类社会开始了以电气化、机械化为代表的现代化进程。1842 年，世界第一家旅游代理商托马斯·库克公司的成立标志着现代旅游概念的确立，也标志着大规模、有组织的旅游开始形成。行业的壮大发展使生态环境遭受的威胁和破坏达到了前所未有的广度和深度，源于自身对工业化后果和影响的反思，世界上第一个国家公园——美国黄石国家公园——于 1872 年建立了。黄石国家公园总面积 8910 平方公里，九成以上面积保持原生状态，内部森林面积占比高达 90% 左右，20 世纪 80 年代“生态旅游”概念一经提出便在美国得到了大规模推广，1985 年后公园将业务拓展至科普教育、文化历史考察、休闲旅游、生态旅游等领域，在保证公园原真性的基础上通过功能分区等措施满足游客的合理需求。尽管在当时的社会背景下，以黄石国家公园为代表的生态旅游并非主流的旅游模式，但它在长期发展和改革中已逐渐摸索出多种适合自身的生态旅游模式，并给予世界其他国家公园的旅游开发和生态保护极大的灵感和指引。

3. 19世纪末至今：生态旅游发展快速阶段

发达国家中以黄石国家公园为代表的生态旅游经历了起步、快速发展、规范管理、稳步发展四个阶段[①]（见表1），在美国黄石国家公园之后，美国相继建立了360余个国家公园，所有国家公园的面积之和占其国土面积的1.4%。

表1　黄石国家公园发展历程

阶段	主要事件
起步探索阶段 1860～1917年	1860～1885年联邦政府管理，铁路公司参与其中的管理模式，旅游开发与环保冲突不断，公园管理方偏向旅游开发； 1886～1917年军队直接管理，强调生态保护，旅游开发未得到重视，旅游服从于生态保护
快速发展阶段 1918～1963年	1918年起由美国国家公园管理局进行专门统一的全权管理。1918～1963年强调在生态保护的基础上进行旅游开发，对二者的关系有了更加理性的认识和把握，但前期由于人员等因素在实践上仍然存在诸多不足，亟待完善
规范管理阶段 1964～1984年	1964年后美国环境意识开始觉醒，逐步实施环境立法、规划分区、客流控制、许可证经营等措施。但未真正解决旅游和生态之间的矛盾，也未真正触及生态旅游的内涵，仅仅是将人与生态分隔开来
稳步发展阶段 1985年至今	1985年后"生态旅游"观念和业务都有了一定拓展。景区管理上也结合解说系统、检测系统、学术研究等来实现更加精准高效的管理运营，生态和旅游的关系逐渐得到平衡。依托于先进科技，2005年黄石国家公园的雪地车都配备了便携式排放检测系统，既降低了汽车等交通工具对环境的污染、避免因冰面摩擦小而导致的交通事故，又增强了游客的体验感

注：参考分报告《美国黄石国家公园生态旅游模式分析》。

欧洲各国及日本、澳大利亚等发达国家继美国之后也陆续建立起了各自的生态旅游发展规划体系。如日本于1987年成立日本环境教育论坛(JEEF)，于1989年设立小笠原观鲸协会，于1992年成立环境教育生态旅游研究会。2003年，日本将推进生态旅游作为国家战略，日本国内愈发关注生态旅游，对生态旅游理念的理解更加深入。2004年3月和6月，生态旅游推进会议又分别召开第二、第三次全体会议，系统研究了生态旅游发展的对策以及如何协调国家、地方、旅游事业者与居民之间的关系。2006年

① 田里、李常林：《生态旅游》，南开大学出版社，2004。

12 月，《旅游基本法》全面修改，《旅游立国推进基本法》获批通过。2008 年，自《生态旅游推进法》实施以来，生态旅游发展更显成熟与规范。正是由于政府的大力支持和高效助推，日本的生态旅游业得以迅猛发展。类似地，发达国家不仅制定了能够保障生态旅游发展的法规，更培养出一批从事生态旅游产品开发的专业机构和经营产品的企业。因此，各发达国家的生态旅游产业发展态势良好。

在欠发达国家中，肯尼亚和哥斯达黎加是生态旅游发展的先驱。肯尼亚被誉为“自然旅游的前身”，也是当代生态旅游发展较好的国家之一。肯尼亚以其数量众多、种类繁多的野生动物而闻名。20 世纪初以来，在殖民主义统治下，肯尼亚掀起了对大型动物的野蛮狩猎，狩猎者和受益者以白人为主。1977 年，迫于民众的强烈意愿，政府宣布全面禁止狩猎。1978 年，肯尼亚将交易野生动物列为违法犯罪行为。失业者依靠国内丰富的生态资源，通过开展旅游活动来谋生，并提出“请用相机拍摄肯尼亚”的口号，肯尼亚的生态旅游业由此而生。1988 年以来，旅游收入首次超过咖啡和茶叶的出口收入，成为该国最大的外汇收入来源。哥斯达黎加是另一个较早发展生态旅游并颇有成效的发展中国家。在经过乱砍滥伐导致的森林退化、水土流失后，为保护森林资源，哥斯达黎加于 1970 年成立国家公园局，建立健全相关法规，通过设立国家公园和保护区，大力开展森林生态保护活动。通过科学规划与严格监督，截至 20 世纪 80 年代中期，旅游业的外汇收入已取代传统的咖啡和香蕉出口收入，成为该国最大的外汇来源。据调查，约有 36% 的游客来哥斯达黎加的目的是进行生态旅游。

经历过工业时代的空前繁荣后，资源枯竭、生物灭绝、环境恶化等问题令人们意识到注重生态保护的重要性，这一思想的广为传播推动政府、舆论以及市场将生态旅游作为旅游业未来的发展方向。如今，生态旅游产品越来越丰富、旅客数量越来越多，尽管传统大众旅游业仍占据世界旅游业格局的主要地位，但生态旅游崛起的势头不可阻挡。目前，生态旅游的指导思想、开发和管理模式、利益协调方式及其实际效果都已得到了普遍的认可。

（四）国内生态旅游发展历程

从孔子“周游列国”到司马迁“读万卷书，行万里路”，从李白“纵酒放歌，漫游南北”到徐霞客“踏遍青山人未老”，我国旅游活动几乎贯穿整个历史发展进程。我国开展生态旅游历史悠久，早期山水活动中就已经蕴含着生态文明的思想。古代先民在长期的生产实践中形成了朴素的生态道德观，不仅教育人们要“敬山泽林薮积草”，更有《淮南子·主术训》告诫人们向大自然索取要适度、要感恩大自然的馈赠。此外，信仰君权神授的古代社会同样敬仰、崇拜自然；“春三月，山林不登斧（斤），以成草木之长；夏三月，川泽不入网罟，以成鱼鳖之长”、《国语》“断罟匡君”、《礼记》“命祀山林川泽，牺牲毋用牝。禁止伐木。毋覆巢，毋杀孩虫、胎、夭、飞鸟、毋麛（mí）、毋卵。”都记载了中国古代先民对生态的保护，可以说，中国生态旅游有着深厚的底蕴。

1. 1999年以前：生态旅游发展初级阶段

受社会发展水平低的制约和自古以来文化思想的影响，中国生态旅游乃至旅游处于一个萌芽阶段。20 世纪 50 年代，中国国家旅游局隶属于外交部管理，旅游接待活动的主要对象是友好国家的团体、人士，用于满足外交的需要。截至 1978 年，中国接待的国际旅游人数仅占世界的 0.7%，创汇仅占全球 0.038%，分别位列世界第 41 位、第 47 位。在党的十一届三中全会以后中国旅游业迎来了发展转折点，时任国家副主席邓小平强调“旅游事业大有文章可做，要突出地搞，加快地搞”。在加强资源综合利用和提升经济生产高度的思想指导下，国内旅游业开始加快发展。

1982 年，中国第一个国家森林公园张家界森林公园正式建立，为国内生态旅游发展拉开了序幕。截至 1997 年底，中国共建立了 926 个以长白山、神农架、西双版纳、武夷山和湖南洞庭湖等名山、湿地为代表的自然保护区。在发展生态旅游的同时，由于对生态旅游资源的粗放式开发和盲目利用，风景区生态环境系统失调、风景名胜区环境污染严重。中国人与国家生物圈委员会调查表明，截至 1997 年底全国已经有 22% 的自然保护区由于旅游的盲目开发，生态环境和自然风光遭受破坏，更为严重的是有11%的自然保护区已出现生态环境恶化现象。在已经开办旅游的自然保护区中，仅有16%的保护区建立了较完善的监管体系。如何科学开展生态旅游工作成为国内学者研究的重点。

2. 1999年至2008年：第一个中国生态旅游十年

在经历过张家界、九寨沟的前车之鉴后，社会逐渐重视生态保护，如何实现生态保护和旅游业发展的双赢引起了政府和业界的重视，一系列研讨会的召开使中国政府认识到生态旅游对中国旅游发展的深刻意义。1999年，中国政府以在中国举办世界园艺博览会为契机提出了“生态环境游”主题活动年，推出野生动物主题游、保护环境主题游、沙漠探险主题游等11类专项生态旅游产品，同时开发生态旅游森林公园119个，中国风景名胜区7个，中国生物圈保护区19个，中国植物园11个，更建设了以香格里拉、呼伦贝尔为代表的一批生态旅游区。另外，中国先后出台了《国家地质公园总体规划工作指南》和《国家级自然保护区总体规划》，重点强调了生态旅游的重要性。《关于促进社会主义新农村建设与乡村旅游发展合作协议》等多项法规政策的制定为生态旅游的和谐发展提供了保障，也使得经营者不再将“生态旅游”作为创造营收的噱头，而是作为一种可持续发展的理念。

第一个十年，国内生态旅游在不断摸索中寻求到了一条从粗放开发到经济同生态和谐发展的道路，生态旅游显示出其强大的生命力，逐渐成为一种倡导绿色环保，崇尚人与自然和谐统一的、大众化的旅游产品类型。

3. 2009年至今：第二个中国生态旅游十年

为进一步贯彻“十七大”关于建设生态文明的总体部署，落实全面、协调、可持续的科学发展观，经研究，中国将2009年确定为“中国生态旅游年”，主题口号定为“走进绿色旅游、感受生态文明”。中国自此开启了第二个生态旅游的十年，受2008年世界经济危机的影响，中国生态旅游业增幅放缓，为积极响应国家扩大内需促进消费的部署，国家旅游局通过研究金融危机对旅游业的影响，制定了一系列积极应对措施，敦促全行业贯彻落实中央一系列重要指示精神：2009 年 12 月《关于加快发展旅游业的意见》支持有条件的地区开展特色生态旅游活动。在妥善保护自然生态、原有人居环境和历史文化遗产的前提下，合理利用民族村落、古村落、古镇，依托国家级文化、自然遗产地，培育以假日旅游、生态旅游为主题的消费热点，逐步形成内容丰富完善的生态旅游产品体系。随后陆续出台《国民旅游休闲纲要》《旅游法》《国家生态旅游示范区建设与运营规范（GB/T26362－2010)》不断完善以生态旅游为组成部分的国内旅游业发展体系。

党的十八大第一次将“生态文明建设”与经济建设、政治建设、文化建设、社会建设等并列为五大发展目标，即“五位一体”。“美丽中国”的号召指明了旅游业科学发展的方向，不仅要推进生态文明建设，更需要构建生态安全格局。十八大报告指出，要把生态文明建设摆在突出位置，生态旅游作为资源节约型、环境友好型产业，在引领行业、服务人民中占有突出地位。2014 年印发的《关于促进文化创意与设计服务及相关产业融合发展的若干意见》强调，要推进文化生态保护区建设，保持乡村原有景观、文化特色和自然生态，促进融合发展。同年，国务院《关于促进旅游业改革发展的若干意见》要求各地结合本地区实际，制定具体实施意见，大胆探索创新，推动改革发展，旅游业再上新台阶。各地要加强规划引导，重视旅游资源和生态环境保护。依托当地区位条件、资源特色和市场需求，发挥生态优势，集中力量开发建设一批新的自然生态环境良好的精品景区和特色旅游目的地。

2016 年，为贯彻落实党的十八大和十八届三、四、五中全会关于加快生态文明建设，加快发展旅游业的精神，贯彻落实《国务院关于促进旅游业改革发展的若干意见》要求，《全国生态旅游发展规划（2016～2025年)》编制完成，该《规划》是未来十年全国生态旅游发展的重要指导性文件。文件强调，国内生态环境还比较脆弱，生态系统质量和功能不高，生态安全形势依然严峻，生态保护与经济社会发展的矛盾依然突出。《规划》指出要整合资源，促进融合发展，优化配套体系，加强资源环境和国情教育，引导形成正确的生态价值观，树立倡导生态文明的新风尚，推动形成绿色消费新理念，发展负责任和可持续的旅游业，实现人与自然的和谐。《规划》中指出未来十年国内将打造25条国家生态风景道、建设200个重点生态旅游目的地、形成50条精品生态旅游线路同时完善资源环境保护、公共服务、环境教育、社区参与、政府扶持及法律监管等配套体系。2019年3月1日，《国家级文化生态保护区管理办法》（以下称《办法》）正式施行。《办法》坚持把最广大人民的根本利益作为生态区建设工作的根本出发点和落脚点，与重大民生工程相衔接。《办法》进一步明确，生态区建设要以习近平新时代中国特色社会主义思想为指导，为全面推进生态区建设提供基本遵循，书写国家级文化生态保护区建设的新篇章。

2020年是不寻常的一年，受新冠肺炎疫情在全球持续蔓延的影响，2020年度国内旅游人数为28.79亿人次，比上年同期减少30.22亿人次，下降51.2%。分季度看，呈现降幅收窄趋势，其中第一季度国内旅游人数2.95亿人次，同比下降83.4%；第二季度国内旅游人数6.37亿人次，同比下降51.0%；第三季度国内旅游人数10.01亿人次，同比下降34.3%；第四季度国内旅游人数9.46亿人次，同比下降32.9%。研究表明疫情发生之后，近郊亲子游、家庭游增多，游客越来越重视对于自然生态环境与个人健康的追求，注重精神愉悦、亲子陪伴、释放压力等的短途、近郊游拥有巨大市场需求，自然生态景区从疫情中脱颖而出。

三　中国生态旅游发展指数分析

（一）中国生态旅游发展评价指标体系的构建

中国生态旅游指数涵盖了自然生态子系统、经济生态子系统、政治生态子系统、文化生态子系统和社会生态子系统，构建并确定指标24项（见表2）。

表 2　中国生态旅游发展指标体系

子系统	具体指标
经济生态	GDP
	国内游客人次
	国际游客人次
	国内旅游消费
政治生态	文旅局微信公众号指数
	政府旅游新闻热度
	旅游政策数量
文化生态	世界文化遗产数量
	国家重点文物保护单位数量
	国家级非物质文化遗产数量
	全国红色旅游经典景区数量
	博物馆数量
	图书馆数量
社会生态	旅游投诉结案率
	社会舆情
自然生态	国家级风景名胜区数量
	国家级森林公园数量
	国家级湿地公园数量
	国家级地质公园数量
	世界自然遗产数量
	国家级生态旅游示范区数量
	中国美丽休闲乡村数量
	水利资源密度
	城市绿化率

注：1. 数据来源于北京第二外国语学院中国文化和旅游大数据研究院、百度、搜狗微信、地区年鉴、地区政府官网、中国银联股份有限公司、联通大数据有限公司、携程旅游网、12301 国家智慧旅游公共服务平台、12345 政府服务热线、中科院遥感数据等官方及营利性企事业单位。

2. 为消除各指标量纲不同的影响，对其进行极差标准化处理。

（二）中国生态旅游发展评价指标体系的权重设定

本报告采用专家打分法与熵值法相结合的主观权重确定方法，从“大系统”“美丽中国”的高度，谨慎研究，征集领域专家、学者的意见，回收专家意见进行整理，获得子系统及其具体指标的主观权重；客观赋权法采用熵值法以数据本身的离散性确定权重，两者相结合最终确定最后权重。

根据本报告构建的中国生态旅游发展评价体系，以建设“美丽中国”为核心，以发展中国生态旅游为目标，以贯彻落实“五位一体”“三新一高”理念为重点，对各项指标进行权重设定，经过多轮修正，得到子系统权重结果（见表3）。

表3　中国生态旅游发展子系统权重

子系统名称	自然生态	经济生态	政治生态	文化生态	社会生态
权重	0.4590	0.2167	0.0582	0.1599	0.1063

在子系统权重的基础上，24个具体指标权重结果如表4所示。

表4　中国生态旅游发展具体指标权重

子系统	具体指标	权重值
自然生态	国家级风景名胜区数量	0.0522
	国家级森林公园数量	0.0759
	国家级湿地公园数量	0.1004
	国家级地质公园数量	0.0557
	世界自然遗产数量	0.0557
	国家级生态旅游示范区数量	0.0917
	中国美丽休闲乡村数量	0.2602
	水利资源密度	0.1568
	城市绿化率	0.1513
经济生态	GDP	0.2555
	国内游客人次	0.1495
	国际游客人次	0.1495
	国内旅游消费	0.4454
政治生态	文旅局微信公众号指数	0.6915
	政府旅游新闻热度	0.1601
	旅游政策数量	0.1484
文化生态	世界文化遗产数量	0.1385
	国家重点文物保护单位数量	0.4229
	国家级非物质文化遗产数量	0.1007
	全国红色旅游经典景区数量	0.0847
	博物馆数量	0.1356
	图书馆数量	0.1175
社会生态	旅游投诉结案率	0.9256
	社会舆情	0.0744

（三）中国生态旅游发展指数的数据测算结果①

1. 八大片区生态旅游发展指数

本报告在进行分区评价时，对区域的范围划定严格按照《规划》总体布局章节的划分来确定。共计 8 个片区，即：东北平原漫岗生态旅游片区、东部平原丘陵生态旅游片区、黄河中下游生态旅游片区、珠江流域生态旅游片区、北方荒漠与草原生态旅游片区、青藏高原生态旅游片区、长江上中游生态旅游片区和海洋海岛生态旅游片区。

（1）中国生态旅游发展总指数

通过对 8 个分区的生态旅游发展总指数进行对比，得到的排名从高到低依次为东部平原丘陵生态旅游片区、黄河中下游生态旅游片区、长江上中游生态旅游片区、珠江流域生态旅游片区、东北平原漫岗生态旅游片区、青藏高原生态旅游片区、海洋海岛生态旅游片区和北方荒漠与草原生态旅游片区，全国平均指数值为 0.0723，其中排名前四的生态旅游片区超过全国的平均水平，可以看出，生态旅游发展较好的片区主要集中在我国的沿河沿江和东部沿海地带（见表 5）。

表 5　中国生态旅游发展总指数区域排名

区域	总指数	排名
东部平原丘陵生态旅游片区	0.1097	1
黄河中下游生态旅游片区	0.0908	2
长江上中游生态旅游片区	0.0834	3
珠江流域生态旅游片区	0.0796	4
东北平原漫岗生态旅游片区	0.0572	5
青藏高原生态旅游片区	0.0560	6
海洋海岛生态旅游片区	0.0555	7
北方荒漠与草原生态旅游片区	0.0459	8
平均值	0.0723	—

① 在确定权重后，将经过极差标准化处理的 24 个具体指标乘以对应权重，公式如下：中国生态旅游发展指数 = $\sum_{i=1}^{24}$ 具体指标(标准化) × 权重$_i$。

（2）中国生态旅游发展子系统

生态旅游发展指标体系分为五大子系统。其中经济生态子系统指数值位于平均值之上的区域依次为东部平原丘陵、珠江流域、黄河中下游和长江上中游4个生态旅游片区，说明东部沿海地区的经济生态表现优异，此外，沿两江和沿河区域的经济生态发展也较好；政治生态子系统指数值位于平均值之上的区域依次为海洋海岛、东部平原丘陵、黄河中下游和珠江流域4个生态旅游片区，说明海洋海岛生态旅游片区的政府对生态旅游的重视程度高，东部沿海、沿河、沿珠江区域的政府生态也表现较好；文化生态子系统指数值位于平均值之上的区域依次为黄河中下游、东部平原丘陵和长江上中游3个生态旅游片区，黄河中下游生态旅游片区是丝绸之路的重要组成部分，其以丰富的文化遗产位列文化生态第一名，值得注意的是，第二名东部平原丘陵生态旅游片区的指数值为0.0919，而第三名长江上中游生态旅游片区的指数只有0.0574，其间有断层式下跌，说明区域之间的文化生态发展存在两极分化现象。社会生态子系统指数值位于平均值之上的区域依次为东部平原丘陵、黄河中下游、珠江流域和长江上中游4个生态旅游片区，说明东部沿海地区的社会舆情表现优异，且政府的旅游投诉结案率高，沿河和沿两江流域的社会生态表现也较好；自然生态子系统指数值位于平均值之上的区域依次为长江上中游、东部平原丘陵、青藏高原和黄河中下游4个生态旅游片区，说明长江中上游的自然生态资源最为丰富，且除了沿河、沿海和沿江流域外，青藏高原生态旅游片区也超过全国平均值（见表6）。

综合来看，大江大河流域是生态旅游发展的热点区域和重要的生态旅游目的地，此外，各个区域的发展优势各不相同，比如黄河中下游生态旅游片区的文化生态系统表现优异，长江上中游生态旅游片区的自然生态系统表现优异，因此各个片区应当根据自身优势有针对性地开展有效措施，从而推动片区的生态旅游进一步发展。

表 6　生态旅游发展子系统区域排名

区域	经济生态子系统		政治生态子系统		文化生态子系统		社会生态子系统		自然生态子系统	
	指数值	排名	指数值	排名	指数值	排名	指数值	排名	指数值	排名
东部平原丘陵生态旅游片区	0.1295	1	0.2051	2	0.0919	2	0.1624	1	0.0821	2
黄河中下游生态旅游片区	0.0980	3	0.2029	3	0.0950	1	0.1180	2	0.0654	4
长江上中游生态旅游片区	0.0746	4	0.1431	5	0.0574	3	0.0980	4	0.0856	1
珠江流域生态旅游片区	0.1152	2	0.1919	4	0.0443	4	0.1102	3	0.0538	6
东北平原漫岗生态旅游片区	0.0385	6	0.1206	6	0.0426	5	0.0789	5	0.0580	5
青藏高原生态旅游片区	0.0118	8	0.1127	7	0.0420	6	0.0467	8	0.0768	3
海洋海岛生态旅游片区	0.0387	5	0.2197	1	0.0323	8	0.0786	6	0.0452	7
北方荒漠与草原生态旅游片区	0.0272	7	0.1103	8	0.0337	7	0.0749	7	0.0441	8
平均值	0.0667	—	0.1633	—	0.0549	—	0.0960	—	0.0639	—

基于以上分析可以看出，生态旅游发展较好的片区主要集中在我国的沿河沿江和东部沿海地带。从经济生态与社会生态上看，东部平原丘陵生态旅游片区排名第一；从政治生态上看，海洋海岛生态旅游片区排名第一；从文化生态上看，黄河中下游生态旅游片区排名第一。

2. 中国各省（区、市）生态旅游发展指数

对所有省（区、市）进行排名，排名前十的是北京市、上海市、重庆市、天津市、江苏省、福建省、浙江省、贵州省、广东省和河北省。其中，只有北京市、上海市、重庆市、天津市和江苏省 5 个直辖市/省的生态旅游发展高于整体平均值 0.1269，其他省（区、市）的总指数值都低于整体平均水平。

表7　中国各省（区、市）生态旅游发展指数

省(市、区)	总指数	排名
北京市	0.6136	1
上海市	0.5310	2
重庆市	0.5207	3
天津市	0.2788	4
江苏省	0.1359	5
福建省	0.1266	6
浙江省	0.1181	7
贵州省	0.1091	8
广东省	0.0897	9
河北省	0.0867	10
山东省	0.0864	11
陕西省	0.0847	12
湖南省	0.0844	13
安徽省	0.0820	14
江西省	0.0788	15
湖北省	0.0782	16
河南省	0.0750	17
四川省	0.0737	18
云南省	0.0665	19
广西壮族自治区	0.0645	20
山西省	0.0591	21
黑龙江省	0.0584	22
内蒙古自治区	0.0568	23
海南省	0.0555	24
辽宁省	0.0534	25
吉林省	0.0510	26
甘肃省	0.0488	27
宁夏回族自治区	0.0456	28
新疆维吾尔自治区	0.0452	29
青海省	0.0419	30
西藏自治区	0.0349	31
平均值	0.1269	—

四　国内生态旅游新阶段新格局发展趋势

（一）全国各省（区、市）之间生态旅游发展程度各不相同，同时差距将会越来越大

1. 直辖市发展水平较高，且后续将会进一步拉开差距

目前整体数据表明，北京、上海、重庆三地生态旅游发展指数较高，且与第四名往后的省（区、市）都存在较大的差距。分项情况表明，北京、上海、重庆不论是经济、政治、文化、社会、生态系统，排名几乎都在全国前三，主要原因有以下几点。

（1）经济水平直接决定了发展的差距

北京、上海是全国人均 GDP 最高的城市，直接决定了城市基础设施、旅游周边配套等都领先于全国，且从增速来看，未来发展最快的城市可能还是北京、上海及长三角、珠三角区域。

（2）直辖市可以做到集约化管理与发展

直辖市虽然是省级行政单位，但是旅游资源的开发依旧集中在市里，所以可以做到集约化发展，不同区域之间可以做到协同联动。以北京为例，天坛、故宫、长城尽管分属不同区域，但可以买套票一次性游玩。而同样在山东省，去青岛旅游一般不会同时再去济南旅游，去爬了泰山也不一定会再去看看孔庙。

（3）旅游景点开发走在了前面，具有先发优势

除了先天的自然资源以外，文化资源、博物馆、公园等都是北京、上海率先进行开发的，有先发优势。且目前北京、上海的生态旅游资源开发还处于上升阶段，开发速度正在不断提升。例如北京前两年开发的雁栖湖景区、上海开发的佘山森林公园等等，这些都表明发展较快的省市还在利用先发优势不断提速。

（4）区域之间割裂较明显，且短时间内不会改变

中国幅员辽阔，每个地级市面积都很大，这决定了旅游基础设施跨区域

建设还是较为困难的，同时中国国民目前的旅游习惯还是一次旅游选择一个城市或集中的某几个景点，这两点共同决定了目前中国各个城市之间还无法共同协作开发旅游资源。距离较近的各个城市之间也不是协作关系，而是竞争关系。

2. 东部沿海城市发展较快，且将进一步拉开与中西部地区的差距

（1）东部城市经济发展依旧远远领先于中西部地区

（2）东部城市的协同效应将会进一步拉开差距

东部城市城市群密集，高铁的开通使得城市交通更便捷。短途游、一至二日游也是城市游客选择的主要旅游方式，例如上海游客可以花个周末去舟山吃一次海鲜。但是新疆、青海、四川等地，就很少出现周边省市游这种形式。游客来源的差距使中西部差距进一步拉大。

3. 生态旅游资源集聚效应明显，且未来可能会进一步集聚

（1）从城市来看，生态旅游发展集聚效应明显

从中国生态旅游发展总指数指标来看，几乎是每个省有一到二个地级市可以进入前二十。说明中国生态旅游的发展依然是以地级市为单位，地级市之间甚至是竞争关系，如果一个城市发展得很快，对于周边的市县反而不一定是一件好事。

（2）从生态旅游发展子系统来看，城市发展几乎都有偏科，且没有改善迹象

生态旅游发展排名靠前的城市，大多数有自己发展得特别快的子系统，同时也有远远落后于平均水平的子系统。要认识到，子系统的领先其实大多是由于先天资源领先造成的，而子系统的落后也同样如此。各个城市在发展生态旅游的过程中，并没有考虑取长补短，而是尽量发扬长处，忽略短处。在城市不熟悉不擅长的领域进行改变和提升的困难更大，因此城市发展“偏科”这种情况在未来短期内可能不会有改变。

例如深圳市，其经济生态子系统和社会生态子系统均位于第一名，远超第二名，发展良好。但是深圳市的文化生态子系统的排名较低，排在第八十四名。根据指数我们可以发现，建设文化生态系统需要增加国家重点文物保

护数量、增加非物质文化遗产数量、增加红色旅游景点等等，这些都是深圳力所不能及的，深圳再怎么发展，也不可能造出那么多文物景点来。因此深圳需要继续在自然生态方面下苦工，多多投入，建设森林公园、湿地公园，提升水力资源密度及城市绿化率。

同样以“偏科”的阿坝藏族羌族自治州为例，该城市自然生态子系统排名第一，但是经济、政治、社会生态子系统排名几乎都是垫底。可以断定，只要加大对该城市的基础设施建设、加强城市管理、提升城市整体素质，则该城市未来的生态旅游产业就可以得到快速发展。但是很明显，正如前文所说，各城市之间生态旅游发展是割裂的，阿坝州靠自己是不可能拿出足够的资源投入建设的，其他城市也不可能援助、投资阿坝州，因此未来阿坝州的生态旅游发展还是继续“偏科”的。

（二）挖掘文化资源吸引物快速提升地区生态旅游资源，将成为未来发展的重点

1. 经济越发达的地区越注重挖掘文化资源

以北京、上海、重庆为例，北京有老北京文化、上海有海派文化、重庆有山城文化。这种文化并不是其他城市不可复制的，也并不是天生就可以给城市旅游带来口碑和旅游资源的。我们也常说湖北有荆楚文化、安徽有徽商文化，但是似乎荆楚文化、徽商文化并没有形成足够的口碑效应及旅游资源，究其原因，还是没有对自身文化进行深入挖掘并对外推广。

依旧以上海为例，上海作为共产党诞生地，过去并不注重红色旅游资源开发，每次提到红色旅游景点以及共产党诞生地，我们能够想到的总是嘉兴南湖的红船。十八大以后，上海非常注重红色旅游资源的开发，逐步开始建设各类红色旅游场馆，包括一大会址、二大会址、四大会址、三山会馆等场所，上海的文化资源吸引物开始逐步增多。

2. 各地区应深度挖掘文化资源

建设博物馆、图书馆本身在城市建设中就非常有必要，同时还可以对外进行宣传，如潍坊市作为风筝之乡就有风筝博物馆，同时每年的风

筝节又是我国最早冠以“国际”并被国际社会承认的大型地方节会。但实际上潍坊也是在1984年才被承认为“世界风筝之都”，潍坊市也是通过自身不断努力才从天津等城市手中“抢到了”这个称号，并且将其发扬光大。

同样，关于谁才是真正的革命老区，各地也争论不休，比如江西瑞金、江西井冈山、江苏淮安、陕北、河北西柏坡等。其实这时候争论没有用，只有率先利用红色资源进行开发，把它发展成红色旅游经典景区，打造独特文化生态，才是发展生态旅游的关键。

（三）有独特资源优势的区域更有生态旅游发展潜力

1. 拥有独特生态资源同时有开发能力的城市将会在未来有快速的发展

以黄山市为例，过去黄山景区的发展就非常辉煌，它是全国首批5A级景区，同时也是“中国十大风景名胜”。负责开发黄山旅游资源的公司主要是黄山集团及其下属的上市公司黄山旅游，黄山景区在过往生态自然资源的基础上，不断整合周边地区风景名胜，围绕黄山市建立起旅游品牌。黄山景区以奇松、怪石、云海、温泉、冬雪“五绝”闻名于世，太平湖景区、九华山景区近些年也逐步开始火热起来。同时黄山市区位优势非常明显，随着高铁线路的不断开通，黄山市距离杭州、合肥等不超过1.5小时高铁路程、距离上海等不超过2.5小时高铁路程，也为进一步扩大客源埋下了伏笔。

尽管目前黄山市在地级市中排名仅为第14，但是随着国民收入水平不断提升，配套基础设施不断完善，周边旅游景点进一步开发，“黄山二日游”将逐步拓展为“黄山五日游”，可以大幅提升黄山市的生态旅游发展水平。

2. 偏远地区中拥有独特生态资源但是开发能力不足的城市可能会裹足不前

目前城市之间割裂的发展方式决定了如阿坝州、黔南州等自然生态资源非常优秀的城市，由于基础设施、城市管理等要素的缺失，城市生态旅游潜力十足，但是却无法被挖掘。除非周边城市所有的生态旅游资源已经被挖掘殆尽，否则短时间内，很难获得很好的开发。

3. 旅游片区之间可能会出现协同发展的态势

（1）部分城市之间距离近、协同性强

以东部平原丘陵地区为例，该地区整体面积小，城市密集度高，平原地区城市发展水平较高，区域 GDP、国内外旅游人次及旅游消费水平与其他地区相比较高，产业发展与社会建设良好，为生态旅游的发展奠定了良好的经济与社会基础。很早就有了南京、常州、无锡、苏州、上海“华东五日游”这种旅游线路。同时很多自然资源也有协同管理的情况，如苏锡常共同管理太湖、苏州上海共同管理淀山湖等。目前华东五市也开始同步修建地铁，相信不久的将来，地铁互通将会成为人们重要的出行方式，届时城市之间的旅游资源也能够得以共享。

（2）共享一块重要的自然生态资源，因此必须要协同保护

长江上中游生态旅游片区的生态旅游发展总指数排名全国第三，说明该区域的生态旅游总体发展水平较高，其自然生态系统排名第一，体现了该地区良好的自然生态环境。综合来看，该地区的国家级风景名胜区数量、国家级森林公园数量、国家级湿地公园数量、国家级地质公园数量、世界自然遗产数量、国家级生态旅游示范区数量、中国美丽休闲乡村数量、城市绿化率、水利资源密度等指标与其他地区相比更胜一筹。

连接这些城市的重要因素就是长江，如果长江上游的水文环境发生变化，那下游的环境也将遭到破坏，届时只能是长江全流域一起受灾。因此必须是长江全流域共同对长江进行保护。需要协同的地方包括工厂选址、水产养殖、长江采砂、客轮旅游等方面。如果某一个城市在任何一方面发展过度，可能都会使整个长江流域发生变化。而想要自己的城市发展得好，就必须要协同合作。

（3）资源有限导致必须要合作开发

北方荒漠与草原生态旅游片区的生态旅游发展总指数排名全国第八，说明该区域的生态旅游总体发展水平较低，其各项指标的表现均不太优异。其核心原因就是地广人稀、经济发展水平较低，旅游产业难以集聚，互相之间

无法协作。因此，未来可以考虑几个城市在交接边缘共同开发某块自然旅游资源，使城市可以协同发展，相信这也是未来北方城市在开发旅游资源上必须要走的道路。

五　主要问题与面临的机遇

（一）主要问题

1. 生态旅游环境污染严重

生态自然环境的污染是我国生态旅游发展过程中所面临的主要问题之一。其中最具典型代表的有九寨沟景区的水质污染。大气水污染和地表水污染是九寨沟水体污染源的两种，以后者为主。前者主要是污染物进入大气，进而影响降雨，大气沉淀效应导致景区水域生态系统累积营养物，进而造成水体富营养化，水体透明度降低，水生生物群落物种减少，景区水域生态系统平衡被打破，景区水域生态系统健康被损害。地表污染物通过各种途径进入地表水域，特别是酒店、饭店等排放的未经任何处理的生活污水直接排至白河，造成景区旅游负荷增大，景区及周边水域遭受污染，五花海水体出现一定程度的富营养化，藻类植物聚集，特别是雨天，环湖形成宽约两米的臭水带。① 造成生态旅游环境污染严重的一个主要原因在于经营主体只重视生态旅游的经济收益，忽视了生态旅游活动产生的负外部性成本，也即由于旅游产生的废气、废水、废物对生态景区、周边生态环境等生态系统产生的污染。生态旅游相关的经济社会活动需要大量的物质输入和输出，参考李梅、罗承德、余勇等的方法以 2001 年农村居民年人均消耗量和燃油排放因子为基础来计算，2002 年该地旅客物质循环中输入输出的水（t/d）、食物（t/d）、汽油（L/d）、液化气（L/d）、木柴（kg/d）、煤（kg/d）、废水（t/d）、垃圾（t/d）、SO_2（kg/d）、CO_2（kg/d）、NO_2（kg/d）、CO（kg/d）等

① 张善云、黄鄂：《九寨沟志》，四川人民出版社，1990。

物质的量相当于 3434 个当地的居民。[①] 如此，生态旅游景区的游客数量远远超过了景区生态系统的承载力，游客的不文明行为和生态旅游管理方对生态旅游景区生态环保成本的忽视，使得生态景区的景点遭到了污染，生态系统失去平衡。

2. 生态旅游资源遭受破坏

生态旅游资源遭受破坏的一个主要原因在于生态旅游相关人员欠缺生态环境保护意识和知识。一方面，生态旅游景区的从业人员缺乏专业素养，大多不是专业人员，对于环境保护、生态旅游、绿色发展等基本知识不熟甚至无知，这就导致他们在经营生态旅游景区的过程中，只顾经济利益，忽视了由于生态旅游活动产生的生态环境污染成本，忽视了生态环境的保护行为。而且，即便生态旅游从业人员意识到生态环境保护的重要性，但由于生态环境保护、生态旅游发展等基本知识薄弱，无法对旅游造成的污染问题采取科学正确的应对措施和处理措施，导致生态旅游资源在遭受污染后较难恢复，甚至无法恢复，进而导致生态旅游资源的破坏。另一方面，旅客的素质需要进一步提升，旅客的行为也要进一步约束，我国生态旅游景区人流量大，在旅游过程中游客素质整体有待提高。游客在游览过程中容易产生不文明行为，比如乱扔食物、垃圾等，严重时会导致水体污染和富营养化，使水体发黑发臭，严重破坏宝贵的生态旅游资源。再一方面，由于生态旅游的经济效益日趋增加，生态旅游相关部门会因过度追逐经济利益而过分开发和利用生态旅游资源。比如，政府部门和开发商盲目加大基础设施投资，例如，西双版纳自然保护区的原始热带雨林景观被横七竖八的道路、无所不在的旅馆、简单克隆的景点“喧宾夺主”，使得生态旅游变成了购物游，旅行社糟蹋生态旅游资源，无异于杀鸡取卵，得不偿失。

3. 生态旅游资源管理体制不完善

其一，相关部门和开发商盲目开发和利用生态资源，生态旅游开发缺乏

---

① 张成甫、张杰等：《九寨沟县水质现状评价及水环境容量分析》，《西华大学学报》（自然科学版）2007 年第 26 期。

规划，定位不准，发展有限。我国正处于社会消费的第二阶段，即社会大众为满足炫耀性心理，普遍追求奢侈性消费。为迎合这种社会需求，满足奢靡旅游之欲，许多生态旅游开发项目一拥而上，缺乏生态旅游发展的长远规划，生态旅游的角色定位不明确，忽视生态旅游的生态效益。比如，相关部门和生态旅游开发商盲目加大基础设施建设，在生态保护区大兴土木，修路开道，建设缆车，兴建玩乐设施，甚至以风景优美的生态旅游资源的禀赋优势，引入所谓的房地产。另外，生态旅游规划设计也不尽如人意，盲目引进所谓的的国外设计师，把具有中国特色的生态旅游资源异域化，使得原本非常珍贵的生态旅游资源在一定程度上丧失其生态环境资源禀赋优势，发挥不出生态旅游资源原本的高价值。其二，生态旅游经营管理模式不成熟。政府相关部门、企业开发商、生态自然保护区、生态旅游者等生态旅游利益相关者是生态旅游经营管理的主要对象，我国生态旅游尚处于初级发展阶段，很多方面都会受到一定程度的限制，政府相关管理部门尚未建立和完善关于生态旅游的开发、检测、保护等方面的政策法规。对企业而言，缺乏生态旅游产品开发理论知识和实践运用，缺乏优化的生态旅游经营管理人才队伍管理模式。尚未建设和完善生态自然保护区的设备设施、环保评价、质量监控等管理体制。社会大众的生态环保意识还有待提高，生态旅游相关部门对其行为的引导、教育和约束等存在不足。综上所述，我国生态旅游的经营管理模式还不成熟，尚处于培育阶段。

4. 生态旅游缺乏相应的法律法规制约

在缺乏完善的法规约束情况下，现阶段的生态旅游是不规范、不成熟的，生态旅游资源的开发、利用、管理、运营等涉及经济社会、生态文明等多方面的问题，如果没有相应的行业法规制度，那就必然会造成混乱和无序，生态旅游景区也会因为缺乏健全的法律体系和管理体系，无法进行有序管理，行业弊端就显而易见了。无论是生态旅游景区相关从业人员还是游客，其生态环保意识、生态旅游知识都相对欠缺，究其根源在于有关部门对社会大众的生态环保意识和知识教育宣传不到位，他们不能深刻意识到环境保护的重要性。此外，生态旅游行业缺乏相应的法律法规制约。最明显的莫过于生态旅游活动对生态环境的污染以及对宝贵生态旅游资源的浪费和破坏。更为严重的现象在于，有些群众毫无生态环保意识以及生态旅游资源价值意识，罔顾法律法规，利用宝贵的生态旅游资源违规谋取个人利益。比如，张家界“天坑心湖”景观遭遇破坏就是一个典型例子，2020 年 3 月发现的该地质大观，四周环绕着长满茂林密树的峭壁，因从上空观之呈心形而得名。但该湖被人安装了养鱼的网箱，破坏了该景观的自然生态面貌，致使宝贵的生态旅游资源遭受人为破坏，后来经过调查发现，其为村民追求利益所致。

5. 生态旅游发展尚处于较低的发展阶段

主要表现在，其一，相关部门和开发商大肆开发和利用生态旅游资源，重复建设生态旅游景点，造成生态旅游景区单一化、同质化，既浪费了生态旅游资源，又得不到预期的生态旅游经济效益。其二，我国生态旅游行业的发展起步比较晚，生态旅游的一系列理论和实践体系尚未建立起来，生态旅游行业的从业人员缺乏从事生态旅游行业的基本素养，在其思想和观念里，仅把生态旅游作为一种商品去经营，不懂得最大化生态旅游资源的固有价值，以及深入挖掘生态旅游资源的附加值。其三，生态旅游资源的在地化现象频繁，认证标准难以统一。时下生态旅游泛化现象日益严重，不少专家学者投身于生态旅游认证中，以求能在全国乃至全世界范围内建立相对统一的标准，通过此认证打造较为标准的生态旅游景区或者生态旅游示范基地，统一规范较为“混乱”的生态旅游市场。但随着生态旅游的发展，认证标准数量剧增，较为广泛使用的国际性标准仅为少数，且是建立在国外认证体系上的，将其利用在中国不免有水土不服的现象，不利于我国生态旅游的发展。而且，我国山川河流、平原丘陵，生态旅游资源各具特色，其禀赋优势各不相同，很难在全国范围内建立统一的标准。

（二）面临的主要机遇

1. 生态环保意识的逐渐增强，生态旅游知识的不断积累

生态环保意识的逐渐增强，以及生态旅游知识的不断积累是中国生

态旅游发展的一个好机遇。党的十八大以来，以习近平同志为核心的党中央，以高瞻远瞩的理论认识和实践自觉，将生态文明建设纳入中国特色社会主义事业“五位一体”总体布局中。习近平同志站在世界文明演进，人类命运共同体，中华民族永续发展，党的初心，人民群众福祉等高度，提出了一系列新理论、新理念、新举措，以形成新时代中国特色社会主义生态文明思想。人类社会和自然环境和谐相处，和谐共生的自然科学观，绿水青山就是金山银山的绿色发展观，良好生态环境是最普惠的民生福祉的基本民生观，山水林田湖草系统治理的整体系统观，构成了习近平生态文明思想的理论内核，是新时代推进我国生态文明建设的根本遵循。在党和国家的领导和带领下，在各级政府的大力宣传、领导和教育下，社会大众生态文明建设观念，生态环保意识逐渐加强，他们逐渐意识到清新的空气，干净的水，优美的环境非常珍贵，除了工业制造品，自然环境的馈赠也非常重要。因此，生态文明建设意识，自然环保意识，绿水青山意识等逐渐在他们心中建立起来。生态旅游发展离不开社会大众的生态环保意识，再好的生态旅游景区如果没有高素质的游客，最终会落得一个污染区的下场，政府部门和开发商呕心沥血开发出来的生态旅游景区将功亏一篑。因此，社会大众生态环保意识的逐渐加强，为生态旅游业的发展带来了良好的机遇。

随着我国生态文明建设从观念到理论再到实践的发展，生态文明建设逐渐有理可依，有法可依，有制可寻。党的十八大以来，《关于加快推进生态文明建设的意见》和《生态文明体制改革总体方案》先后颁布，《大气污染防治行动计划》《水污染防治行动计划》和《土壤污染防治行动计划》颁布实施，《中华人民共和国环境保护法》修订施行，开启了生态文明建设新篇章。基于过去阶段生态文明建设取得的成果，党的十九大进一步提出“坚持人与自然和谐共生”，进一步强调“必须树立和践行绿水青山就是金山银山的理念，坚持节约资源和保护环境的基本国策”，做出加快生态文明改革，建设美丽中国的战略部署。这些法律法规的实施让生态旅游的发展有法可依，有据可循。很多专家学者根据党和国家关于生态文明建设的相关法律法规，以及旅游的基本理论、方法、应用等等，创造出生态旅游相关的理论体系，再借鉴国外关于生态旅游行业的相关理论和实践体系，构建了属于中国的生态旅游理论和实践体系，使得中国生态旅游行业的发展更加科学，既具有理论高度，又具有实践深度，这对中国生态旅游行业的发展无疑是一个好的机遇。

2. 生态旅游市场的崛起和生态旅游资源的挖掘

随着社会经济的发展，人们开始意识到良好的生态环境的高价值性，开始回归生态自然，纷纷追求生态消费、绿色消费，特别是经历全球性新冠肺炎疫情后，中国旅游业开始出现一些新的发展情况，社会大众已然在逐渐改变其旅游消费习惯，旅游活动已悄然改变，他们引导了中国旅游新风尚：生态旅游。2021 年中国旅游日的主题为“绿色发展　美好生活”，鼓励群众走向自然，感受生态绿色气息。中国旅游日自成立起已超十多年，其内容逐渐丰富，生态旅游方式这些年来也多元化发展，贴近自然、生态环保的绿色生态旅游已经成为近年来旅游的重要内容。此外，“村游”成为新的潮流。2021 年，农业农村部举办了春季中国美丽乡村休闲旅游行推介活动，推介了精品路线 55 个，典型景点 176 个，以此推进发展乡村休闲旅游以及农村绿色产品。事实证明乡村休闲旅游业发展迅速，在饱受新冠肺炎疫情冲击的 2020 年，休闲农业旅游实现月收入六千亿元人民币。而今，随着党和国家全面推进乡村振兴政策，乡村旅游迎来了更加广阔的前景。现今，乡村旅游内涵和外延不断发展、更新和丰富，在返璞归真，复得返自然的同时，又包含时尚和品味。“村游”不但成为生态旅游的一种重要形式，更是发展乡村生态资源特色的重要内容。

我国具有丰富的生态旅游资源，且这些资源的价值在不断被挖掘出来。比如，青海省拥有良好的生态旅游资源禀赋，其草原湿地、灌丛森林等生态系统面积问鼎世界。随着经济社会的发展，人们意识到既要保护好宝贵的生态资源，又要发挥生态资源的经济社会价值，绿水青山就是金山银山，发展生态旅游就是很好的方式。我国很多重要的生态资源在全国乃至全球都具有不可或缺、不可替代的生态地位，这就决定了发展生态旅游必须尊重、顺应、保护自然，坚持走绿色发展的道路。早期，我国生态旅游的表现形式主要是山水旅游活动，20 世纪 80 年代，生态旅游开始将重点放在强调旅游过程的环保性上，凭借着我国丰富的旅游资源和新兴的巨大市场，生态旅游快速发展起来。自 20 世纪 90 年代开始，中国生态旅游迅速发展，成为高端旅游的一个标签，迎合了时下消费者的心理和追求，为满足社会消费需求，中国创造了相当数量的世界著名生态旅游景区，比如张家界、九寨沟等等。现今，生态旅游的绿色发展价值和经济社会价值正在不断显现。

生态旅游迎来高质量发展新机遇。国内旅游市场流行起绿色生态旅游以及乡村休闲旅游，让旅游业焕发新貌，给旅游业以及生态旅游业的发展带来了新机遇。过去较长一段时期，出境旅游成为旅游市场的重头戏，相关产品丰富，更新迭代快速，相对而言，国内旅游产品不够丰富，不够创新，体验感不够，吸引力不高。“十四五”时期，旅游主管部门、旅游从业者、社会大众等旅游相关者将旅游业的高质量发展作为重要目标。特别是在经历新冠肺炎疫情后，出境游发展几乎处于停滞状态，生态旅游市场迅速崛起，生态旅游资源被不断挖掘，生态旅游发展被不断探索。生态旅游消费市场惹人注目，自驾游、乡村游流行起来。生态旅游相关的基础设施建设，比如乡村客栈、生态酒店等逐渐建立起来，越来越多的中国生态旅游产品正在比肩高品质的国际水准。中国旅游研究院院长戴斌将让广大游客有更多获得感，更佳体验感，更高满意度作为旅游业高质量发展的重要导向，此为发展生态旅游的一个绝佳机遇。

3. 以数字技术为代表的科技创新为生态旅游的发展增添动能，智慧生态旅游为生态旅游发展新机遇

在新冠肺炎疫情的影响下，大多旅游企业及景区纷纷将重点投向生态旅游、特别是高端生态旅游上，如此，科技创新发展，尤其是数字技术的发展，为生态旅游的发展插上了新一轮发展动能。2020 年后期，国内疫情防控有序，出境旅游暂未开放，以生态旅游为代表的国内高端旅游市场发展起来，社会大众的生态旅游消费能力较强，特别是以中青年游客为代表的主力消费群体，更加追求一种以科技创新为导向的生态旅游新模式，也即智慧生

态旅游。2020 年可谓旅游业“史上最糟年”，在旅游市场跌谷式低迷的情况下，科技创新为旅游业的发展带来了新契机，特别是生态旅游。比如，以智能手机为主要载体，为游客提供在线导览业务，提供景区 3D 全景实景，多语言介绍以及语音实景讲解，使生态旅游实现数字化、智能化，实现线上生态旅游、数字生态旅游、智慧生态旅游等。截至 2020 年年末，驴迹科技累计开发了 26052 个在线电子导览，覆盖国内景区 14229 个，其中，5A 级旅游景区共 279 个，4A 级旅游景区共 2343 个，用户可通过 API 接入其小程序，实现线上生态旅游。随着生态文明制度不断完善，2021 年，国务院颁布了《关于加快建立健全绿色低碳循环发展经济体系的指导意见》，为构建绿色低碳循环发展的经济体系提供了顶层设计。持续加强探索生态文明建设新途径，2021 年 5 月 12 日，中国第一家国家绿色技术交易中心于浙江成立，主要开展绿色技术发布、咨询、洽谈和交易等工作，对推动绿色技术“产学研金介”深度融合和加速成果转化具有重要的示范意义，这对于绿色科技赋能生态旅游的发展具有开创性应用意义。

六　生态旅游发展的对策建议

（一）加大宣传和教育，增强生态环保意识，珍视生态旅游资源

生态环境保护是生态旅游发展的基石，是可持续发展的基础，也是我国长期坚持的一项重要基本国策，随着经济社会的发展，经济社会发展和环境保护之间的矛盾凸显。随着人民生活水平的提高，人们越来越意识到清新干净的空气是多么的重要，生态旅游，乡间旅游发展起来，然而，生态旅游和生态环保之间的矛盾也愈加显现出来。这就需要从游客那里做工作，改变社会大众和游客的思想观念，从各个方面加强生态环境保护意识教育，加大生态环境保护的宣传和教育力度，大力宣传和普及生态环境保护知识，让社会大众不仅有生态环境保护的意识，还懂得生态环境保护的知识，在社会中形成生态环境保护新风尚。在此基础上使游客在生态旅游中自动参与到生态环

保中来，使得生态旅游热更加理性化。要不断宣传生态旅游活动中的生态环境保护意识和知识，生态环境保护知识是生态环境保护意识的具体落实，只有生态环境保护意识而缺乏生态环境保护知识是不够的。要对生态旅游从业者进行培训班式的专门教育和培训，让生态旅游经营者和从业者能够真正理解生态旅游的内涵。

（二）做好生态旅游统一规划，实行合理开发，适度利用

在开发和利用生态旅游资源前，需要做好生态旅游发展的规划，贯彻落实生态旅游资源开发和生态环境保护的思想，这是生态资源开发取得成功的保证，也是预防生态旅游的发展造成生态环境破坏的重要措施。在编制生态旅游景区景点总体规划时，必须要对生态旅游景区景点的动植物等资源情况，生态环境保护和破坏情况，当地人口消费情况，经济社会发展情况等进行真实的、认真的调查研究。对该生态旅游景区景点在未来开展旅游活动时可能带来的生态环境损害，该生态旅游景区景点的生态承载力进行系统性的评估和测量，并且根据生态旅游景区景点在未来开展旅游活动时可能带来的生态环境损害提前做好足够的事前和事后准备。在开展生态旅游活动的过程中要积极采取措施，尽量减少和消除污染，同时加强和加大对当地生态环境的检测和调控，同时也加强和加大对该生态旅游景区景点的检测和调控。在制定生态旅游规划的过程中，要保证生态旅游相关学科之间的融会贯通，特别是生态旅游学科与人工智能、数字技术、文化艺术等学科之间的交叉运用。在制定生态旅游规划的过程中，还要保证生态旅游相关主体之间的协同参与，包括生态旅游领导者、生态旅游方面的专家、生态旅游经营者、生态旅游参与者、生态旅游利益相关者等，集思广益，使得生态旅游的发展建立在良好的基础之上，使得生态旅游景区景点不会完全偏向于某一个生态旅游利益相关者所代表的那一方面，同时兼顾生态旅游相关的各利益主体。生态旅游发展规划以及生态旅游景区景点的开发和利用只有充分兼顾生态旅游各利益相关者主体才能保证生态旅游规划能够实现各利益主体之间的平衡，以确保生态旅游发展规划以及生态旅游景区景点的开发和利用能够最大可能

的实现。生态旅游景区景点的有关建设必须充分遵循科学、合理、适度、有序、分层开发的原则，才能确保生态旅游资源的高质量开发和利用。比如广西南宁市宾阳县陈平镇名山生态旅游区的开发规划，占地四千余亩，是该县陈梅古韵休闲农业示范核心区所在地，其以“品陈梅古韵、享生态乡村”为主题，将陈平镇民俗文化、农业文化、梅文化融入生态旅游发展主线中，重点突出绿色农业与生态景观的发展，以“休闲农业 + 生态旅游业”“中医药 + 生态旅游业”“梅文化 + 生态旅游业”为三大规划方向，为外来游客打造了优美宁静、丰富多元的生态休闲度假区。

（三）增加生态旅游的生态附加值

所谓生态附加值即以生态自然环境为核心，在此基础上利用无污染方式增加生态旅游资源的附加值。以广西南宁市宾阳县陈平镇名山生态旅游区为例，其一，打造“农业 + 森林生态旅游”重点产业模式，利用当地休闲农业禀赋优势，以生态休闲农业引领生态旅游，以生态旅游促进生态休闲农业的发展。早在 2014 年，陈平镇就在其名山地区以及周围林地范围内种植超过 20 万株的酸梅树，同时培养火龙果、茂谷柑、砂糖橘等果树品种，现在已经形成了比较成熟的“梅 + 水果”特色生态综合产业区。将休闲农业和生态旅游相结合，彼此赋予较高附加值，一方面农业被赋予了休闲生态旅游和绿色发展的附加值，另一方面，生态旅游被赋予了休闲农业、绿色农业、生态农业的较高附加值。其二，“科研基地 + 科普教育 + 森林旅游”，科普旅游指的是通过旅游的深层次开发，突出其科学文化内涵，以满足人们探索大自然奥秘的好奇心，形成普及自然科学知识的生态旅游精品项目。具体而言，生态科普旅游是指通过对生态旅游景区景点的深层次开发，突出其生态科学、环境科学、发展科学等科学文化内涵，帮助人们探索生态环境奥秘、学习自然生态知识、增长生态环保见识。众多丰富多样的森林资源以及品类繁多的中药资源齐聚陈平镇，其所打造的“陈梅古韵休闲农业示范区”内就有“国医大师中医药健康旅游产业科研基地”。该地为国医大师韦教授的家乡，其根据中医药和国医文化的禀赋优势，打造了全国中医药健康生态旅游示范区单位，充分利用中医药专家影响力，吸引国内各地专家学者进驻基地进行中医药科普，并且将中医药、生态环境、生态旅游、人类健康等结合起来，吸引广大游客进行生态中医药科普旅游。利用优质的森林生态资源和生态环境资源，在中医药学的加持下，使得生态旅游在原来的基础上，增加了国医康养的超高附加值。随着经济社会的发展，人们对生活的追求越来越高，特别是新冠肺炎疫情以来，人们进一步意识到健康的重要性。人们不但有意识，而且有能力去追求健康，生态旅游成为社会新风尚。中医药本就与自然环境具有统一性，又高于自然环境，统一性是指中医符合自然生态环境，高于自然指的是生态环境又具有特殊的健康功效以及高价值性，这就决定了中医药可以赋予生态旅游较高的附加值。其三，养生休闲度假旅游功能为生态旅游增加附加值。陈平镇以保护生态环境为前提，同时重视建设和完善养生休闲度假区的旅游功能。生态旅游的核心在于良好的生态环境和自然风光，这是生态旅游最核心的价值，生态环境保护得越好，核心价值就越高，附加值是建立在此核心价值基础上的。在此基础上，深入挖掘梅元素，打造梅生态文化，形成当地生态休闲区知名旅游品牌。例如，比较知名的“寻梅步道”“梅林叠瀑”“梅的记忆”等等都是以“梅文化”为主题打造的旅游景点，体现了生态度假区的生态文化，也即梅文化特色。当地还有梅文化创意馆、农耕文化体验园等等，每逢梅花盛开的时候，还有“生态旅游登山梅花节”，聚集了大量的登山爱好者、摄影爱好者、赏梅爱好者等等前来旅游观赏，大大增加了生态旅游的附加值。

（四）加强生态旅游管理

在生态旅游景区景点的管理上，生态旅游管理者和经营者要严格控制生态旅游活动的规模，特别是生态旅游景区景点的吞吐量和容纳量，使得生态旅游景区景点的游客吞吐量保持在生态环境所能容纳的范围之内，以保证生态旅游的发展不会给自然生态环境带来范围之外的伤害。重视科学开发、合理规划、有效利用。在判断一个生态景区能否开展生态旅游时，相关部门和开发商要进行科学的测算和合理的规划，包括确定生态旅游景区的开发程度。

要根据当地的经济社会发展情况，生态环境的承载力等多个方面去科学开发和规划，不能为了盲目追求生态旅游带来的经济利益而忽视当地的经济社会条件，更不能忽视生态旅游景区景点的禀赋条件，而是要根据生态环境的承载力制订生态旅游景区景点的发展目标，提高生态旅游景区景点的准入门槛，严格把控游客的数量，重视生态旅游资源丰富性的保护。要发挥政府宏观调控的作用，使生态旅游与当地居民相结合。生态旅游景区景点居民是生态旅游最大的利益相关者之一，生态旅游的发展为其带来直接经济利益的同时，还增加了就业机会。但当地居民要主动参与到生态旅游中去，旅游部门要引导他们珍惜宝贵的生态旅游资源，保护生态旅游环境，为他们创造更多的福利。政府和社区的力量不可小觑，在生态旅游发展的过程中，国家宏观调控和行政手段尤为重要，哥斯达黎加执行“可持续的旅游认证计划”就是很好的例子。生态旅游业要与政府部门进行密切合作，政府部门要给生态旅游业提供支持，制定生态旅游业相关的标准和准则，提供政策保障，加强基础设施建设。要加强对生态旅游景区景点经营者和管理者的教育和培训，增加其生态旅游业就业技能、示范效应和带动能力，为生态旅游发展培养专业的高素质人才，使其对整个生态旅游业和社会大众起到引导作用，使得旅游相关者既能为保护生态环境、保护生态旅游资源贡献自己的力量，又能充分体验生态旅游较之普通旅游的特殊高价值。旅游业是第三产业的一个重要组成部分，但生态旅游要按照生态发展的模式进行管理，切实做到经济发展与生态环保相结合，将生态旅游发展的经济利益和社会利益、生态效益结合起来进行管理。

（五）不断完善生态旅游相关法律法规

要实现生态旅游的可持续发展，就必须要在生态旅游领域建立起相应的法规体系和标准体系，这些法律法规必须涉及生态环境保护，生态旅游景区景点环境保护，生态旅游资源的开发、利用和规划，生态旅游行业规则，生态旅游行业准入门槛，生态旅游管理者、经营者、从业者、参与者、受益者的相关规定等等。必须制定全国统一的生态旅游发展战略，明确生态旅游发展的思想、观念、原则、范围、内涵、外延、管理、体制、资金等各方面的相关事宜，使生态旅游的发展有法可依，生态旅游活动有章可循，生态旅游资源有法可保。利用不断完善的法律法规引导、保障和监督我国的生态旅游业向好向善发展，使我国生态旅游业能够利用绿色新发展理念，在不断完善的法律法规加持下迈入全新的高质量发展阶段。生态旅游作为一种产业，其对生态环境具有特殊的影响，这种影响的一个特点是生态旅游活动对自然生态环境具有积累性的破坏效应，因此，生态旅游业的发展一定离不开生态环境方面的法律法规，一定要加强生态环境保护的相关立法。对于已经制定并出台的法律法规，比如《环境保护法》《森林法》《野生动植物保护法》等，一定要严格执行和遵守，并且在这些法律法规原有的基础上不断进行改进，使之更加科学、完善。

生态旅游实现可持续发展的前提和保证是加强法制建设，要建立全国性的对生态旅游资源破坏行为和生态旅游资源不合理开发行为进行直接处罚的法律、法规和制度。对于各个生态旅游重点景区景点，要由地方旅游行政管理部门牵头，先制定符合地方生态旅游发展的地方性法规、制度和办法，在有条件的地方进行突破，而后自下而上，逐步规范。根据生态旅游发展的需要，在已有规章制度体系的基础上，进一步制定完善的配套体系，使之具有可操作性，从而真正能对生态环境的保护，生态旅游资源的保护，生态旅游的可持续发展有所裨益。要加强生态环境以及生态旅游相关法律法规的执法监管，综合、联合、严格执法。强化生态旅游跨部门、跨行业、跨地区协调管理，赋予生态旅游景区景点管委会县级人民政府职权，成立生态景区景点综合执法局，实行环保、质检等职能，地方政府和旅游部门应该认真学习有关法律法规并严格贯彻执行。要合理配备执法监管人员，进行全过程监管，要选择懂法律和法规，懂政策和旅游，有高度责任感的人作为执法监管的专业人员。对生态旅游环保的监管，不单是过程中的监管，更重要的是对过程前和过程后的监管。要健全环境法律制度，进行生态旅游认证，根据我国生态旅游发展的具体情况，制定出适合我国生态旅游发展的生态旅游认证标准，规范相关的认证机构，通过生态旅游认证方式公开为生态旅游正名。建立生态旅游评价评估制度，对生态旅游资源和当地居民的联系和关系、生态旅游发展和生态旅游资源之间的关系、生态旅游发展和生态环境保护之间的关系等进行科学的评估评价。建立生态环境影响评价制度，对新兴的生态旅游景区景点进行生态环境影响评价，包括“三废”的处理处置、水土流失、植被破坏、生态景观破坏等。设置治理期限制度，生态旅游景区内禁止建设污染和破坏生态环境的项目，对生态旅游景区景点的超标排放物要设置治理期限，对逾期不达标的、违法违章建设的，依法追究责任①。

参考文献

［1］李金荣：《经济全球化与旅游业可持续发展问题的探讨》，《行政与法》2004 年第 8 期。

［2］田里、李常林：《生态旅游》，南开大学出版社，2004。

［3］张成甫、张杰等：《九寨沟县水质现状评价及水环境容量分析》，《西华大学学报》（自然科学版）2007 年第 26 期。

［4］韩德培：《环境保护法教程》，法律出版社，2003。

［5］张善云、黄鄂：《九寨沟志》，四川人民出版社，1990。

［6］《关于开展生态旅游发展现状调查与评估的通知》（环办〔2009〕93 号）。

［7］《全国生态旅游发展规划（2016～2025 年）》（发改社会〔2016〕1831 号）。

① 韩德培：《环境保护法教程》，法律出版社，2003 年。

指 数 篇

Index Topic

B.2 2021~2022年中国生态旅游发展指数报告

钟栎娜　杨丽宇　漆香池　刘嘉婷　朱梦瑶　梁天成*

摘　要： 本报告构建了中国生态旅游发展指标体系，系统地分析了我国生态旅游的发展现状。整个体系包含经济生态、政治生态、文化生态、社会生态、自然生态五个子系统，下设指标24项。报告运用熵值法和专家打分法对各指标的权重赋值，权重值越大表示该指标的重要程度越高。最终结果表明自然生态子系统最为重要，然后依次为经济生态子系统、文化生态子系统、社会生态子系统和政治生态子系统。分析结果显

* 钟栎娜，博士，北京第二外国语学院中国文化和旅游大数据研究院执行院长，主要研究方向为旅游大数据、区域旅游规划、文化地理学；杨丽宇，北京第二外国语学院中国文化和旅游大数据研究院研究员，主要研究方向为旅游大数据；漆香池，北京第二外国语学院中国文化和旅游大数据研究院研究员，主要研究方向为旅游大数据；刘嘉婷，北京第二外国语学院中国文化和旅游大数据研究院研究员，主要研究方向为旅游大数据；朱梦瑶，北京第二外国语学院中国文化和旅游大数据研究院研究员，主要研究方向为旅游大数据；梁天成，北京第二外国语学院中国文化和旅游大数据研究院研究员，主要研究方向为区域旅游规划。

示，中国生态旅游发展整体状况良好，尤其是四大直辖市的生态旅游发展整体水平较高。此外，大江大河流域是生态旅游发展的热点区域和重要的生态旅游目的地。但生态旅游的发展也存在一些问题，区域之间的差异较大，发展不均衡的现象较为突出，且中西部发展动力稍显不足。因此，在生态旅游的发展过程中，资源整合、区域合作、取长补短、各显优势将会成为生态旅游发展的主旋律。

关键词： 生态旅游 大数据 熵值法 综合评价体系

一 中国生态旅游发展大数据指标体系构建报告

（一）中国生态旅游发展指标体系构建

1. 指标体系构建过程

经过多方专家商议，结合建设中国特色社会主义“五位一体”的布局与要求，分析2020年6月至2021年6月全国生态旅游事业及产业的相关数据、相关大数据测算综述，本项目构建了中国生态旅游发展指标体系。该体系由5个子系统层构成。如图1所示，5个子系统分别为经济生态子系统、政治生态子系统、文化生态子系统、社会生态子系统以及自然生态子系统。

以生态和旅游领域、大数据与计算领域、产业融合领域及经济学领域相关文献为研究基础，经过常态化、周期化的专家咨询和建议采纳，最终确定每个子系统下的具体指标，最终构建并确定指标24项，如图2所示。

2. 指标体系解释说明

具体来说，如表1所示，中国生态旅游发展指标体系包括经济生态子系统、政治生态子系统、文化生态子系统、社会生态子系统和自然生态子系统。

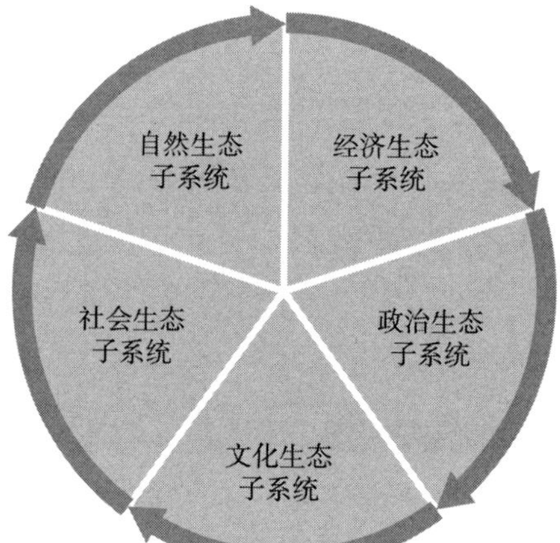

图 1　中国生态旅游发展子系统构建

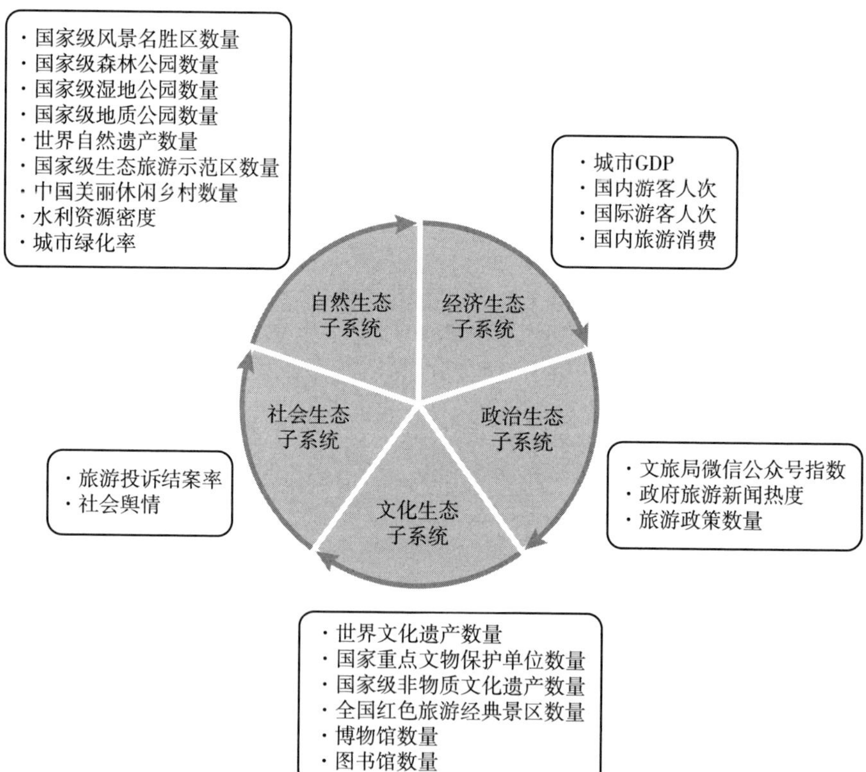

图 2　中国生态旅游发展具体指标构建

经济生态子系统是目的地城市发展生态旅游的有力物质保障，政治生态子系统是目的地城市发展生态旅游的官方保障和前瞻保证，文化生态子系统是目的地城市建设生态旅游、构建文明城市的有效物质与精神保障，社会生态子系统则是目的地城市生态旅游发展的社会性潜力所在，自然生态子系统是目的地城市发展生态旅游的环境要素核心所在。

表1　中国生态旅游发展指标体系

子系统	具体指标
经济生态	城市 GDP
	国内游客人次
	国际游客人次
	国内旅游消费
政治生态	文旅局微信公众号指数
	政府旅游新闻热度
	旅游政策数量
文化生态	世界文化遗产数量
	国家重点文物保护单位数量
	国家级非物质文化遗产数量
	全国红色旅游经典景区数量
	博物馆数量
	图书馆数量
社会生态	旅游投诉结案率
	社会舆情
自然生态	国家级风景名胜区数量
	国家级森林公园数量
	国家级湿地公园数量
	国家级地质公园数量
	世界自然遗产数量
	国家级生态旅游示范区数量
	中国美丽休闲乡村数量
	水利资源密度
	城市绿化率

经济生态子系统反映了目的地城市当前生态旅游产业的基本规模和当下旅游经济发展形式。包括城市 GDP、国内游客人次、国际游客人次及国内

旅游消费等，可见经济生态子系统是城市生态旅游建设的基底保障。

政治生态子系统反映了目的地城市当前生态旅游产业建设的上层政策力度和保障能力。包括文旅局微信公众号指数、政府旅游新闻热度及旅游政策数量等，反映了政治生态子系统是城市生态旅游建设的上层政策保障。

文化生态子系统反映了目的地城市能够吸引游客前往目的地城市进行生态旅游活动的资源的厚度、广度和丰度。描述生态旅游的文化核心吸引力表征指标包括世界文化遗产数量、国家重点文物保护单位数量、国家级非物质文化遗产数量、全国红色旅游经典景区数量、博物馆数量及图书馆数量等。文化作为旅游的灵魂，是吸引游客进行生态旅游活动的必不可少的影响因子。

社会生态子系统反映了目的地城市发展生态旅游的社会背景和舆情态势。综合城市的旅游投诉结案率和社会舆情指标，对城市生态旅游建设的社会大环境进行描述。结案率越高则表明社会背景支持度越高，管理部门处理问题效率及态度越好。社会舆情指标越高，即代表城市发展生态旅游的游客舆情越好，间接影响目的地城市的旅游流量。

自然生态子系统反映了目的地城市发展生态旅游的自然基底和未来潜力。国家级风景名胜区数量、国家级森林公园数量、国家级湿地公园数量、国家级地质公园数量、世界自然遗产数量、国家级生态旅游示范区数量、中国美丽休闲乡村数量等指标能够体现目的地城市建设生态旅游环境的数量及体量，反映多元生态旅游资源建设的内涵与开展生态旅游活动的环境背景。水利资源密度及城市绿化率则能够反映生态旅游建设进程的潜力和生态环境保障。

（二）中国生态旅游发展指标处理说明

1. 数据来源

指标数据的来源包括：北京第二外国语学院中国文化和旅游大数据研究院、百度、搜狗微信、地区年鉴、地区政府官网、中国银联股份有限公司、联通大数据有限公司、“12301”国家智慧旅游公共服务平台、中科院遥感数据等官方及营利性企事业单位。具体如表2所示。

表2　中国生态旅游发展体系数据来源及计算方法

子系统	具体指标	数据来源	计算方法
经济生态	城市GDP	年鉴	统计数据
	国内游客人次	联通	统计数据
	国际游客人次	联通	统计数据
	国内旅游消费	银联	统计数据
政治生态	文旅局微信公众号指数	新榜	新榜指数
	政府旅游新闻热度	百度	百度新闻搜索“城市+旅游”结果数量
	旅游政策数量	政府官网	搜索“生态旅游”结果数量
文化生态	世界文化遗产数量	二外数据	统计数据
	国家重点文物保护单位数量	二外数据	统计数据
	国家级非物质文化遗产数量	二外数据	统计数据
	全国红色旅游经典景区数量	二外数据	统计数据
	博物馆数量	二外数据	统计数据
	图书馆数量	二外数据	统计数据
社会生态	旅游投诉结案率	12301	旅游投诉结案数量/旅游总投诉数量
	社会舆情	二外数据	统计数据
自然生态	国家级风景名胜区数量	二外数据	统计数据
	国家级森林公园数量	二外数据	统计数据
	国家级湿地公园数量	二外数据	统计数据
	国家级地质公园数量	二外数据	统计数据
	世界自然遗产数量	二外数据	统计数据
	国家级生态旅游示范区数量	二外数据	统计数据
	中国美丽休闲乡村数量	二外数据	统计数据
	水利资源密度	遥感	统计数据
	城市绿化率	年鉴	统计数据

2. 数据预处理

以各地级市行政区为空间测量单元，处理多源数据，并建立基础指标集合。集合包含后续计算所需的原始数据，包括游客相关数据（如舆情数据）、资源类等年鉴数据、产业热度数据以及生态资源类密度数据。

3. 数据标准化

为消除因各指标量纲不同造成的影响，对其进行极差标准化处理[①]。

4. 权重的确定

本报告选取主观赋权法和客观赋权法相结合的方法确定各指标权重。主观赋权法邀请了在生态与旅游研究领域有较高造诣的专家对指标与分系统进行打分，以平均值为主观权重，客观赋权法采用熵值法以数据本身的离散性确定权重，两者相结合确定最后权重。

（1）专家打分法

报告邀请了在生态与旅游研究领域有较高造诣的专家分别对各级各项指标进行评分。专家基于一定的原则，在对不同指标进行相互比较后对指标进行打分。最后，计算某一指标的所有专家打分的平均值作为该项指标的最终专家权重值。

（2）熵值法

根据熵值大小，即各项指数值的变异程度，进行权重计算。其主要步骤如下，为了消除各指标在幅度、尺度和正负方向上的差异，首先必须对数据进行标准化处理。正负指标标准化公式处理如下。

若指数值越大，说明评价质量越好，则采用正向指标计算公式进行标准化：

$$\text{正向指标 } X_{ij} = \frac{X_{ij} - \min\{X_j\}}{\max\{X_j\} - \min\{X_i\}};(i = 1,2,\cdots,m;j = 1,2,\cdots,n)$$

若指数值越小，说明评价质量越好，则采用负向指标计算公式进行标准化：

$$\text{负向指标 } X_{ij} = \frac{\max\{X_j\} - X_{ij}}{\max\{X_j\} - \min\{X_i\}}(i = 1,2,\cdots,m;j = 1,2,\cdots,n)$$

① 数据标准化计算公式为：（1）X'_{ij} =（$X'_{ij} - X_{j\min}$）/（$X_{j\max} - X_{j\min}$）；（2）X'_{ij} =（$X'_{j\max} - X_{ij}$）/（$X_{j\max} - X_{j\min}$）。当指标为正向指标时，采用公式（1）进行处理；当指标数据为负向指标时，采用公式（2）进行处理。式中，X'_{ij}为标准化指数值，X_{ij}为观测值，$X_{j\max}$、$X_{j\min}$分别为同一指标的最大值和最小值，i为空间单元编号，j为指标编号。

计算第 i 个案例第 j 项指数值的比重：

$$Z_{ij} = \frac{X_{ij}}{\sum^{m} X} = (i = 1,2,\cdots m, j = 1,2\cdots,n) \tag{1}$$

计算指标信息熵：

$$P_j = \frac{1}{\ln m}\sum Z_{ij}\ln Z_{ij}(i = 1,2,\cdots m, j = 1,2,\cdots,n) \tag{2}$$

计算信息熵冗杂度：

$$D_j = 1 - P_j(j = 1,2,\cdots n) \tag{3}$$

计算指标权重：

$$W_j = D_j \div \sum D_j(j = 1,2,\cdots,n) \tag{4}$$

5. 各指标的权重

通过计算，本项目所需数据指标体系权重分数如表 3 所示。权重值越大，代表该指标的城市间差距越大，说明该指标的重要程度越高。在五个子系统中，自然生态子系统的权重占比最大，权重值为 0.4590，其次是经济生态子系统，权重值为 0.2167，第三和第四分别是文化生态子系统和社会生态子系统，权重值分别为 0.1599 和 0.1063，最后是政治生态子系统，权重值为 0.0582。从具体指标来看，在经济生态子系统中，国内旅游消费指标最为重要，权重值为 0.4454，其次为城市 GDP，权重值为 0.2555，最后为国内和国际旅游人次指标，权重值都为 0.1495；在政治生态子系统中，文旅局微信公众号指数的权重占比最大，权重值为 0.6915，其次是政府旅游新闻热度，权重值为 0.1601；在文化生态子系统中，国家重点文物保护单位数量的权重占比较大，权重值为 0.4229；在社会生态子系统中，旅游投诉结案率的权重占比突出，权重值为 0.9256；在自然生态子系统中，中国美丽休闲乡村数量权重占比较大，权重值为 0.2602，其次是水利资源密度，权重值为 0.1568，随后是城市绿化率，权重值为 0.1513。

表 3　中国生态旅游发展指标体系权重

子系统		具体指标	
子系统名称	权重值	指标名称	权重值
经济生态	0. 2167	城市 GDP	0. 2555
		国内游客人次	0. 1495
		国际游客人次	0. 1495
		国内旅游消费	0. 4454
政治生态	0. 0582	文旅局微信公众号指数	0. 6915
		政府旅游新闻热度	0. 1601
		旅游政策数量	0. 1484
文化生态	0. 1599	世界文化遗产数量	0. 1385
		国家重点文物保护单位数量	0. 4229
		国家级非物质文化遗产数量	0. 1007
		全国红色旅游经典景区数量	0. 0847
		博物馆数量	0. 1356
		图书馆数量	0. 1175
社会生态	0. 1063	旅游投诉结案率	0. 9256
		社会舆情	0. 0744
自然生态	0. 4590	国家级风景名胜区数量	0. 0522
		国家级森林公园数量	0. 0759
		国家级湿地公园数量	0. 1004
		国家级地质公园数量	0. 0557
		世界自然遗产数量	0. 0557
		国家级生态旅游示范区数量	0. 0917
		中国美丽休闲乡村数量	0. 2602
		水利资源密度	0. 1568
		城市绿化率	0. 1513

二　中国生态旅游发展分区数据报告

（一）中国各省（区、市）生态旅游发展综合指数分析

各省（区、市）近年来对于生态旅游的关注度增加，中国生态旅游的发展成为旅游领域新的热点。本书通过对经济生态子系统、政治生态子系

统、文化生态子系统、社会生态子系统和自然生态子系统进行分析，综合评估中国各省（区、市）目前生态旅游发展状况以及未来发展潜力。

1. 生态旅游发展总指数

对所有省（区、市）进行排名，排名前十的是北京市、上海市、重庆市、天津市、江苏省、福建省、浙江省、贵州省、广东省和河北省。其中，只有北京市、上海市、重庆市、天津市和江苏省5个直辖市/省的生态旅游发展指数高于整体平均值0.1269，其他省（区、市）的总指数值都低于整体平均水平。前十名中，东部地区有8个省（区、市），整体而言，直辖市与东部地区各省份的生态旅游发展状况较好，中西部发展动力稍显不足（见表4）。

表4　中国生态旅游发展总指数省（区、市）排名

省(区、市)	总指数	排名
北京市	0.6136	1
上海市	0.5310	2
重庆市	0.5207	3
天津市	0.2788	4
江苏省	0.1359	5
福建省	0.1266	6
浙江省	0.1181	7
贵州省	0.1091	8
广东省	0.0897	9
河北省	0.0867	10
山东省	0.0864	11
陕西省	0.0847	12
湖南省	0.0844	13
安徽省	0.0820	14
江西省	0.0788	15
湖北省	0.0782	16
河南省	0.0750	17
四川省	0.0737	18
云南省	0.0665	19
广西壮族自治区	0.0645	20

续表

省(区、市)	总指数	排名
山西省	0.0591	21
黑龙江省	0.0584	22
内蒙古自治区	0.0568	23
海南省	0.0555	24
辽宁省	0.0534	25
吉林省	0.0510	26
甘肃省	0.0488	27
宁夏回族自治区	0.0456	28
新疆维吾尔自治区	0.0452	29
青海省	0.0419	30
西藏自治区	0.0349	31
平均值	0.1269	—

2. 生态旅游发展子系统

从影响生态旅游发展总指数的子系统来看，经济生态子系统、政治生态子系统、文化生态子系统、社会生态子系统和自然生态子系统从不同程度上影响着各个省（区、市）的发展情况。经济生态子系统排名前十的省（区、市）为上海市、北京市、重庆市、天津市、江苏省、广东省、浙江省、湖北省、福建省和山东省，以东部省份居多，平均指数值为0.1381，四个直辖市与江苏省、广东省和浙江省超过全国平均值。政治生态子系统排名前十的省（区、市）分别为北京市、上海市、重庆市、天津市、浙江省、福建省、广东省、江苏省、陕西省和江西省，全国平均指数值为0.1787，排名前八的省（区、市）超过平均水平。文化生态子系统排名前十的省（区、市）为北京市、上海市、重庆市、天津市、江苏省、河北省、浙江省、福建省、山西省和山东省，全国平均指数值为0.1173，四个直辖市与江苏省的指数超过平均水平。社会生态子系统排名前十的省（区、市）有上海市、北京市、天津市、江苏省、浙江省、广东省、重庆市、山东省、海南省和河北省，全国平均指数值为0.1019，排名前九的省（区、市）均超过全国平均水平。自然生态子系统排名前十的省（区、市）有重庆市、北京市、上海市、天津市、福建省、贵州省、江苏省、浙江省、湖南省和安徽省，全国平均指数值为0.1104，四个直辖市与福建省和贵州省的指数超过平均水平（见表5）。

表5　生态旅游发展子系统省（区、市）排名

省(区、市)	经济生态子系统		政治生态子系统		文化生态子系统		社会生态子系统		自然生态子系统	
	指数值	排名	指数值	排名	指数值	排名	指数值	排名	指数值	排名
重庆市	0.3876	3	0.3294	3	0.2882	3	0.1190	7	0.5974	1
北京市	0.7497	2	0.7984	1	0.9990	1	0.3954	2	0.5354	2
上海市	0.9598	1	0.4980	2	0.3118	2	0.7938	1	0.4524	3
天津市	0.3283	4	0.3086	4	0.2797	4	0.2837	3	0.2394	4
福建省	0.1012	9	0.2038	6	0.0978	8	0.0857	12	0.1325	5
贵州省	0.0596	17	0.1189	22	0.0747	12	0.0249	24	0.1232	6
江苏省	0.2084	5	0.1857	8	0.1502	5	0.1918	4	0.1014	7
浙江省	0.1462	7	0.2283	5	0.1032	7	0.1378	5	0.0962	8
湖南省	0.0633	16	0.1229	19	0.0561	19	0.0404	19	0.0713	9
安徽省	0.0916	11	0.1373	16	0.0625	15	0.0827	13	0.0675	10
四川省	0.0641	15	0.1220	20	0.0567	18	0.0392	20	0.0673	11
江西省	0.0540	20	0.1728	10	0.0596	17	0.0426	18	0.0653	12
广东省	0.1632	6	0.1992	7	0.0418	26	0.1287	6	0.0641	13
云南省	0.0566	19	0.0963	26	0.0518	21	0.0136	28	0.0605	14
河北省	0.0894	12	0.1424	15	0.1050	6	0.0949	10	0.0600	15
河南省	0.0859	13	0.1567	14	0.0689	13	0.0871	11	0.0555	16
山东省	0.0967	10	0.1688	11	0.0928	10	0.1157	8	0.0551	17
陕西省	0.0839	14	0.1754	9	0.0920	11	0.0439	17	0.0548	18
广西壮族自治区	0.0433	22	0.1316	17	0.0409	28	0.0287	23	0.0547	19
黑龙江省	0.0308	26	0.1203	21	0.0297	30	0.0156	26	0.0521	20
海南省	0.0387	24	0.1611	13	0.0417	27	0.1157	9	0.0500	21
湖北省	0.1017	8	0.1613	12	0.0654	14	0.0562	15	0.0453	22
青海省	0.0105	31	0.0967	25	0.0285	31	0.0086	29	0.0419	23
内蒙古自治区	0.0389	23	0.1243	18	0.0501	23	0.0191	25	0.0417	24
宁夏回族自治区	0.0232	28	0.0618	31	0.0378	29	0.0363	21	0.0404	25
甘肃省	0.0216	29	0.0893	27	0.0534	20	0.0147	27	0.0402	26
辽宁省	0.0477	21	0.0841	28	0.0602	16	0.0579	14	0.0377	27
吉林省	0.0369	25	0.0970	24	0.0514	22	0.0306	22	0.0357	28
新疆维吾尔自治区	0.0282	27	0.0635	30	0.0420	25	0.0068	30	0.0339	29
山西省	0.0591	18	0.1127	23	0.0957	9	0.0475	16	0.0295	30
西藏自治区	0.0116	30	0.0722	29	0.0464	24	0.0011	31	0.0215	31
平均值	0.1381	—	0.1787	—	0.1173	—	0.1019	—	0.1104	—

3. 小结

通过对多源大数据进行分析，能够较为清晰地从广角度、多维度视角来明确我国各省（区、市）生态旅游发展的总体情况以及地区差异。通过总体的概述和区域间的差异可知，在经济生态子系统、政治生态子系统、文化生态子系统、社会生态子系统和自然生态子系统五个子系统中，四大直辖市的排名均处在前列的位置，说明直辖市作为国家行政的领军城市，其生态旅游在自体自然肌理与后天建设等影响下的发展态势较好。从地区差异的角度来看，排名前列的省（区、市）中，东部地区经济较为发达省（区、市）居多，中西部省（区、市）较少。

在今后的生态旅游发展过程中，应当更加注重东、中、西部各个省（区、市）自身及相互之间的均衡发展，充分发挥直辖市和部分先进省（区、市）的带动作用，充分调动东、中、西部地区的生态旅游可利用、可开发、可持续、可协调的科学化发展，进一步减小地区在生态旅游基础建设及公共服务能力上的发展差距。从经济、政治、文化、社会和自然五大方面齐发力，率先以生态旅游为突破口实现中国旅游事业“五位一体”的全面发展。

（二）中国各地级行政区生态旅游发展综合指数分析

本报告从多源数据角度呈现了我国生态旅游发展的各地级市发展情况与差异，生态旅游发展综合指数涵盖 5 个子系统、下设 24 个指标。从子系统来看，经济生态子系统权重占比为 0. 2167，政治生态子系统权重占比为 0. 0582，文化生态子系统权重占比为 0. 1599，社会生态子系统权重占比为 0. 1063，自然生态子系统权重占比为 0. 4590。

1. 生态旅游发展总指数

生态旅游总指数排名前二十的城市依次为：深圳市、苏州市、杭州市、郑州市、广州市、成都市、阿坝藏族羌族自治州、西安市、南京市、昆明市、武汉市、哈尔滨市、长沙市、黄山市、福州市、黔南布依族苗族自治州、遵义市、厦门市、上饶市、泉州市（见表6）。

表6　中国生态旅游发展总指数城市排名前二十

省(区、市)	总指数	排名
深圳市	0.3567	1
苏州市	0.3327	2
杭州市	0.2689	3
郑州市	0.2547	4
广州市	0.2450	5
成都市	0.2421	6
阿坝藏族羌族自治州	0.2321	7
西安市	0.2307	8
南京市	0.2274	9
昆明市	0.2257	10
武汉市	0.1961	11
哈尔滨市	0.1935	12
长沙市	0.1767	13
黄山市	0.1722	14
福州市	0.1718	15
黔南布依族苗族自治州	0.1685	16
遵义市	0.1684	17
厦门市	0.1624	18
上饶市	0.1614	19
泉州市	0.1581	20
平均值	0.2173	—

如表6和表7所示，深圳市生态旅游发展总指数值为0.3567，总指数位居全国第1，其经济生态子系统指数和社会生态子系统指数均位于第1，远超第2名，发展良好。但是深圳市文化生态子系统的排名较靠后，须在文化建设上加大投入，大力发展提升城市文化系统。

苏州市生态旅游发展总指数值为0.3327，位居全国第2。苏州市的经济生态子系统、政治生态子系统、文化生态子系统、社会生态子系统、自然生态子系统五个子系统的发展较为均衡，均位于全国前列。其中政治生态子系统和社会生态子系统仍有一定的提升空间。

杭州市的生态旅游发展总发展指数排在第 3 位，总指数值为 0. 2689。经济生态子系统、政治生态子系统、文化生态子系统、社会生态子系统的发展较好，均位于前 7，但自然生态子系统位于第 47，城市自然生态系统保护和发展力度不够，有待进一步提升。

郑州市的生态旅游发展总指数位于第 4，指数值为 0. 2547。郑州市的政治生态子系统发展良好，位于全国第 1，经济生态子系统位居全国第 4，文化生态子系统和社会生态子系统分别位于全国第 10 和第 11。但是，自然生态子系统发展欠佳，排名靠后，城市自然生态系统发展优势不足。

广州市的生态旅游发展总指数位于第 5，指数值为 0. 2450。经济生态子系统和政治生态子系统的发展较好，分别位于全国第 2 和第 4。但是，自然生态子系统和文化生态子系统的发展欠佳，指数排名仅为全国第 37 和第 57。

表 7 生态旅游发展总指数城市排名前二十子系统指数情况

城市	经济生态子系统		政治生态子系统		文化生态子系统		社会生态子系统		自然生态子系统	
	指数值	排名	指数值	排名	指数值	排名	指数值	排名	指数值	排名
深圳市	0. 8689	1	0. 5073	3	0. 0769	84	0. 6758	1	0. 2420	4
苏州市	0. 6510	3	0. 3049	11	0. 3155	2	0. 2873	8	0. 2473	3
杭州市	0. 3946	6	0. 6037	2	0. 2410	7	0. 3681	4	0. 1122	47
郑州市	0. 4196	4	0. 7699	1	0. 2166	10	0. 2441	11	0. 1253	40
广州市	0. 6676	2	0. 4086	4	0. 1045	57	0. 2127	14	0. 1301	37
成都市	0. 4135	5	0. 3058	10	0. 2211	8	0. 1608	31	0. 2065	7
阿坝藏族羌族自治州	0. 0191	281	0. 1204	157	0. 1428	26	0. 0073	291	0. 3594	1
西安市	0. 2663	10	0. 2685	18	0. 3397	1	0. 1963	21	0. 1674	21
南京市	0. 2881	8	0. 2620	20	0. 2418	6	0. 4537	2	0. 1363	34
昆明市	0. 2128	17	0. 2617	21	0. 1008	60	0. 0653	93	0. 2769	2
武汉市	0. 2610	13	0. 2906	13	0. 1289	41	0. 2740	10	0. 1453	28
哈尔滨市	0. 1341	40	0. 2491	29	0. 1202	46	0. 0327	155	0. 1992	9
长沙市	0. 2527	14	0. 2084	49	0. 0924	68	0. 1530	35	0. 1141	46
黄山市	0. 0288	243	0. 1185	165	0. 1890	13	0. 0267	178	0. 2233	6

续表

城市	经济生态子系统		政治生态子系统		文化生态子系统		社会生态子系统		自然生态子系统	
	指数值	排名	指数值	排名	指数值	排名	指数值	排名	指数值	排名
福州市	0.1668	28	0.2573	26	0.0968	63	0.0662	89	0.1823	12
黔南布依族苗族自治州	0.0519	147	0.1172	171	0.0626	107	0.0162	228	0.2358	5
遵义市	0.0806	78	0.0869	243	0.2632	4	0.0266	179	0.1752	15
厦门市	0.2032	22	0.2973	12	0.1320	37	0.3705	3	0.1720	18
上饶市	0.0616	115	0.2243	42	0.0923	69	0.0224	199	0.1730	17
泉州市	0.2123	18	0.2717	17	0.1708	14	0.1380	40	0.0889	69
平均值	0.2827	—	0.2967	—	0.1674	—	0.1899	—	0.1856	—

2. 生态旅游发展子系统

经济生态子系统排名前十的地级市为深圳市、广州市、苏州市、郑州市、成都市、杭州市、东莞市、南京市、咸阳市、西安市。政治生态子系统排名前十的地级市分别为郑州市、杭州市、深圳市、广州市、南宁市、丽水市、东莞市、扬州市、温州市、成都市。文化生态子系统排名前十的地级市为西安市、苏州市、济宁市、遵义市、沈阳市、南京市、杭州市、成都市、晋中市、郑州市。社会生态子系统排名前十的地级市有深圳市、南京市、厦门市、杭州市、汕头市、无锡市、海口市、苏州市、东莞市、武汉市。自然生态子系统排名前十的地级市有阿坝藏族羌族自治州、昆明市、苏州市、深圳市、黔南布依族苗族自治州、黄山市、成都市、邵阳市、哈尔滨市、三明市。

排名前二十的城市中，文化生态子系统和自然生态子系统的地区差异较小，而经济生态子系统的差异较大，政治生态子系统和社会生态子系统的差异次之。

3. 小结

通过对多源大数据进行分析和梳理，本书综合呈现了当前我国各地级市的生态旅游发展状况。综合分析可知当前我国各地级市的生态旅游发展状况存在极强的不均衡性。从经济生态子系统、政治生态子系统、文化生态子系统、社会生态子系统和自然生态子系统五个子系统来看，在生态旅游发展排名前二十的地级市中，文化生态子系统和自然生态子系统两大指标的区域间差异不大，而经济生态子系统的差异却较为明显。

综合来看，“五位一体”的组成——经济、政治、文化、社会和自然五大方面，均是生态旅游发展脉络确定、规划建设、前景研判等建设过程中不可或缺的部分。然而根据指标分析来看，当前全国大部分地级市均显现出了子系统发展不平衡的情况，一方面是因为五大子系统自身的发展并不均衡，另一方面也是受到地理环境与建设生态旅游的社会保障与建设基础、财政等多方面因素的制约。

（三）中国八大片区生态旅游发展综合指数分析

1. 八大分区生态旅游发展评价

（1）东部平原丘陵生态旅游片区

东部平原丘陵生态旅游片区的生态旅游发展总指数排名全国第1，该区域的生态旅游总体发展水平处于全国领先水平，其经济生态子系统、社会生态子系统均排名第1，政治生态子系统、文化生态子系统与自然生态子系统均排名第2。由于平原地区城市发展水平较高，区域GDP、国内外旅游人次和旅游消费水平与其他地区相比较高，产业发展与社会建设良好，为生态旅游的发展奠定了良好的经济与社会基础（见表8）。

表8　东部平原丘陵生态旅游片区生态旅游各项排名

系统名称	指数值	排名
生态旅游发展总指数	0. 1097	1
经济生态子系统	0. 1295	1
政治生态子系统	0. 2051	2
文化生态子系统	0. 0919	2
社会生态子系统	0. 1624	1
自然生态子系统	0. 0821	2

（2）黄河中下游生态旅游片区

黄河中下游生态旅游片区的生态旅游发展总指数排名全国第2，说明该区域的生态旅游总体发展水平优异。具体来看，其文化生态子系统指数值以0.0950排名全国第1，社会生态子系统指数值以0.1180排名全国第2，经济生态子系统和政治生态子系统均排名全国第3，而自然生态子系统指数值以0.0654排名全国第4，说明该片区各项子系统的发展存在一定差异，文化生态资源的表现最为优异，但自然生态资源表现平平。因此该区域要发挥所长，充分利用好黄河文化的特色资源，重点打造文化生态旅游片区（见表9）。

表9　黄河中下游生态旅游片区生态旅游各项排名

系统名称	指数值	排名
生态旅游发展总指数	0.0908	2
经济生态子系统	0.0980	3
政治生态子系统	0.2029	3
文化生态子系统	0.0950	1
社会生态子系统	0.1180	2
自然生态子系统	0.0654	4

（3）长江上中游生态旅游片区

长江上中游生态旅游片区的生态旅游发展总指数排名全国第3，说明该区域的生态旅游总体发展水平较高，其自然生态子系统排名第1，体现了该地区良好的自然生态环境。综合来看，该地区的国家级风景名胜区数量、国家级森林公园数量、国家级湿地公园数量、国家级地质公园数量、世界自然遗产数量、国家级生态旅游示范区数量、中国美丽休闲乡村数量、城市绿化率、水利资源密度等指标与其他地区相比更胜一筹。文化生态子系统排名第3，经济生态子系统与社会生态子系统排名第4，政治生态子系统排名第5，仍旧具有较大的发展空间（见表10）。

表 10 长江上中游生态旅游片区生态旅游各项排名

系统名称	指数值	排名
生态旅游发展总指数	0. 0833	3
经济生态子系统	0. 0746	4
政治生态子系统	0. 1431	5
文化生态子系统	0. 0574	3
社会生态子系统	0. 0980	4
自然生态子系统	0. 0856	1

（4）珠江流域生态旅游片区

珠江流域生态旅游片区的生态旅游发展总指数排名全国第 4，说明该区域的生态旅游总体发展水平处于中等水平，其经济生态子系统位于第 2，政治生态子系统与文化生态子系统位于全国第 4，社会生态子系统位于第 3，自然生态子系统位于第 6，说明该区域的社会建设基础良好，政治生态与文化生态发展处于中等水平，自然生态子系统的指数偏低，生态旅游资源数量偏低。总体而言，该地区经济发展处于领先地位，但是政治、文化、社会生态旅游建设偏中等水平，生态旅游发展具有一定的潜力（见表 11）。

表 11 珠江流域生态旅游片区生态旅游各项排名

系统名称	指数值	排名
生态旅游发展总指数	0. 0796	4
经济生态子系统	0. 1152	2
政治生态子系统	0. 1919	4
文化生态子系统	0. 0443	4
社会生态子系统	0. 1102	3
自然生态子系统	0. 0538	6

（5）东北平原漫岗生态旅游片区

东北平原漫岗生态旅游片区的生态旅游发展总指数排名全国第5，说明该区域的生态旅游总体发展水平居中。具体来看，其经济生态子系统和政治生态子系统均排名第6，文化生态子系统、社会生态子系统和自然生态子系统均排名第5，说明该片区各项子系统的发展较为均衡，但经济和政治生态子系统的排名要略低于文化、社会和自然生态子系统，说明该片区属于生态资源优于生态产业型。因此该区域要加强对生态旅游的重视程度，充分利用其森林、湿地、草原及冰雪等旅游资源，在生态保护的前提下发展生态旅游产业（见表12）。

表12　东北平原漫岗生态旅游片区生态旅游各项排名

系统名称	指数值	排名
生态旅游发展总指数	0.0572	5
经济生态子系统	0.0385	6
政治生态子系统	0.1206	6
文化生态子系统	0.0426	5
社会生态子系统	0.0789	5
自然生态子系统	0.0580	5

（6）青藏高原生态旅游片区

青藏高原生态旅游片区的生态旅游发展总指数排名全国第6，说明该区域的生态旅游总体发展水平较低。与其他子系统相比，该地区的自然生态子系统排名全国第3，发展潜力较好，文化生态子系统和政治生态子系统排名分别位于第6和第7，经济生态子系统与社会生态子系统均位于第8，经济发展与社会建设水平较低。综合来看，该地区的经济建设水平对整体生态旅游发展的影响较大，由于高寒、高海拔的特点，经济发展不比我国东部沿海地区，相对应的配套设施与社会文化建设水平仍需进一步提高和加强（见表13）。

表 13　青藏高原生态旅游片区生态旅游各项排名

系统名称	指数值	排名
生态旅游发展总指数	0.0560	6
经济生态子系统	0.0118	8
政治生态子系统	0.1127	7
文化生态子系统	0.0420	6
社会生态子系统	0.0467	8
自然生态子系统	0.0768	3

（7）海洋海岛生态旅游片区

海洋海岛生态旅游片区的生态旅游发展总指数排名全国第7，说明该地区的生态旅游总体发展水平偏低。虽然其经济生态子系统、社会生态子系统、自然生态子系统、文化生态子系统分别位于全国第5、第6、第7、第8，拉低了整体的旅游发展水平。但是与此同时，该地区的政治生态子系统位于全国第1的水平，说明该地区与其他区域相比新闻媒体热度较高，政府对于生态旅游的建设态度较为积极，应当给予肯定。对自然与文化生态，则应当作重点进行突破，进一步提升地区的生态旅游发展水平（见表14）。

表 14　海洋海岛生态旅游片区生态旅游各项排名

系统名称	指数值	排名
生态旅游发展总指数	0.0555	7
经济生态子系统	0.0387	5
政治生态子系统	0.2197	1
文化生态子系统	0.0323	8
社会生态子系统	0.0786	6
自然生态子系统	0.0452	7

（8）北方荒漠与草原生态旅游片区

北方荒漠与草原生态旅游片区的生态旅游发展总指数排名全国第8，说明该区域的生态旅游总体发展水平较低，其各项指标的表现均不太优异。相对于其他指标，其经济生态子系统、文化生态子系统、社会生态子系统的排名为第7，经济生态子系统、社会生态子系统与青藏高原生态旅游片区相比较高，社会生态子系统稍低于海洋海岛生态旅游片区。由于地理条件的限制，生态旅游资源数量偏低，城市绿化率水平不高，导致了其自然生态系统排名较低（见表15）。

表15　北方荒漠与草原生态旅游片区生态旅游各项排名

系统名称	指数值	排名
生态旅游发展总指数	0.0459	8
经济生态子系统	0.0272	7
政治生态子系统	0.1103	8
文化生态子系统	0.0337	7
社会生态子系统	0.0749	7
自然生态子系统	0.0441	8

2. 小结

根据测算结果，提出以下发展对策及建议。

对于东部平原丘陵生态旅游片区而言，应该加强其政治、文化和自然生态系统的建设，特别是要注重自然生态旅游与文化生态旅游的协同发展，在保护平原丘陵生态环境的同时，大力挖掘当地文化资源，丰富游客体验，促进旅游经济可持续发展。

对于黄河中下游生态旅游片区而言，其文化生态旅游资源丰富，而自然生态旅游资源表现一般，因此可以继续大力挖掘黄河文化，以黄河文化资源带动自然资源，从而打造具有黄土高原观光、山地观光度假功能的文化生态旅游片区。

对于长江上中游生态旅游片区而言，应该加强其政治生态系统的建设，提高对于生态旅游的关注力度，积极发布相关新闻和指南；同时也要加强社会和经济生态系统的建设，重视生态旅游产业发展的经济带动作用，既要保护也要发展。

对于珠江流域生态旅游片区而言，应该加强其自然生态系统的建设。该区域要充分利用好现有的自然生态资源，注重区域内的资源整合与省际合作，取长补短，经验共享，从而提高整个区域的整体资源水平。

对于东北平原漫岗生态旅游片区而言，要重点发展经济和政治生态旅游系统，提高自然和文化生态旅游的配套设施建设，重点开发以森林、湿地、草原为主的生态旅游线路；此外，在社会生态方面要重点关注网络舆情，提升网络好评度。

对于青藏高原生态旅游片区而言，该片区的生态旅游发展水平还不够高，在今后的发展中须在经济、政治和社会等方面齐发力，适度开发该片区的优质独特资源。同时，应当注重片区内各城市生态旅游的均衡发展，缩小地区间的发展差距，对排名靠后的城市进行重点关注，扬长处，补短板，从而促进片区生态旅游整体提升。

对于海洋海岛生态旅游片区而言，该片区的发展较为落后，因此应当大力挖掘和开发片区内的自然和文化旅游资源，如大力发展国家级风景区和生态旅游示范区，重视区域内文化遗产的保护。

对于北方荒漠与草原生态旅游片区而言，该片区的生态旅游资源虽然较为匮乏，但具有很大的独特性和不可替代性。因此其重点发展方向可以是以沙漠戈壁、绿洲、草原为主要旅游资源的探险观光旅游，发展户外运动探险等特色旅游活动。

参考文献

[1]《全国生态旅游发展规划（2016～2025年）》（发改社会〔2016〕1831号）。

[2]《统筹推进“五位一体”总体布局》，人民网－理论频道，http：//theory. people. com. cn/n1/2017/0210/c148980－29072607. html。

[3] 田里、李常林：《生态旅游》，南开大学出版社，2004。

区 域 篇

Region Topics

B.3 乡村振兴战略下中国农村生态旅游路径与模式研究

孟志军　周仁任　于　阳*

摘　要： 本报告以北京延庆区、浙江奉化滕头村、河南洛阳重渡沟村及陕西咸阳袁家村为例，总结了乡村振兴战略下中国农村生态旅游的发展路径与模式。“他山之石，可以攻玉；他乡之水，可借清源。”根据中国不同区域的特点，再结合各乡村旅游目的地的不同环境、不同条件以及不同的典型发展案例进行研究，可以寻找生态和旅游相互结合的路径，对农村生态旅游的路径和模式起到引领和示范作用。

关键词： 生态涵养区　生态经济　国家级旅游资源　生态文化

---

* 孟志军，博士，东胜集团副总裁，康辉文化旅游产业集团总裁，中国康辉旅游集团有限公司董事；周仁任，中国康辉旅游集团总裁办主任；于阳，集善康辉总经理。

一　概述

（一）乡村振兴与生态文明建设

2021 年是中国共产党成立 100 周年，是全面建成小康社会，决战脱贫攻坚战取得胜利的第一年。脱贫攻坚战取得胜利后，第二个一百年奋斗目标是要全面推进乡村振兴。为了达成第二个一百年目标，中国共产党第十九次全国代表大会的报告中首次提出了“实施乡村振兴战略”，此战略是顺应亿万农民对美好生活的向往而做出的重大战略决策。接着，2018 年中共中央国务院印发了《乡村振兴战略规划（2018～2022 年）》并对外发布，此规划为推进乡村振兴提供了根本遵循原则和行动指南，为全面推进乡村振兴绘制出了宏伟蓝图。

乡村振兴战略是一项综合和系统性的建设工程，不仅需要实现乡村产业的兴旺，帮助广大农民增收，还需要建立一个“美丽乡村”，创造人与自然和谐共生的氛围。因此，美丽乡村的建设必须以保护好自然生态环境为基本前提，结合自身的实际特点，充分发挥优势项目，实现生态文明建设和乡村振兴发展齐头并进。

（二）生态文明的建设与农村旅游发展的共同实现

农村地区最突出的一点就是有着丰富的生态资源，拥有种类齐全的生态功能区，因此生态文明建设不仅十分重要还是可持续发展的必由之路，二者协同发展可以取得生态环境与经济发展的双赢。农村生态文明建设涉及农村发展的多个方面，乡村旅游发展需要农村地区全面发展提供支撑，同时又会影响到农村社会、经济、生态等多个方面，二者协同发展才能加速各自的进程。首先，农村地区国土空间需要兼顾生态空间和旅游基础设施改善，需要在满足旅游需求的同时扩展生态空间；其次，应当将绿色生产方式和生活方式与降低乡村旅游资源环境影响相结合，在旅游发展过程中利用废弃闲置资源，使用当地可降解、可循环利用资源对资源进行综合利用，减少浪费和污染物排放，降低乡村旅游生态成本；再次，农村地区需要对生态系统进行恢复，在自然恢复的基础上进行人工修复，加速恢复进程并加强游憩功能，使之符合旅游发展的需要；最后，生态文明制度建设中，应当充分考虑以制度建设支持乡村旅游在市场化、公平性以及科技含量方面的提升，还要通过制度建设控制乡村旅游的负面影响，以促进旅游业转型升级。总之，在农村生态文明建设背景下，农村地区的全面发展和乡村旅游三大效益的提升需要同步推进，以期减少建设成本，最终达到生态文明建设所要求的经济、社会、生态等多重目标。

“绿水青山就是金山银山”，生态保护与乡村旅游的发展需要同频共振，是全党全社会的共识。以“美丽乡村”为目标的乡村生态文明建设必然会促进农村生态旅游的健康快速发展，而农村生态旅游的发展又可以为乡村生态文明建设助力，二者相互联系、相互制约，寻求协同之路是取得双赢的关键。

二　中国农村生态旅游路径与模式研究

具体的实施工作并不简单，在全国范围内，我们能看到发展非常好的乡村，也有不成功甚至失败的。也许这是因为全国各地差异很大，村与村之间的状况各不相同，难以找到放之全国而有效的模式或经验，只是万花丛中一点红，没出现红遍万山的壮观景色。

现阶段农村生态旅游正在进行中、探索中，但是“他山之石，可以攻玉；他乡之水，可借清源”。以我国不同区域的特点结合各乡村旅游目的地的不同环境、不同条件、不同发展的典型案例进行研究，可以寻找生态和旅游相互结合的路径，对农村生态旅游的路径和模式起到引领和示范作用。

以下将结合中国不同区域特点和各地资源差异，列举四个案例。

（一）案例一：北京市延庆区

京津冀一体化是国家战略，生态保护是政府的重要工作，延庆区严格控制将基本农田变为建设用地。在生态环境保护较好的基础上，北京市延庆区作为首都生态涵养区发展乡村生态旅游，构建助农增收模式，还能反哺生态建设。北京市延庆区担负着重要的生态保护功能和北京市民的休闲游憩功能，在这两个方面已经取得了不俗的成绩，并且将二者相互结合，较好地发挥了二者的协同作用。本案例研究剖析了延庆区农村生态文明建设和乡村旅游发展的情况，并对二者的关系进行了重点分析。

1. 区域环境和情况

延庆区是北京市下属行政区域，2015 年底撤县设区，位于北京市西北方向，距离北京市区 74 公里。延庆区有潮白河、北运河和永定河三大水系，不仅是北京市的重要水源地，还是首都的天然绿色生态屏障和重要水源保护区。

延庆区现辖 11 镇 4 乡 3 个街道办事处，有行政村 376 个。2019 年延庆区 GDP 达 195. 29 亿元，其中第三产业产值达 136. 91 亿元，从产业结构来看第三产业比例占到 70. 11%，已经成为延庆区支柱产业（数据来源：2019 版《北京区域统计年鉴》）。近年来，延庆区经济社会实现跨越式发展，先后获得全国文明城区、双拥模范城、“两山”理论实践创新基地、国家生态文明建设示范区、国家全域旅游示范区、国家水生态文明城市、国家森林城市、国家卫生区等荣誉称号。

延庆区不仅历史悠久灿烂，还拥有独具地方特色的文化，其中八达岭长城、山戎墓葬群、古崖居、青龙桥火车站不仅在历史上有十分重要的地位，还在 2011 年被北京延庆列入“十大特色文化遗产”① 之中。

2. 生态旅游发展条件

为保障北京市生态可持续发展，北京市在“十一五”规划时期提出了“生态涵养发展区”这一概念，延庆区属于五个区县之一。因此，延庆区生态保护成为政府的重要工作。北京市政府投入大量资金、人力、物力进行生

① 林光宇：《延庆评选“十大特色文化遗产”》，首都文明网，http：//www. bjwmb. gov. cn/zxgc/wmsj/t20110526_ 390430. htm。

态恢复和保护，主要包括建设自然保护区、退耕还林、河道生态治理、治理农业污染源、整治居民生活环境等，并取得了较好的成效。

延庆区在2000年和2012年分别实行了京津风沙源治理一、二期工程并且取得了显著成效，森林覆盖率不断提高，水土流失面积减少，沙化土地得到治理，空气质量得到明显改善。2021年延庆区京津风沙治理二期工程项目实施方案取得批复，项目总投资3880万元。该项目将在延庆区封山育林75000亩、小流域综合治理15平方公里、易地搬迁442人，进一步巩固了京津风沙源治理成果。

延庆区严格控制将基本农业用田变为建设用地，进行农田防护林带建设，调整种植结构，从种植普通粮食作物改为种植果树、蔬菜和中药材等作物，积极发展都市型生态农业和有机农业，并和畜禽养殖结合，建立循环农业体系。

延庆区在全区农村推行垃圾集中收集和分类：一部分进入循环利用，一部分集中处理。对于生活污水，采用了多种适应于农村的污水处理技术，建立小型污水厂或是将污水运走进行集中处理，还建设集雨工程设备用于农田的灌溉、乡村公共区域的绿化，水资源的循环利用不仅保护了农村湿地生态系统，还起到了节约地下水和涵养水源的作用。延庆区还在农村居民点进行绿化美化活动，在政府资金、技术的大力扶持下，完善广场、道路建设，在村中栽种树木和花卉，在居民家中通过种植果树和蔬菜来搭建生态庭院，有效改善了居住环境。

3. 旅游资源条件和现状

延庆区位于北京市西北部，东邻怀柔区，南接昌平区，北边还与河北承德市及张家口市相邻，其中110国道、S216、S323三条道路有效连接了延庆区和周边省市的交通，为游客出行提供了便利。延庆区位于京津冀经济圈之内，该区域已逐渐形成了包括大中小城市在内的城市群，城市化水平较高，经济一体化程度也越来越高，优越的地理、交通、经济区位为乡村旅游提供了发展条件。

在没有发展乡村旅游之前，延庆区旅游业已经有一定规模的影响力。

延庆区旅游资源极为丰富，遗址遗迹有古家窑旧石器遗址和山戎文化遗址，水域风光有官厅水库的野鸭湖湿地和黑河、白河，地文景观有松山、玉渡山、妫水公园。其中，八达岭长城、龙庆峡、百里画廊、四季花海等是世界级或国家级的重要旅游资源，每年为延庆区带来大量国际、国内客源。

4. 生态文明建设与乡村旅游的协同发展

（1）生态文明建设先行

延庆区是北京的后花园，大部分游客去乡村地区旅游的动机是可以逃离大城市喧嚣，去乡村享受清洁和静谧以及体验乡村特有的民俗文化、美食。所以生态优良、环境优美是乡村旅游目的地必须具备的条件。做好生态保护工作才是吸引都市游客到乡村旅游的必要条件之一。延庆区在农村地区开展了广泛的生态保护工程，减少人类对生态脆弱区的干扰，促进自然生态自我修复，采用人工手段进行生态治理，保持生态系统稳定。

一系列的生态保护措施，不仅使延庆区农村具备了开展乡村旅游的基本条件，还直接形成了延庆区的乡村旅游资源。森林保护和小流域治理形成的大片森林和清洁河流可以满足人们郊野游憩的需要；种植有机蔬菜和水果形成了人们采摘和观光农园的需求，生态农业的特色农产品还为游客提供了有吸引力的特色餐饮和旅游商品，这些生态环境和传统乡村意境，都对游客具有强大的吸引力。农村文化建设保护了参与性强的民俗项目，遗址遗迹和非物质遗产保护也对自然旅游资源形成了较好的补充。在多样化旅游资源的基础上，可以形成多元化的旅游产品，丰富当地乡村旅游产品谱系广度。

（2）提升乡村旅游各利益相关者的生态文明建设意识

乡村旅游的发展需要保持乡村自然生态和美好的人居环境，延庆区农村生态保护各项工程调动了各方参与的积极性。而且，居民对生态保护带来的美好生态和清洁环境格外珍惜，他们的环境意识普遍提高，保护生态和环境成为自觉行为。生态环境的创造不仅对发展生态经济有重要意义，很多游客也在享受生态产品的同时感受到了生态保护重要性。因此生态意识不仅需要被唤醒，还需要长期根植于心，这样才能促进乡村旅游的可持续发展，不会因为生态破坏和负面的环境影响减少乡村旅游。

（3）乡村旅游发展促进生态文明建设

生态涵养发展区是延庆区的功能定位，因而，该区十分注重通过生态保护促进生态经济的发展。延庆区第三产业产值已经占到总产值的一半以上，旅游业在第三产业中所占比重最高，乡村旅游的经济贡献也已经日益显现。除了对整体经济的贡献，乡村旅游对农户增收的贡献也较为显著。受到直接经济效益的吸引，为了招揽游客，当地农户、村民都积极主动地参与到生态保护中，自觉意识非常强而且还传导给了游客。为了发展旅游，政府也把生态保护和景观营造结合起来，加大生态保护的持续投入并收到了良好效果。

生态保护的主要目的不仅是人与自然的和谐共生，更是为了取得生态效益和追求美好生活。因此，可以借助净化水、净化空气以及森林植被这些自然资本来开展乡村旅游，这就是一条生态经济化的可持续道路。为保护农村生态，延庆区开展了退耕还林、退稻还旱等生态保护措施。虽然这些工程会给受影响的农民一定补偿，但在现实中存在补偿标准较低、农民生计受到较大影响等问题。发展乡村旅游使农民的非农收入增加，一定程度上弥补了因保护生态带来的短期损失。在获得一定生态经济效益的同时还进一步带动了相关产业的就业，实现了减贫、振兴农村等社会效益，对当地经济社会发展非常有利。

（4）生态、旅游协同发展共促文化传承

为发展乡村旅游，政府为改善村落整体人居环境和农户环境提供了资金、政策支持，农户和社区也愿意改善自身居住环境，还有些村落得到外来企业的投资，最终基础设施、公共服务设施以及农村家庭居住条件都得到了一定程度的改善，旅游带来的收入进一步促进了这种变化。在旅游发展的过程中，遗址遗迹和非物质文化遗产的保护可以增加乡村的吸引力，因而也格外受到重视，当地的长城遗址、古城遗址、传说故事、节庆活动都被挖掘加工，既有利于旅游发展，也促进了文化传承。

（二）案例二：浙江奉化滕头村

习近平总书记主政浙江期间，曾三次到滕头村考察。2016 年 7 月 1 日，在北京举行的庆祝中国共产党成立 95 周年大会上，习近平总书记给时任滕头村党委书记傅企平颁发“全国优秀党务工作者”奖章证书并勉励道：“常青树不容易，一定要继续走在前列！”①

1. 区域环境和情况

滕头村位于浙江省宁波市奉化区境内，地处萧江平原的溪江边，在奉化城北 6 公里，距离宁波市 27 公里，距离机场 15 公里，紧邻甬临线省道。

滕头村原来是一个远近闻名的穷村，当时有民谣“田不平，路不平，亩产只有二百零，有囡不嫁滕头村”。1965 年，在我国大部分农村还停留在“靠天吃饭”阶段时，滕头村已经开始带领当地农民进行大规模改土造田为农业现代化奠定基础。1986 年，滕头村成立农业公司，探索生态高效农业。1993 年，滕头村率先成立了全国最早的村级环保委员会，此委员会需要严格审核招商引资进来的企业，走出了一条“既要金山银山，更要绿水青山”的发展之路。1997 年，滕头村建立了卖门票的村级景区，通过生态旅游产品和观光采摘农蔬，实现了让城里人掏钱看美丽乡村的模式。2010 年，“溪口旅游景区”被授予“5A 级旅游景区”称号。

滕头村凭借青山绿水、自然生态的环境优势打造出全国乡村休闲旅游第一村，本案例研究剖析了滕头村以生态保护为基础的乡村休闲式旅游，并对“以生态促旅游，以旅游养生态”的发展路径进行了重点分析，对有同类资源的区域有示范效应。

2. 生态旅游发展道路

滕头村的生态文明建设可以追溯到 20 世纪 60 年代，为了改善生产条件，滕头村对农田进行了平整和灌溉系统改造，之后又进行了居住环境的改善，在田间溪头种植果树林木，在房屋周边栽植盆景花草。后来该村又抓住

① 《浙江日报》，2016 年 7 月 2 日。

工业发展的机会，在多个领域建立公司，并采用现代化方式发展农业，建立了种子种苗基地、花卉苗木基地。20 世纪 90 年代，当地开始发展旅游业，各项基础设施也陆续改善，并且完善了农民公园、农民图书馆、灯光球场、室外健身中心、老年活动中心、电子阅览室、村文化中心、村史展览厅等公共服务设施，滕头村成为新农村发展的典范。在发展过程中，该村一直非常注重环境保护和生态建设，不仅成立了全国第一个村级环境保护委员会，还因为环境保护的需要拒绝了多个利润丰厚的项目，最终以生态优美、环境良好而闻名于世界。

因地处江南，当地注重保护以江南农耕文化为特色的乡村文化，至今仍保留有耕地、果园和山林，并且建立了农耕博物馆，收藏了具有当地特色的石窗等工艺品，并将民俗活动作为旅游产品保护下来。在该村进行各项建设的过程中，基层党支部建设一直是重要的组织保障，发挥了积极的领导和组织作用，保证各项事业取得成功。

1998 年，滕头村抓住了国内旅游人数快速增长的机遇，开始发展农业观光旅游。主要依托该村良好的生态环境、美丽的田园风光、现代农业技术以及精心设计的农业观赏果蔬景观、民俗文化、名人足迹和新农村风貌开展观光旅游，完善了游客中心、餐饮和住宿接待设施，初步形成旅游产业链。该村以生态为特色，以新农村建设为补充，很快得到旅游市场的认可，2001 年入选 4A 级旅游景区，后来又升级为 5A 级旅游景区，并入选首批“国家生态旅游示范区”。在发展过程中，具有当地特色的项目不断落户滕头村，如摇橹船、民间工艺表演和美食现场售卖等，目前，滕头村正在进行景区扩展工程，并计划把周围乡村纳入进来。滕头村最大的亮点在于生态，村庄本身具有良好的生态环境，由于发展苗木花卉等产业，景区在整体设计中处处可以体现出生态特色，比如生态小径、生态路灯、生态厕所、生态绿地污水处理系统，这些生态设计成为美丽的景观，可以为游客提供良好的服务和体验。由于精心的规划设计和悉心的保护，游客接待旺季滕头村依然可以保持良好的生态环境，旅游的环境负面影响被显著降低。在经历了近 20 年的发展后，乡村旅游已经成为滕头村经济的重要组成部分，对本村村民和周边村庄就业起到较大的带动作用，并对当地名气提升起到了一定作用。

3. 改善生态环境建设与因地制宜发展旅游

（1）生态保护和环境整治的成效

在滕头村发展旅游之前，该村已经在农村生态文明建设方面取得了自然环境改善、产业发展和村容村貌变化等成就，作为典型的新农村样板具有一定的知名度，越来越多的政府官员和各界知名人士来考察。发展乡村旅游之后，当地工业、现代化农业、农村建设取得的各项成就直接成为满足游客求知需要的旅游资源，吸引游客前来参观考察并获得更多的旅游体验。知名度可以直接转化为品牌效应，名人足迹也具有一定的号召力，当地利用这个机会将名人手植树标记铭牌，成为独特的景观。因此，依托前期的成就，尽管当地乡村旅游没有著名景区，也没有特别的旅游资源，但是仍然在短时间内获得较快发展。乡村旅游发展之后，对当地的农村生态文明建设也是重要的补充，因为旅游业发展直接增加了收入，优化了该村产业结构，推动了产业转型，对现代农业和工业品的销售也会起到一定的带动作用，对环境保护、村容村貌的改善也起到助推作用，还保护了当地的民俗文化，并且进一步扩大了该村的知名度，农村生态文明建设取得了更大的成就。

（2）乡村旅游产业链上的拓展

在滕头村乡村旅游起步阶段，国内观光旅游盛行，滕头村以景区的形式建设了许多观光项目，这些项目主要依托于农村生态文明建设取得的一系列成就。该村经过生态保护和环境整治，具有较高的森林覆盖率，空气清新，水体清洁，成为重要的旅游资源，吸引了城市游客前来观光体验。景区内人工营造的热带植物观光、苗木观赏、盆景观赏、蔬菜水果都与本村的园林苗木产业相关，既满足了游客观光、求知的需求，还可以作为旅游商品进行售卖，以较低建设成本带来了较高的综合收益。

景区内植物同时是本村园林苗木产业的产品，可以直接出售给游客；其他工业品如服装服饰，也在村中设立了直销店，可以直接销售。乡村旅游已经和本地其他产业产生了较好的融合。

通过发展乡村旅游，对这些潜在资源进行开发利用，不仅带来了旅游收入的增加，而且通过一些旅游项目的设计，实现了资源充分利用和循环利用，强化了当地绿色形象，提升了经济、社会、生态效益。

（3）农村基层党组织的领导与旅游发展协同

滕头村发展从起步开始，一直依赖于基层党组织领导，该村党组织为全国先进基层党组织，该村各项事业的成功也得益于基层组织的决策执行能力。在基层组织强有力的领导和部署下，滕头村乡村旅游在起步阶段经过规划设计，保证了高标准的施工建设，以景区的模式进行开发，结合本村的特色形成了系列旅游产品，并且对各要素都进行了完善，设立了功能齐全的游客中心，开展各种营销活动，对乡村旅游的发展起到了很好的促进作用，村办旅游企业的模式也避免了村民间的矛盾，使其能够相互协作，根据自己的特长获得收入并与本村发展目标保持一致。旅游业是现代服务业之一，经营决策与工业农业有着显著的不同，旅游活动需要吸引和组织游客前来，在村中开展活动，所以过程中更加注重细节服务，为此基层组织非常重视增强对外合作和对内管理的能力，这也对滕头村旅游业的长远发展具有重要意义。

（4）农村文化保护与乡村旅游产品协同

随着社会的变迁尤其是农村社会经济的进一步发展，农村的生产条件和生活方式都发生了很大变化，留住乡村记忆也对文化传承有一定的需求。滕头村建设了具有当地特色的石窗博物馆、奉化地区的传统民居、农耕文化展示厅、江南的乌篷船和船码头，在节假日增加吹糖人、捏面人、打姜糖等民间艺人表演，设立专门园区保留宁波“十里红妆”的婚俗，为游客提供了体验舂米、采摘等农事活动的机会，村民还保持着手洗衣服、步行出行等传统，邻里之间相处和谐，保持着古朴的串门习俗。这种协同方式让物质文化和非物质遗产都得到了较好的保护，而且可以增加游客停留时间和消费水平，获得更多的旅游体验，提升乡村旅游的效益。

从滕头村的案例可以看出，保护生态环境是新农村经济建设的一项重要内容。都是以发展农村经济为目标，但由于选择不同，结果就会大相径庭。有些地方急于搞好经济，在招商引资方面忽略环境保护因素，只要能赚钱就会“被妥协”，这种“短视”行为只顾眼前利益而不顾后患。滕头村坚持保护环境，在招商引资上曾经先后拒绝了几十个虽然赚钱但污染环境的项目。从地域上看没有特别的优势，从旅游资源上看没有名山大川，却靠蓝天碧水和优美环境，荣获了“全国首批文明村”“中国十大名村”“国家首批5A级旅游区”等60多项国家级荣誉，吸引了大批国际、国内及周边的游客，可见今天滕头村的成功就在于经济和生态的齐头并进。

（三）案例三：栾川模式（以河南洛阳重渡沟村为例）

生态资源是最宝贵的资源，不要以牺牲环境为代价来推动经济增长，这样的经济增长不是发展。要下决心停掉矿山，这些都是高明之举，绿水青山就是金山银山。

独特的地质结构和地理环境，使栾川拥有巨大的矿物资源存储量，被誉为“中国钼都”。钼及其合金在冶金、化工和宇航等重要部门都有着广泛的应用，在国民经济发展中发挥着不可替代的作用。20世纪80年代，钼矿的开采发展迅速，为从事矿产开发的企业积累了财富，为地方财政做出了巨大贡献。但是这种稀有矿产拉大了当地的贫富差距，而且不高的选矿技术导致了严重的资源浪费和对自然生态环境的巨大破坏。

2000年之前是栾川旅游的初创期，鸡冠洞景区、龙峪湾景区引发了乡村旅游的热潮。2000～2005年是栾川旅游的快速发展阶段，老君山、倒回沟、伏牛山滑雪场一个个风景区闪亮登场。2005～2010年，栾川旅游保持着快速发展的势头。现在，“全景栾川”在全国率先树立起县域范围内探索全域旅游的范例。

一直以来，县委、县政府把旅游工作融入全县各单位、各乡镇目标考核体系中，政策方面也出台配套的“旅游专项引导资金管理办法”。2017年起，栾川县在旅游黄金期8月举办了整月的“自驾游栾川高速全免费”活动。这是“交通+旅游+扶贫”的创新举措。活动期间所产生的高速通行费由栾川县政府及7家景区共同承担，再转给交通运输厅，交通运输厅针对本次可能出现的接待高峰，制定了应急预案，设立指挥调度中心，县内所有旅游企业及从业者都齐心协力确保每一位来栾川的游客是乘兴而来满意而归。此活动在全国县域旅游中尚属首次，提升了全县旅游消费，增加了村民收入。栾川县通过三年大客流的历练，旅游接待水平有了质的提升，留下了宝贵的经验。

所有的努力和付出都换来了累累硕果，现在的栾川县是中原地区著名的生态旅游热线和“中国优秀旅游名县”“国家卫生县城”“全国文明县城”“全国休闲农业与乡村旅游示范县”①。

1. 重渡沟的区域特色和现状

重渡沟位于洛阳市西南118公里的栾川县东北部，属于典型的深山区，交通极为不便利，去趟县城都要沿着崎岖的山路翻越好几座大山。在20世纪90年代末，这山清水秀的居住环境也不能解决当地老百姓拮据的生活问题。直到1999年，栾川县委、县政府提出依靠山水资源发展旅游，依托原生态居民发展农家乐的计划，由农民改造自己的民居变宾馆，村民的生活才有了起色。

2006年洛阳栾川重渡沟风景区通过国家旅游局严格评定，被正式批准为国家4A级旅游景区，这个隐藏在深山中的“世外桃源”展现在了世人面前。而如今的重渡沟正向创建国家5A级旅游景区迈进。

2. 破解旅游发展中的“法宝”

重渡沟分南沟和西沟两大区域，南沟飞瀑流泉，水韵万千；西沟秀竹茂林，曲径通幽。重渡沟的一绝是水：上百个泉眼数百股泉水从地壳深处喷涌而出，汇成了源源不断的兰溪清流。瀑布成群潭成串，林密石怪传说奇。重渡沟另一绝是竹子，来到重渡沟仿佛置身于绿波之中，原始森林遮天蔽日，森林覆盖率高达90%。虽然拥有得天独厚的瀑布和竹林景观，但是基础设施匮乏和交通不便利成为重渡沟旅游发展初期最大的困难。

（1）“公司+农户”一体化

“公司+农户”的经营模式是重渡沟独到的成功之处。在开发初期，重渡沟资金严重短缺，但又无法筹集资金建设基础接待设施，此情况下政府鼓励农户自己投资建设农家宾馆。一是可以解决景区基础接待设施的问题，节

① 中共河南省委政策研究室：《“休闲栾川”的崛起之路》，2005年7月6日。

约了企业投资，改善了居民的居住环境。饭店和住宿的固定性导致企业不愿意在景区出资建设，以农家宾馆的形式提供景区餐饮住宿有效避免了沉没成本的投资。二是农户在景区提供的餐饮、住宿接待服务与旅游公司观光产品形成了共同体，不仅增加了农户在当地就业的机会，还因为农户拥有宾馆产权和经营权，保证了景区农户在旅游经营体系中的深度参与。公司经营景区观光企业，农户经营住宿、餐饮和其他服务性企业并拥有产权，两者构成互补性产品。“公司＋农户”的景区企业共同体，这一模式的最大亮点是以景区利益最大化为保证，规避了农户经营中的机会主义倾向和旅游公司的经济效益倾向，增强了景区持续性发展的能力。

（2）景区发展的统一步调

位于中原地区的重渡沟景区客源以周边省份为主。游客除了体验自然生态的山影、竹韵和清溪瀑布外，来“吃农家饭、住农家屋”既可以增强山乡生活体验情趣，也是每天疲于奔命都市游客的享农心愿。所以，农家乐满足了城市居民返璞归真、回归自然的需求，成为景区不可或缺的旅游吸引物和品牌产品。

但是，重渡沟农家宾馆的产权和经营权为农户所有，而非为景区公司所有，因此，难以避免地会产生一系列风险。如一些农家乐宾馆经营者可能会用低劣的服务降低成本，又或通过降价导致内部恶性竞争，从而损害重渡沟农家乐宾馆的整体形象，农户家各自为政无全局意识成为制约景区发展的主要问题。

景区发展需要步调一致，重渡沟风景区农家宾馆发展之初，景区就牢牢抓住了农家宾馆发展、建设、经营管理的操控权，使农家宾馆始终沿着健康的轨道发展。操控权的具体体现就是“统一”，始终让农家宾馆“活而不乱，管而不死”。

农家宾馆经营的最大弊端就是自由性大、跟风而上，容易产生短期经济效益行为和恶性竞争，“统一”的模式正是为规范农家宾馆经营而制定的。

统一分配。起初根据景区地理位置将家庭宾馆分成不同区块，让经常合作的旅游企业优先选择，新开发的市场优先选择，分配给他们的农家宾馆都是环境、服务最好的。当旅游企业和游客对农家宾馆有一定了解后，实行“统一分配”和“自由选择”相结合的方式，旅游企业和游客可以根据需求选择自己想去的农家宾馆。此外，实行“大型节假日统一分配”和“平时自由”选择相结合，可以确保旺季的稳定经营；“团队统一安排”和“散客自由选择”相结合，保证了散客选择的自主性。

统一接待。游客统一在重渡沟接待服务中心交款，拿到安排后的入住通知单，凭通知单到农家宾馆总台进行入住。

统一价格。制订农家宾馆菜单、床位的最高限价和最低限价，保证农家宾馆的正当竞争。

统一结算。每个月农家宾馆经营业主到管委会统一结算本月收入，管委会不收取业主任何费用，但是，如果出现游客投诉、检查扣分的情况，会在业主的收入里扣除相应的罚款。这样就规范了农家宾馆的服务和接待水平。

奖罚制度也是公开、公正的，违规或不达标的农家宾馆将被公开处罚和限期整改。除制度管理外，还提供培训和学习，利用旅游淡季聘请专家和学者给宾馆经营者讲经营管理方面的知识和培训服务人员的礼仪及服务技能，不仅增强农户经营的信心还保证了重渡沟的特色。

（3）乡委、乡政府的重视和支持

重渡沟乡委、乡政府成立了旅游工作领导小组，在旅游旺季和开展重大活动时，由旅游工作小组统一协调、统一指挥、统一部署。每逢黄金周和双休日，公安和交通部门都牺牲休息日，按照工作组统一调度，分赴重点地段，指挥交通缓解拥堵，为游客排忧解难。非旅游部门也被部署到旅游的宣传营销中，不仅加深了其他部门对旅游工作的理解与支持，还达成了低成本且高口碑的效果。

3. 生态提升为旅游可持续发展铺路

重渡沟水林相拥，竹林相映，空气幽静，森林覆盖率达 90% 以上，确实是休闲养生的胜地。但是随着栾川旅游的声名鹊起，重渡沟的游客激增，在为当地经济增长做出贡献的同时也带来了一些生态保护问题，如大量的生活垃圾、迅速增加的生活污水、为扩建宾馆而砍伐树木等，这些问题日渐威胁景区的生态安全，制约着景区的可持续发展。因此景区的生态提升刻不容缓，当地政府主要从空间规划、交通优化、建筑的节能改造、垃圾分类、污水处理方面入手提升生态环境。

生态停车场的建设和现有停车场的生态改造升级，将原有的大面积车辆暴晒的停车场改建为景观式的停车场，如采用绿化草坪砖、用灌木作为隔离线，用高大乔木和藤蔓植物遮阴。景区交通路线的优化和交通工具的统一，原则上机动车辆都统一停放在停车场，核心景区主要使用环保电瓶车作为交通工具，避免了旺季时的交通拥挤还减少了对景区的碳排放。对景区周边宾馆和房屋进行改造时遵循建筑材料的节能改造，建筑材料尽量使用本土材料，因地制宜利用屋顶、墙面等安装太阳能电池板，虽然造价会提升，但有益于长远发展。对生活垃圾采取了分拣处理方案，可回收的垃圾采取无害化、资源化处理，如采用微生物分解法转化为肥料、沼气等能源。

20 多年来，重渡沟用它独特的经营“法宝”打造出群山中的桃源仙境，让游客流连忘返，成为名副其实的“中国农家宾馆第一村”。重渡沟为自己树立了更高的奋斗目标：创建 5A 级旅游景区。

（四）案例四：陕西咸阳袁家村

袁家村，陕西省礼泉县烟霞镇下辖村，中国传统村落，位于中国陕西关中平原腹地，地势西北高、东南低，地貌分为南部台塬和北部丘陵沟壑区两大类，村域面积 0.4 平方公里①。

1. 区域特色和情况

在袁家村可以充分感受关中农村，是与江南水乡完全不一样的体验，如果用柔情形容江南水乡的话，那关中民俗就是淳朴了。

田园综合体是以农业为基础的功能复合体，“以农为底色”的特征决定了田园综合体必然无法与城市综合体在商业盈利性方面一争高下。而盈利能

① 中国传统村落数字博物馆：《袁家村》，中国传统村落数字博物馆，http：//main. dmctv. com. cn/villages/61042510501/VillageProfile. html。

力的强弱则影响到了外来投资的积极性，这也决定了田园综合体难以像城市综合体一般快速复制、遍地开花。政府在推动新生事物生长与发展过程中，通过政策与资金引导建立模板与示范，是一种常规性操作模式，能够取得良好的正向效果。但我们要看到“政策催熟”背后的不可复制性，田园综合体的发展与成熟最终还要依靠自身的商业逻辑。

2. 基层干部带领下的特色旅游之路

2007 年，西安近郊的袁家村和周边的十多个村子一同迎来了转型期，村委书记郭占武邀请了西安当地的规划设计团队及旅游资深人士前往袁家村调研，帮忙出谋划策。这些权威专家在当时破败贫瘠、毫无特点的村子里兜转了几圈，最后兴致索然地跟郭书记表明，“袁家村这个条件，没法做旅游”。郭书记在多年后介绍袁家村成功经验的时候，不无骄傲地说：“从起步到今天，袁家村的策划、规划、营销、推广、建设乃至装修都是我们自己做的，没有一个设计师参与其中。而袁家村现象的本质，就是基层村干部带领村民在自己的家园之上发展民俗旅游，让村民致富。”

袁家村旅游的起步建立在零资本之上，是村干部带领下搞集体经营与有效的商业模式精准结合后，在这个贫瘠的关中旱地之上跳出的旅游奇迹。

袁家村以集体为经营主体，高度聚焦关中小吃，打造关中印象体验地。走进袁家村，首先会被各种林立的店铺招牌以及随之飘来的各式小吃的香味所吸引，在袁家村你能一次性品尝到超过 300 种不同的正宗关中小吃，这里流传着一句话：“你的胃有多大，你的口福就有多好。”袁家村采用统一经营、统一管理、统一分红的“村集体公司制”，村民们拧成了一股绳，个体商户的收入与村集体的经营收益相挂钩，从而避免了个体之间的恶性竞争，同时使得村民的收入差距不会过大，最终保障了整个系统的可持续性。

村干部郭书记对整个“村集体公司”架构做出了很好的平衡安排。首先，创新性地要求每种关中小吃只能由一家经营，绝不重复，避免了村民内部恶性竞争；其次，通过村集体统一经营、管理及分红的模式，将村民的收入差距缩小至最低。最挣钱的店铺不会因为赚得多而遭人嫉恨，同样，业绩平平的店铺年底也会有不错的平均分红。在平衡好村集体内部关系之后，袁家村把重心放在了客户体验上，对所有的食品原料进行统一供货，以保障原料的安全与新鲜，对铺面位置、大小和设计风格都严格把控，以保证情景体验中的原汁原味。对那些业绩不佳的铺面，村集体公司每个月统计销量后 5 名，协助其调整经营方式，实在调整不过来的，就考虑换人或是换产品。

通过打造关中小吃集聚地，同时赋予这些小吃极强的“食品安全、价格公道、正宗放心”的信任体系，袁家村小吃精准地切中了游客及吃货们的情感诉求，通过口碑及网络传播，袁家村快速地形成了自己的 IP 效应。数据统计，如今的袁家村餐饮业日营业额已经达 200 万元，年收入超过 3.8 亿元，一个小小的村庄，年接待游客超过 500 万人，日接待游客数量最高可达惊人的 18 万人。

3. 贫瘠旱地到“大网红”

回望 2007 年的袁家村，那是一个连一条小河、一片树林、一个土地庙都没有的空心村，是贫瘠的关中土地上再寻常不过的一个小村子，如今却能发展成为村民人均年收入超过 10 万元，吸纳 3000 多人就业，带动周边数万农民增收的“网红”旅游地，不得不让人赞叹。

从严格意义上讲，陕西袁家村并不能算是田园综合体，但袁家村的特色旅游可以给田园综合体的旅游创新带来一些启示。袁家村这两年迅速蹿红，从一块贫瘠的关中旱地，一跃成为乡村旅游界无人不知、无人不晓的“大网红”。其所带来的客流和繁华景象比营业额更有意义，旅游产品似乎进入了一个唯有创新才能生存的新阶段。

4. 土门关古镇——成功的复制

说起石家庄的古镇，不得不提到现在颇有热度的土门关小镇。历史上，此古镇是中国第一古道也是陕西、山西、内蒙古通往华北的重要关隘，为兵家必争之地，是著名的“背水一战”发生地以及被誉为“天下第二行书”的《祭侄文稿》故事发生地。如今，这里创新糅合陕西、山西、河北三地传统民居的建筑风格和独特的饮食文化，充满了传统生活的厚重气息与古朴的民俗风情，成为集人文历史、民俗文化、自然景观、休闲娱乐为一体的综合度假区，是河北省极具特色的美丽乡村旅游度假小镇和知名的“网红打卡地”。

在北方农村夜晚经济较少，民俗民风相对淳朴，所以从区域特色来讲土门关和袁家村有类似之处。土门关古镇的现有管理团队曾驻扎袁家村近一个月的时间进行学习和考察，所以土门关的乡村旅游振兴是复制了袁家村的模式，而且复制得非常成功。来自陕西、山西、河北的知名小吃和非物质文化遗产品牌入住土门关，让所有石家庄人记住：舌尖上的土门，梦境中的驿道，莲花下的小镇。

在运营管理和食品安全管控上，土门关和袁家村有着异曲同工之处。

土门关实施“免门票、免租金和免停车费”的“三免模式”，与专业手工艺人进行合作经营，销售成果分成。公司定期对商户和村民进行专业经营培训和辅导。“三免模式”最大限度地降低了游客出游成本，减少商户经营压力，实现了游客、商户、公司和村民的“四位一体”共赢模式。

土门关在食品安全管控方面，一方面开创性的在景区设置了快检中心，定时和不定时对商户食品进行检查。另一方面公司对商户所有食品主材进行统一集采和配送，米、面、蛋、奶、油严格按国家标准要求采购，并设原材料展示区，杜绝食品添加任何色素及添加剂，保证食品原汁原味。快检中心和原材料配送中心成为土门关食品安全的两大“守护神”，确保游客在小镇吃得放心，吃得健康。

土门关是鹿泉区的重要景点之一，还填补了周边市民夜间娱乐的空白。为繁荣夜经济、丰富夜生活，2019 年土门关陆续投入近 30 万元，改善了景区的夜景灯光照明。小镇年平均客流 150 万元左右，2021 年“五一”小长假期间，日均客流 2 万元左右，日均销售额 49 万元。

参考文献

[1] 林光宇：《延庆评选“十大特色文化遗产”》，首都文明网，http：//www. bjwmb.

gov. cn/zxgc/wmsj/t20110526_ 390430. htm。
［2］中共河南省委政策研究室：《“休闲栾川”的崛起之路》，2005 年 7 月 6 日。
［3］中国传统村落数字博物馆：《袁家村》，中国传统村落数字博物馆，http：//main. dmctv. com. cn/villages/61042510501/VillageProfile. html。
［4］翁瑾、杨开忠：《重渡沟景区“公司 + 农户”的旅游产业组织模式研究》，《经济经纬》2004 年第 1 期。

B.4

珠江流域生态旅游地区生态补偿问题研究

李慧敏*

摘　要： 作为我国第三大流域水系，珠江流域是我国重要的经济、生态区域，但珠江上下游不同区域经济发展并不平衡，面临的生态环境保护问题矛盾重重。从目前情况来看，珠江流域生态补偿尤其是旅游生态补偿实践尚在起步阶段。建立珠江流域生态旅游补偿机制等将有助于调整流域内各主体的相关行为，在一定程度上解决流域生态环境问题，进而促进珠江流域经济发展。本文建议，通过完善相关制度、明确责任等措施，尽快推进珠江流域旅游生态补偿机制的建立。

关键词： 珠江　旅游　生态补偿

生态环境补偿机制是一种为保护和改善整体区域生态环境、恢复生态系统功能，通过经济手段将经济效益的外部性内部化，具有一定经济激励作用的制度安排。珠江是我国第三长河，水系发达、支流众多，由西江、北江、东江以及珠江三角洲诸河组成，其中西江为珠江的干流①。珠江流域内珠江三角洲经济发达，而位于云南、贵州和广西的上中游地区多为经济不发达的少数民族地区，上下游存在明显的经济不平衡状况。珠江流域旅游区生态补偿应考虑流域的整体生态情况，突破行政区域的限制，结合流域内各地区功

* 李慧敏，博士，广东开放大学讲师，主要研究方向为文化产业等。

① 聂晴：《对于珠江流域生态补偿几个问题的思考》，《法制博览》2016 年第 1 期

能划分、环境承载能力，建立全面的生态补偿机制，从而改善整个流域生态环境的质量并促进其经济发展。

一 珠江流域旅游地区经济发展及生态水平现状

（一）流域覆盖面积广，旅游资源丰富

珠江水系发达，其干流西江发源于云南省乌蒙山脉，源头马雄山位于云南省沾益县。珠江是我国境内第二大河流，第三长河流。上游为南盘江与红水河段，中游为黔江段和浔江段，下游为西江段及其以下部分。珠江流经云南、贵州、广西、广东及越南北部地区，境内流域面积约 44 万平方公里。珠江流域地处北回归线附近，受东南季风和西南季风的影响，流域内湿润多雨，水量居全国河流的第二位。珠江流域丰富的水资源为其植被生产提供了条件，森林覆盖率达 35.01%，高于黄河流域与长江流域。

珠江流域旅游资源丰富，上游源头地区及下游广西、广东境内区域均有丰富的旅游资源，如著名的黄果树瀑布、桂林山水等。珠江源头地区自然景观资源丰富，历史文化底蕴深厚，少数民族风情浓郁，而在珠江下游地区，珠江游已成为广州旅游的城市名片之一。

（二）流域内地区经济发展不平衡，环境问题复杂

相较于其他流域，珠江流域整体水质较好，不过随着城市化范围扩大及经济发展提速，珠江流域也出现了一系列生态环境问题，环境危机具有潜在爆发的可能。珠江上游南、北盘江是云南和贵州的工业与能源基地，排污量大而治理少，同时由于河川径流量相对小，因而污染比较严重；下游珠江三角洲经济发达，大中城市人口集中，工业和商业体量大，排污量大，水环境污染严重。总体来看，珠江流域水环境呈现出上游部分地区与下游污染较重，中游略轻的特点，而其中流经大中城市的水域污染均很严重。

此外，珠江地位独特，其支流东江是广东、香港、澳门地区的饮用水水源地，担负着为香港、澳门地区供水的任务。珠江流域水环境污染等环境问题不仅会对当地工农业生产和人民生命财产的安全造成负面影响，而且会影响到香港、澳门水源质量及其供给。也会对繁华的珠江三角洲地区旅游事业、投资环境等产生不利影响，影响经济社会的可持续发展。

鉴于珠江流域复杂的环境问题，生态补偿问题亟须提上议事日程，推进建立珠江流域旅游生态补偿机制，能够促进珠江流域环境保护和水生态建设，为地区经济持续健康发展提供生态支撑。

（三）生态环境保护及生态补偿有一定基础

保护珠江的水生态等环境，事关流域内民众生活及地区经济发展质量，旅游生态补偿机制等的建立有其必要性。近年来生态补偿理论研究不断深入，但到目前为止关于生态补偿的含义尚无公认的定论。不过，国内外学者们也在尝试从不同的角度及侧重点对生态补偿的含义进行探讨。如对生态补偿比较典型的定义——“在发展中对生态功能和质量所造成损害的一种补助，这些补偿的目的是提高受损地区的环境质量或者用于创建新的具有相似生态功能和环境质量的区域”。“生态补偿是以保护和可持续利用生态系统服务为目的，以经济手段为主调节相关者利益关系的制度安排。广义的生态补偿应该包括环境污染和生态服务功能两个方面的内容，也就是说不仅包括由生态系统服务受益者向生态系统服务提供者提供因保护生态环境所造成损失的补偿，还包括由生态环境破坏者向生态环境破坏受害者的赔偿。”①

珠江流域环境生态补偿，目前来看，似应从广义内涵方面进行理解，即如专家所指出的那样，通过经济、政策和市场等手段，以珠江流域生态保护成本、发展机会成本等为依据，向珠江流域生态资源的保护者和建设者提供补偿，以调动其环境保护和生态建设的积极性，改善流域上下以及更大范围

---

① 陈兆开等：《珠江流域水环境生态补偿研究》，《科技管理研究》2008 年第 4 期。

区域的非均衡发展问题，促进区域平衡和协调发展，以保证整个流域生态安全。而在笔者看来，珠江流域旅游生态补偿的范围又要再缩小一些，包括向为保护生态资源而放弃旅游资源开发者提供补偿，因开发旅游资源向当地政府或民众提供用于修复或保护生态环境的资金补偿等，从而促进开发与保护共同提升。

从目前看，珠江流域一些地区已有一定的类似生态补偿的生态保护建设投入，如江西赣州对珠江支流东江水源地的保护，在市级财政上给予东江源区一定支持，以及采取一些措施，如拒绝高污染、高能耗的项目落户，加大对源区生态建设的投入，从规划和项目上支持和改善东江水源区生态环境等。再如贵州省政府在省内珠江流域尝试了生态补偿的方法，省政府有关部门制定了《贵州省赤水河流域水污染防治生态补偿暂行办法》《红枫湖流域水污染防治生态补偿办法（试行）》《贵州省清水江流域水污染补偿办法》等。综上，可以说珠江流域生态补偿有一定的基础，但都没有形成制度化机制及长效机制，旅游生态补偿机制更是较少见到实践。

二　珠江流域旅游生态补偿的困境

（一）生态补偿方式单一　旅游生态补偿模式不清晰

从现有资料看，珠江流域生态补偿多以财政资金投入为主，未见有明确的成熟生态补偿机制，尤其是旅游生态补偿机制尚不清晰。如现阶段在贵州少数民族地区珠江流域生态补偿的方式主要是政府主导的财税转移制度，尚未形成成熟的市场机制。在这些出现生态补偿的地区，生态补偿资金来源主要是政府的转移支付、财政补贴，形式通常是由上而下式的，是带有行政色彩的官方行为。这种情况下，由于财政资金有限，资金补偿来源渠道单一，就会使珠江流域内享受到资源红利的地区对流域内为保护生态环境付出经济代价地区的生态补偿积极性不高。由于这种补偿行为也没有法律上的约束，所以珠江流域的资源开发利用与生态环境保护也不能做到权责明确、目标明确，所以仅靠政府财政支出来解决珠江流域生态环境补偿等问题是不现实的，容易顾此失彼，难以达到预期效果。

（二）生态补偿相关法律法规不完善

我国目前在环境保护领域已构建起基本的法律法规体系，国家层面与地方层面的立法体系都已建立，也制定了资源开发、污染治理、环境影响评价等专门制度，形成了较为完善的法规体系。然而，在自然生态保护方面，还没有建立专门的法律。此外，在具体实践操作方面，环保法律体系还存在不足之处。2010 年，《生态补偿条例》起草工作启动，然而时至今日，相关生态补偿体制仍未建立，零星可见一些地区发布地区级的相关生态补偿办法。目前，珠江流域生态补偿相关法制工作还停留在政策和行政法规零星规定的层面上，缺乏系统的生态补偿专项法律法规，生态补偿相关制度也不健全。而在旅游生态补偿细分领域，这一问题更是突出，相关制度规范等处于缺位状态。

（三）各流域地区管理协调机制缺乏

珠江流经地区众多，尽管是上下游关系，但不同地区间管理协调受到行政区划的制约，且共同上级政府部门的工作存在权责划分不够清晰的问题，环保部门、水利部门、旅游规划部门管理权责有交叉重合，这就使得珠江全流域统一的生态环境保护机制与制度的建立难度很大。此外，也不排除流域内一些地方政府只关注自身权益，而对珠江生态保护的责任与投入等积极性不高，影响了珠江全域保护的效率与公平。这些都不利于流域资源的整体开发与利用，而生态补偿机制的建立也难以实现。

在这些背景下，成立能够实现统一规划的管理机构具有一定的必要性。如珠江中上游流域的贵州源头地区与下游的广东省等，各自省级法规无法覆盖两个或更多的省，而享受到珠江生态资源红利的下游广东等地区如何对牺牲一定发展机会的上游贵州等地区进行生态补偿，当前就没有统一的规划与执行机构来进行协调。

三　完善珠江流域旅游地区生态补偿路径探讨

（一）谁受益，谁补偿；谁污染，谁赔偿；兼顾上下游公平性等原则

在笔者看来，珠江流域旅游生态补偿应遵循以下一些原则：①谁受益，谁补偿；谁污染，谁赔偿。市场经济条件下，谁受益谁付费已是共识，无论是珠江上游地区还是下游地区，因为旅游开发、利用珠江资源发展工商业，以及流域生态改善等而受益，受益地区以及受益部门等有必要对流域内为生态保护进行投入或付出努力的其他相关地区给予一定的补偿。现阶段，可以尝试对流域内的污染行为主体实行一定的费用征收，用于对生态保护地区等进行补偿，从而保证生态保护行为的可持续性，并激励保护方的积极性。②兼顾上下游公平性。为了保证广东省、香港地区以及澳门地区的饮用水安全，珠江上游水源保护区牺牲了一些发展机会，其包括旅游资源在内的一些资源优势无法得到充分开发，经济发展受到一定影响。而在对珠江水源进行水资源补偿时，不仅要考虑靠近香港、澳门的广东的投入，也要考虑到长江上游等地区在保护珠江水源中的牺牲，坚持公平性以及科学性原则，鼓励相应地区的积极性，令珠江生态环境保护得到改善。

（二）建立多样化的生态补偿资金来源模式

目前来看，珠江流域生态补偿资金主要还是来源于政府的转移支付，而未来，应探索建立全社会共同参与的机制，进一步扩大珠江流域旅游生态补偿机制的资金来源。在模式创新方面，可尝试以政府转移支付为主，增加政府财政资金对生态补偿的投入，此外，更要打造主体多样化、资金渠道来源多元化、全社会共同参与的市场化生态补偿新格局。引导和鼓励多元社会力量参与到珠江流域生态环境补偿机制，尤其是旅游生态补偿的体制建设中来。建立起国家、地区、行业等多层次的补偿系统，形成政府主导、市场化运作、公众参与的多元多样化的生态补偿方式。同时，积极

探索生态保护与经济发展协调并进的路径，使生态保护、开发与补偿能够可持续进行。

（三）建立并完善生态补偿法律法规体系

珠江流域生态补偿法律制度目前很不完善，缺乏生态补偿专项法律法规，相关政策规定也是零星出现，未形成体系，旅游生态补偿机制的相关法律法规更是缺位。珠江流域旅游生态补偿机制应以法制化为基础，未来须推进生态保护领域立法工作，早日出台国家层面的生态补偿相关法律法规，为建立生态环境补偿机制提供法律依据。在此基础上，进一步制定地区性的旅游生态补偿相关法规，最好能进一步探索建立跨省级行政区划的流域内相对统一的旅游生态补偿法规制度等，为地区间相应事务的开展提供法律依据。

（四）建立流域地区管理协调机制

珠江流域旅游生态补偿涉及跨省界的问题，关联到香港、澳门特别行政区及流域内其他相关省份。明确界定主体责任、建立流域地区管理协调机制对于其生态补偿机制的建立有重要作用。首先，要尽可能减少管理权限上的重叠与内耗，对流域内资源管理权、保护责任等分工不明确的问题要进行清晰划分与明确，避免出现多头管理或无人负责的局面；其次，探索建立由政府相关部门、相关专家学者、行业人士等组成的全流域管理机构，或建立跨行政区划的沟通交流平台，以促进上下游地区的对话、沟通，实现资源、信息共享，促进区域合作，尤其是实现相关生态保护、补偿事务的跨地区协调管理与引导。上游地区为保护源头环境牺牲了一定生态开发机会，下游发达地区的众多优质资源以及先进环保理念等都可依托该平台实现与上游贫困地区共享或传递，从而促进上游经济发展，实现全流域共同可持续发展。不过，共同协商机制，以及生态补偿机制从某种程度上来说是对现有利益格局的调整，阻力肯定会有，补偿标准的量化依据也需要科学制定、循序渐进。

参考文献

［1］聂晴：《关于珠江流域生态补偿几个问题的思考》，《法制博览》2016 年第 1 期。

［2］高志坚：《关于建立东江源区生态补偿的一些思考》，《水利发展研究》2011 年第 12 期。

［3］龙明礼、张光位：《论珠江源头地区旅游资源优势及其开发对策》，《曲靖师范学院学报》2004 年第 2 期。

［4］王静峰：《珠江源头地区全域旅游的发展路径研究》，《文山学院学报》2018 年第 3 期。

B.5 长江流域生态旅游协同发展模式研究

彭绪庶　张 笑*

摘　要：区域旅游协同发展是整合旅游市场资源，提升区域旅游竞争力的必然战略选择，也是扩大旅游市场规模，实现生态旅游跨区域扩张，促进区域经济发展的重要动力。长三角地区旅游资源丰富、基础设施完善，拥有良好的旅游内外部环境，是中国重要的旅游目的地和旅游客源地。在新发展格局下，推动长三角地区旅游业协同发展，是落实长三角一体化国家战略、建设长三角世界级城市群和加速长三角一体化进程的重要抓手。本报告分析归纳了长三角地区旅游协同发展的主要模式，发现其在推进旅游业跨区域、跨产业协同等领域不断探索，取得了较好的成效，同时研究了长三角地区旅游协同发展的有利条件和面临的问题，发现长三角地区旅游业总体态势向好，但是在资源分布、统筹规划、发展环境等方面仍存在不足。在此基础上，本报告为促进长三角地区旅游业进一步协同发展提供了新的发展思路。

关键词：生态旅游　协同发展　长三角地区

* 彭绪庶，中国社会科学院数量经济与技术经济研究所创新政策与评估研究室主任，研究员，主要研究方向为产业技术创新与绿色发展；张笑，中国社会科学院大学数量经济与技术经济系研究生。

一　引言

旅游业作为区域协同发展的重要组成部分，具有资源消耗低、产业关联度高、综合带动性强、地域联系紧密等特征，是改善长江上中下游发展不协调局面，推动长江经济带发展的重要产业，在长江经济带协同发展中发挥着重要的先导作用。在畅通国内大循环，协同推进长江经济带高质量发展的大背景下，推进长江流域生态旅游协同发展，将长江流域的生态旅游资源整合重组，丰富生态旅游类型，完善生态旅游体系，有利于拉动旅游内需，激活国内旅游市场，对建立以国内大循环为主体的双循环旅游发展格局有着重要的意义。

长江流域横跨中国东部、中部、西部三大地区，地理范围较广，区域经济社会发展水平差异较大，故本研究以下游长三角地区为主。

二　旅游业协同发展的基本理论

（一）旅游协同发展的内涵

1. 协同理论和协同发展

“协同”指的是协调两个或两个以上的系统或个体，协同一致地完成某一目标的过程。协同理论最早于20世纪70年代由Hermann Haken教授提出，着重研究的是各种不同的系统在一定外部条件下，系统内部各个子系统之间通过相互作用产生协同效应，使系统从无序状态向有序状态或是从有序状态又转化为浑浊状态的变化规律①。协同理论认为，通过协同作用而集成的系统并不是组成要素的简单数量相加，而是通过参与主体的主动集成行为，将各个要素有机结合起来，最终达到“1+1>2”的效果，强调的是参

① 曾媛：《长三角城市群旅游协同发展研究》，硕士学位论文，上海师范大学，2020。

与主体的多元化、合作方式的协同化和多种资源的高度整合。

协同发展指的是两个或两个以上的不同资源或个体围绕同一个发展目标展开合作，充分发挥合作个体的比较优势，提高资源空间配置效率，进而达到“互惠共生、合作共赢”的双赢效果。协同发展强调合作个体间的协同共生，具有共生性、有序性、高效性以及动态性四个特征[①]。

2. 旅游协同发展的内涵

旅游协同发展从协同理论发展而来，是区域旅游合作概念的扩展、延伸和演化升级。在旅游协同发展模式下，区域内各地以资源共享或优势互补为前提，强调共同参与、互利共赢，最终促成旅游业的协同发展。其内涵体现在以下方面：在尊重诸多旅游资源跨行政区分布特点的前提下，以区域协同发展推进旅游资源的整体性保护和利用；规避区域内旅游产业同构的问题，综合考虑各地旅游资源的特点和优势，统筹规划，合理分工，形成各自的产业角色和优势，进一步强化旅游产业的协同效应；通过深化区域旅游合作来实现区域内和区域间旅游资源的共享和互补，增强区域旅游的竞争力[②]。

（二）旅游协同发展的理论机制和表现形式

1. 旅游要素多样化是实现旅游协同发展的客观条件

改革开放初期，有学者认为，旅游要素包括“饭店、交通和服务”，这里的服务仅仅指的是旅行社的服务，之后，随着社会经济的发展和人民生活水平的提高，旅游要素从“饭店、交通和服务”三要素发展成“吃、住、游、行、买”五要素，最终发展成今天的“吃、住、行、游、购、娱”六要素[③]。旅游要素的多样化发展标志着消费者对旅游业发展需求的变化，从

---

① 李琳、刘莹：《中国区域经济协同发展的驱动因素——基于哈肯模型的分阶段实证研究》，《地理研究》2014 年第 9 期。

② 侯兵、黄震方：《文化旅游实施区域协同发展：现实诉求与路径选择》，《商业经济与管理》2015 年第 11 期。

③ 翟辅东：《旅游六要素的理论属性探讨》，《旅游学刊》2006 年第 4 期。

简单的满足生理需求升级为满足复杂的生理和精神需求，这一转变对实现旅游协同发展提出了客观要求。

2. 旅游服务专业化是实现旅游协同发展的现实需要

从产业性质角度看，旅游业是现代服务业的重要组成部分。对于服务业来说，其服务的专业程度很大程度上决定了旅游服务的质量，而旅游服务的质量很大程度上决定了游客满意度和旅游业的竞争优势。旅游业是综合性产业，包括“吃、住、行、游、购、娱”六个要素，涉及交通、商业、文化等诸多方面，覆盖面更广，提供专业化服务涉及的行业众多，这就需要旅游业和其他行业相辅相成、互为表里，形成一种效率高、反应快、效果好的协同发展模式。

从空间跨度看，旅游是游客从一个地方向另一个地方的转移，本地的旅游企业对于地区内的旅游情况非常熟悉，可以为游客提供详细可靠的出行参考，但是对其他地区的情况不了解，无法有效地开展工作，因此，各个地区的旅游企业和旅游产业要相互协作，协同发展。

3. 旅游需求多元化是推动旅游协同发展的内在动力

旅游者需求的多元化是旅游形式多样化的根本原因。随着经济发展水平和居民生活水平的不断提高，居民出门旅游消费的意愿持续增强，旅游消费形式逐渐由 1.0 单一观光型、2.0 休闲度假型向 3.0 复合定制型转变①。旅游行业从解决“行、游、住”基本需求，逐渐演变为通过多样化的形式组合资源、项目、产品和服务来满足人们对知识、价值观、审美的需求。旅游形式的多样化促使旅游业细分、重组、与其他行业协作融合，为游客提供多方面服务。

4. 旅游协同发展的主要表现形式

（1）区域协同

旅游是游客从一个地方向另一个地方移动的活动，涉及时间和空间的转

① 王克岭、董俊敏：《旅游需求新趋势的理论探索及其对旅游业转型升级的启示》，《思想战线》2020 年第 2 期。

移。旅游发展经济带涵盖的地区众多，时空的错位和旅游信息的不对称给旅游业协同发展造成了困扰，这就要求不同地区政府间进行协调，在制定旅游规划、确定旅游发展内容、提供旅游服务上做到相互依赖、相互支持、相互合作、相互促进，实现“1 +1 >2”的协同效果。

（2）主体协同

产业链反映了一个产业内部从上游生产到下游消费的物质和信息的投入产出关系。旅游产业链包含了从上游旅游资源的规划开发到下游旅游产品消费全过程的物质和信息的投入产出关系[①]，涉及林业、电力、通信、建筑、房地产、服务等诸多相关产业部门和主体（见图 1），主体协同指的就是整个旅游产业链中从事旅游行业的企业间的协同。

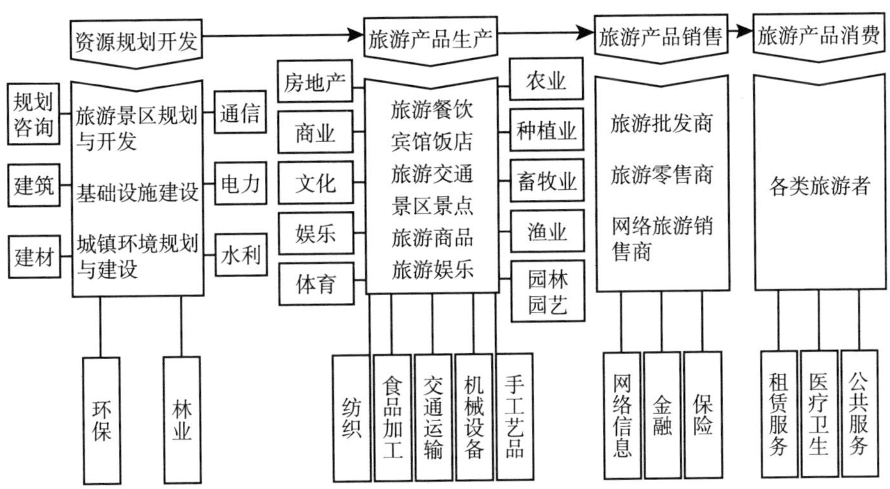

图 1　旅游产业链

资料来源：参见赵小芸《旅游产业的特殊性与旅游产业链的基本形态研究》，《上海经济研究》2010 年第 6 期。

（3）要素协同

旅游业是一个完整的产业链条，是由“吃、住、行、游、娱、购”这

① 赵小芸：《旅游产业的特殊性与旅游产业链的基本形态研究》，《上海经济研究》2010 年第 6 期。

几个要素集合形成的产业集群。旅游要素协同，就是要以旅游景点为中心，推动公路、铁路、酒店、餐馆、店铺等相关基础设施配套发展，形成一个相互关联的产业集群，为游客提供便利化服务和沉浸式体验。

（4）业态协同

业态协同是指旅游业和文化、互联网等产业融合在一起，协同发展。如："互联网＋旅游"，传统旅行社和互联网、大数据、云计算、人工智能等结合在一起，游客可以通过在线平台选择旅游目的地、出行方式、旅行路线，实现一键订单、一码通行、一键投诉，使旅游服务更加便利化。又如："文化＋旅游"，旅游和当地文化相互融合，游客通过旅游的方式获得全新的信息与文化体验，融合类型丰富多样，如红色旅游、夜间旅游、研学旅游、博物馆旅游等，旅游服务更加多样化。

（三）新发展格局背景下旅游协同发展的重要意义

旅游消费开启"内循环"模式对国内旅游业的发展提出了新的要求，旅游业面临旅游需求个性彰显、组织方式日渐离散、产业供给更加多元的全新挑战，游客更加注重获得丰富的旅游体验和良好的旅游服务。促进旅游业协同发展，有利于实现旅游市场资源重新整合，对充分发挥国内超大规模市场优势，促进经济持续健康发展有重要意义。

三　长江流域生态旅游协同发展面临的形势与挑战

（一）长江流域生态旅游协同发展的有利条件

1. 长江经济带战略实施

2014年，国务院印发的《关于依托黄金水道推动长江经济带发展的指导意见》，明确强调了长江黄金水道在长江经济带中的战略地位，提出各级政府要依托黄金水道，"充分发挥长江沿线各地独具特色的历史文化、自然山水和民俗风情等优势，打造旅游城市、精品线路、旅游景区、旅游度假休闲区和生态旅游目的地，大力发展特色旅游业，把长江沿线培育成为国际黄金旅游带”①。

发挥黄金水道独特优势，建设长江经济带，是新时期长江流域地区区域协调发展和促进国内国外双循环、推动发展向中高端水平迈进的重大战略举措。这一战略的实施为区域生态旅游协同发展提供了良好的政策环境。

2. 区域经济相对较发达

生态旅游资源的整合开发需要投入大量的人力、物力和财力，因此需要有一定的经济基础。长三角地区位于中国沿海开放带和长江经济带的“T”形接合部，构成“外通大洋、内联腹地”的战略枢纽点②。经过多年的发展，长三角地区已成为中国经济发展速度最快、经济总量规模最大、发展前景被普遍看好的经济核心区之一。经济发展是推动旅游基础完善的重要条件。更重要的是，经济发展意味着更高的人均收入，表明居民支付能力更强，旅游服务需求更强，尤其是对体验式、深层次、特色旅游服务的需求更强。

长三角是中国重要的经济区域，经济增长稳定，市场经济发达，主要经济指标在全国占据领先地位。以长三角地区生产总值为例：2015 年长三角地区生产总值为 160667.68 亿元，占国民生产总值的 23.32%，2019 年长三角地区的生产总值为 237252.82 亿元，占国民生产总值的 23.94%，2015～2019 年地区生产总值占国民生产总值的比值均超过 20%，并且保持稳定增长。其中，2015 年长三角地区国内旅游总收入为 22474.58 亿元，占全国国内旅游总收入的 57.06%，2019 年长三角地区的国内旅游总收入为 37709.71 亿元，占全国国内旅游总收入的 65.87%，比例均超过一半以上，并且有加大的趋势。具体情况如表 1 所示。

① 国务院：《国务院关于依托黄金水道推动长江经济带发展的指导意见》（国发〔2014〕39 号）。

② 宋言奇、黄益军：《长三角文化旅游资源的整合开发》，《南通大学学报》（社会科学版）2007 年第 6 期。

表 1　2015～2019 年长三角地区社会经济（含旅游经济）发展情况

单位：亿元，%

年份	长三角地区 GDP	全国 GDP	占比	长三角地区国内旅游总收入	全国国内旅游总收入	占比
2015	160667.68	689052	23.32	22474.58	39390.00	57.06
2016	174155.25	744127	23.40	25759.66	39390.00	65.40
2017	195321.46	827122	23.61	30098.93	45660.77	65.92
2018	211479.09	900309	23.49	34192.45	51278.29	66.68
2019	237252.82	990865	23.94	37709.71	57250.92	65.87

资料来源：根据 2016～2020 年各省市统计年鉴整理得到。

3. 便利的交通基础设施

便利的交通基础设施可以缩短旅游的地理距离和时长，其产生的“时空压缩”效应在一定程度上改变了传统的单一城市旅游发展模式，是区域旅游协同发展的必要硬件基础。经过多年的建设，长三角地区已经初步形成了公路、水运、铁路、空运等多种运输方式共同发展的交通运输体系，建成了涵盖高速公路、跨江跨海大桥、高铁等基础设施在内的较高密度的网络布局，截止至 2020 年，长三角地区高速公路通车里程达 15768.7 公里①，旅游交通能力逐步增强，游客的出行环境得到极大改善。随着长三角地区交通网络的进一步发展扩大，区域内的所有地级以上城市均已达到基本连通，长三角地区各城市均处于 4 小时交通圈内，上海、南京、杭州、合肥等中心城市基本实现 2 小时通勤条件②，区域交通更加便捷。同时，长三角地区共有民航运输机场 23 个，其中，有 17 个机场开通了国际航线，4 个机场开通了洲际航线③，庞大的机场群吸引着国内外游客。

① 数据来源：根据各省市统计年鉴整理得到。

② 郭强、尹寿兵：《长三角旅游一体化的发展历程及路径探索》，《上海城市规划》2020 年第 4 期。

③ 杨慧娟：《世界级机场群：长三角的新名片》，大飞机，https://m.fx361.com/news/2020/0802/6918446.html，2020 年 8 月 2 日。

4. 区域文化和旅游资源丰富

长三角地区优越的地理区位为其独特的文化发展提供了条件，尤其是以长江、太湖为核心的水文环境，孕育了长三角独特的文化体系。经过数千年的发展，长三角已经形成以吴越文化、江南文化和海派文化为核心的区域文化体系①，这些文化体系同根同源、互为补充，客观上有利于区域文化生态旅游资源的整合。

此外，长三角地区的旅游资源也非常丰富。截至2020年12月31日，长江三角洲区域共有中国优秀旅游城市66座，占全国的19.58%；国家5A级旅游区56个，国家4A级旅游区679个，国家3A级旅游区1059个，分别占全国的20%、18.25%、17.09%；国家级森林公园100处、省级森林公园173处，分别占到全国的10%以上；国家级风景名胜区38处，占全国的15.57%；国家级水利风景区143处，占全国的16.29%。具体情况如表2所示。

表2　长三角地区旅游资源类型结构（截至2020年）

单位：%

省市		上海	江苏	浙江	安徽	总计	全国	长三角地区占全国比
中国优秀旅游城市(个)		1	27	27	11	66	337	19.58
旅游景(点)	5A	3	24	18	11	56	280	20.00
	4A	68	203	217	191	679	3720	18.25
	3A	59	255	446	299	1059	6198	17.09
森林公园	国家级	4	21	41	34	100	881	11.35
	省级	1	44	82	46	173	1447	11.96
国家级风景名胜区		0	5	21	12	38	244	15.57
国家级自然保护区		2	3	11	8	24	474	5.06
国家级水利风景区		4	62	34	43	143	878	16.29
国家级湿地公园		2	26	12	29	69	898	7.68

资料来源：根据各省市统计年鉴整理得到。

① 习裕军：《长三角区域文化的承接与发展》，《科学发展》2014年第1期。

5. 较好的旅游消费环境

长三角地区作为全国文旅产业最发达的地区，旅游接待能力强，旅行社、星级宾馆数量多、规模大，2019 年，长三角地区三省一市拥有的旅行社数量为 8957 个，占全国旅行社数量的 23.00%，拥有的星级宾馆数量为 1399 个，占全国星级宾馆数量的 15.68%①。旅游市场更加规范，旅游服务更加专业化。此外，2019 年，沪苏浙皖市场监管部门共同开展“满意消费长三角”行动，签订《“满意消费长三角”行动实施方案（2019～2022年）》，共同发布《长三角放心消费建设评价工作的指导意见》《长三角消费投诉举报协作行动工作方案》等一系列政策措施，携手深化长三角地区放心消费环境建设合作，合力营造消费需求持续增长、产品服务品质放心、消费权益有效保障的长三角满意消费环境，提升游客的消费体验。

（二）长江流域生态旅游协同发展存在的问题

1. 缺乏全局视野和统筹规划

长三角由于独特的地缘优势和气候条件形成了众多自然和人文旅游资源，旅游资源丰富，旅游业增长迅速，但是，由于区域内各省份经济发展不均衡，旅游资源分布不一，各省市在基础设施、旅游发展理念、协同合作程度等方面差异明显，旅游业的发展程度不尽相同。江浙皖三省中，江苏省旅游业发展得最好，国内旅游总收入最高，浙江省次之，安徽省最少。六年中，安徽省国内旅游总收入占江苏省国内旅游总收入之比分别为 45.39%、47.86%、53.08%、54.70%、59.64%、51.88%，两省之间的旅游业发展差异较大；安徽省国内旅游总收入占浙江省国内旅游总收入之比分别为 59.23%、62.68%、68.49%、71.49%、77.30%、51.08%，差异明显（见表3）。各省市旅游业发展缺乏全局视野，没有从一体化角度统筹规划。

① 数据来源：由 2020 年各地统计年鉴整理所得。

表 3 2015～2020 长三角地区国内旅游总收入

单位：亿元

年份	省市	国内旅游总收入	年份	省市	国内旅游总收入
2015	上海	3004.73	2018	上海	4477.15
	江苏	8769.31		江苏	12851.30
	浙江	6720.04		浙江	9834.00
	安徽	3980.50		安徽	7030.00
2016	上海	3443.93	2019	上海	4789.30
	江苏	9952.47		江苏	13902.21
	浙江	7599.66		浙江	10726.70
	安徽	4763.60		安徽	8291.50
2017	上海	4025.13	2020	上海	2809.50
	江苏	11307.51		江苏	8136.30
	浙江	8763.89		浙江	8263.90
	安徽	6002.40		安徽	4221.50

资料来源：根据各省市统计公报整理得到。

目前，长三角旅游合作的机制体制仍局限在联席会议、政策文件等形式上，尚未形成高效的、具有高度执行力的合作机制①。此外，长三角区域还存在行政壁垒，具体地区的行政管理权责不清晰，导致决策层、协调层的精神和部署在执行和落实时出现问题，无法有效调动企业的积极性。在区域协同发展的前提下，各级政府须认清各自不同的发展实力与建设目标，并且找到一个平衡点，修正深度合作中存在的认知、政策、市场成熟度等方面的偏差，达成生态旅游业协同发展。

2. 旅游生态理念贯彻落实不足

长三角作为热门旅游地区，旅游业发展较为完善的同时，重旅游轻生态的现象日益显著。一些旅游景区旅游资源遭到过度开发，污染严重，景区过分重视经济效益，破坏式开发造成生态环境系统性失调。此外，入区游客过多，秩序混乱，超出旅游地承载力，导致景区内自然生态环境受损，干扰和

① 冯学钢、吴琳：《长三角区域旅游一体化发展研究》，《科学发展》2019 年第 6 期。

破坏生物生存繁衍，威胁生态环境。

3. 同质化发展现象较为严重

江浙皖沪三省一市同处江南地区，水乡文化深入人心，但同时也形成了资源、文化相似度高的客观事实，导致旅游产品开发创新性不够，发展思路与发展理念相似，区域生态旅游的形象、定位、设计、产品等同质化严重，失去了个性和特色，恶性竞争较为严重。如古镇旅游方面，长三角地区有大量景区型文旅小镇，这些小镇的核心客源一般是距离经济区域1~3小时车程的人群，具有庞大的消费能力，但是，这类景区在建筑风格、文化宣传、配套设施等方面往往大同小异，优势不明显，同质化现象严重，比如在建筑方面往往以恢复民国建筑为主，建筑所承载的历史文化、地域文化、民俗文化等元素发掘力度不够，仅停留在表面层次，差异性文化带来的景点优势难以融合到建筑中，走马观花式的观光游构成了主要的旅游形式，旅客精神方面的需求难以得到满足，参与性、休闲性和趣味性大打折扣。对于历史文化和民俗风情的深入式探索不够，导致旅游产品的开发单一，没有新意，大多归于雷同。

4. 旅游系统性和综合性规划不足

协同发展的前提是不同旅游要素、旅游产品和旅游业态的多样化发展，单一性的旅游规划设计，或旅游业内部发展不平衡不协调导致难以实现协同发展。在建设生态旅游一体化的过程中，长三角区域各城市的经济基础差异较大，发展理念也不同，跨区域合作依旧存在各自为政的现象，行政壁垒突出，“诸侯经济”明显，一体化较难落到实处。

5. 门票经济严重阻碍旅游协同发展

“门票经济”产生的主要原因是旅游产业结构与市场需求不适应，低端供给过剩与中高端供给不足并存，旅游产业链不够长，衍生品开发度不够，景点项目创收途径少，以至于景区收入过多依赖门票收入，造成门票价格虚高。高额的游览门票，使得旅游业产业链结构变异，无法形成完善的旅游产业集群，导致旅游相关行业萎缩，相关旅游产品无法得到合理开发，旅游市场始终处于发育不良状态，生态旅游的便利度、舒适性、体验感都无法得到保证。“门票经济”加重了游客旅游支出负担，可能会破坏餐饮、住宿、购物、娱乐等旅游相关行业的良性发展，致使当地旅游收入单一，难以促进本地旅游经济的发展。

四　长江流域生态旅游协同发展主要模式分析

（一）流域大尺度协同发展模式

长江流域横跨东、中、西三个地区，地理范围较大，水道密布，交通发达，各类交通干线组成了一个巨大的交通网络。流域大尺度协同发展模式指的是依托于长江大通道和现代快速交通（如高铁、高速公路等）发展生态旅游，发挥各地区间的协同协作，促进旅游业与不同业态的融合，实现旅游产业的跨省域、跨区域发展。以邮轮旅游为例，邮轮旅游兼具旅游和交通的双重属性。通过水运将各个地区的旅游景点串联起来，这就需要地方开发适合于邮轮旅游的产品、线路，加强邮轮配套基础设施（如码头、港口）的建设，同时，邮轮在码头停靠后，游客可以上岸游览相应的景点，码头所在城市的旅游、餐饮、购物等也可以被带动起来，实现流域大尺度协同发展。

长三角地处江海交汇点，水域资源丰富，是中国河网密度最高的地区，据上海港航发展研究中心统计，目前长三角地区两纵六横高等级内河航道（四级以上）为5544公里[①]，以长江干线和京杭大运河为代表的内河体系将长三角地区丰富的旅游文化资源串联起来。长三角地区目前共有上海（吴淞口、国客）、舟山、温州和连云港5个国际邮轮码头，邮轮旅游客源占全国总量的54.2%[②]。其中，上海作为邮轮旅游发展较好的城市，邮轮运营能力处于领先水平，邮轮靠泊次数和游客吞吐量逐年攀升（见表4）。

---

① 冯宪超：《长三角地区邮轮旅游发展机遇与路径》，《中国港口》2019年第3期。

② 黄雪婷：《宝山区委书记汪泓访谈》，东方网，http：//city.eastday.com/gk/20180115/u1ai11145117.html，2018年1月15日。

表 4　2011～2019 年上海市游轮经济发展情况

单位：次，万人

年份	以上海为母港邮轮靠泊次数	邮轮靠泊次数	邮轮旅客吞吐量	以上海为母港邮轮旅客吞吐量
2011	81	113	20.44	13.80
2012	128	180	35.03	25.58
2013	167	197	75.66	69.79
2014	240	269	121.52	115.11
2015	317	341	164.26	159.53
2016	482	509	289.38	282.90
2017	482	512	297.29	290.82
2018	378	406	275.29	268.96
2019	226	259	189.35	181.08

资料来源：上海市统计年鉴。

为了实现长三角地区邮轮旅游的协同发展，长三角地区在上海邮轮旅游发展的基础上，推动建立了统一、开放、规范的旅游市场，协作打造了世界级都市旅游圈。在合作模式上，各地区政府依托长三角地区合作与发展联席会议，共同探索长三角邮轮旅游的协同发展方式，积极推进邮轮旅游业的发展规划和人才培养一体化；在政策上，充分利用上海实行的邮轮入境 15 天免签和 144 小时过境免签政策，大力发展邮轮入境游，推动实现国际邮轮多点挂靠；在交通上，将长三角四通八达的交通干线和互联网信息产业相结合，打造立体交通网络和智慧服务网络，在机场、高铁车站开启“邮轮直通车”服务，把邮轮融入全天候立体交通网络体系；在旅游产品服务上，长三角地区的邮轮港口城市在邮轮旅游产品创新、客源互送、信息共享等方面开展合作，开发特色邮轮旅游线路和旅游产品；在行业标准上，建立长三角邮轮旅游服务联盟，统一制定中国邮轮旅游标准，推动邮轮旅游业的规范化发展，实现长三角邮轮旅游的同城效应。

（二）区域协同发展模式

1. 增长极发展模式

增长极在地理空间上表现为产生聚集的城镇，是城市发展的增长中心，这一增长中心的增长效应可以向周边地区扩散。目前，长三角地区形成了1核5极（以上海为核心，以杭州、南京、苏州、无锡、宁波等5大城市为旅游发展极）的城市旅游空间布局①，旅游中心城市发展较快，增长极态势明显。长江三角洲中上海、南京、苏州、杭州等城市作为全国知名的旅游城市，近年来，旅游业发展迅速，旅游业产值不断增加。以上海为例，2011～2019年，上海市的旅游人数不断增加，由2011年的23079万人次，增加到2019年的53328万人次，年均增长12.01%。其中，外省游客数量增长显著，由2011年的10877万人次增长到2019年的36141万人次，年均增长19.83%（见图2）。与此同时，上海的旅游业增加值显著提高，由2011年的1411.26亿元增长到2309.43亿元。此外，杭州、南京等城市的旅游业水平也大幅提高，游客人数不断提高（见表5）。

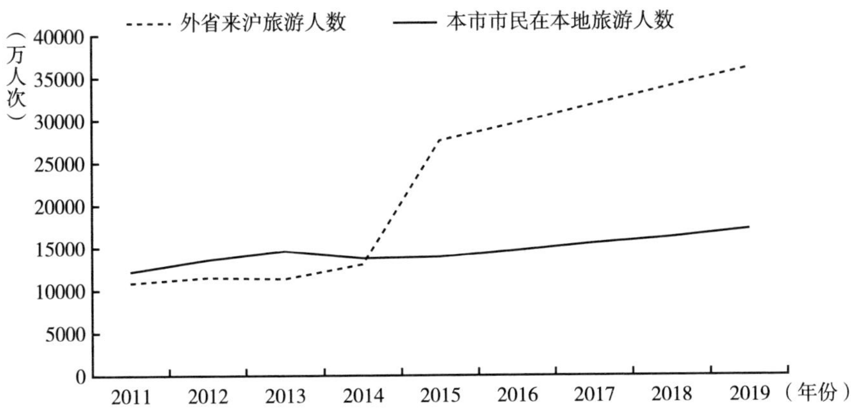

图2　2011～2019年上海市旅游人数

资料来源：上海市统计年鉴。

① 卞显红：《城市旅游空间结构形成机制分析》，博士学位论文，南京师范大学，2007。

表5　2011～2019年长三角主要城市游客数量

单位：万人次

年份	杭州	上海	苏州	南京
2011	7181	10877	7775	7181
2012	8237	11496	8624	7950
2013	9409	11369	9416	8674
2014	10606	13041	10029	9419
2015	12040	27569	10605	10175
2016	13696	29621	11300	11142
2017	15884	31845	12046	12221
2018	17983	33977	12848	13328
2019	20700	36141	13374	14597

资料来源：各地统计年鉴。

增长极城市对周边城市具有积极的带动作用。以江苏省为例，2010年苏州、南京、无锡三市的国内旅游产值占全省比例为57.70%，2019年这一比例下降到50.26%（见表6）。周边常州、镇江等九个城市的旅游产值由2010年的1493.02亿元增长到了2019年的5736.90亿元，增长了4243.88亿元。此外，上海周边游等游玩方式近年来也较为火爆，对周边城市旅游业的发展具有明显的带动作用。

表6　2015～2019年江苏省主要城市国内旅游产值

单位：亿元

年份	2015	2016	2017	2018	2019
苏州市	1728.79	1932.50	2161.32	2416.48	2559.29
南京市	1612.15	1803.45	2020.43	2279.42	2412.24
无锡市	1356.25	1518.91	1702.64	1906.02	2015.70
常州市	718.35	820.04	936.79	1070.25	1178.09
镇江市	614.12	706.19	812.87	923.77	1012.35
扬州市	592.00	681.91	785.29	904.76	996.33
徐州市	485.99	565.90	658.92	766.03	844.44
南通市	453.04	521.98	601.43	693.33	765.42
连云港市	338.7	391.58	454.12	526.2	582.05

续表

年份	2015	2016	2017	2018	2019
淮安市	264.02	305.64	353.66	409.23	465.66
盐城市	226.27	265.56	311.75	365.89	413.23
泰州市	241.54	278.22	321.39	371.23	409.31
宿迁市	138.08	160.60	186.90	218.71	248.11
总计	8769.31	9952.47	11307.51	12851.30	13902.21

资料来源：《江苏统计年鉴》。

2. 片区发展模式

片区发展模式是以知名景点为中心，推进周围地区的连片旅游开发。该模式突破了交通和行政区划的局限，更加注重整体品牌的打造，能够整合旅游资源，建设统一标准的服务中心。长三角地区的都市圈建设水平较高，交通便捷，到2025年，长三角将形成一体化的交通基础设施，中心城市之间将享受1~1.5小时的客运服务，都市圈各城市享有1小时公交化通勤客运服务①。这为长三角片区旅游发展提供了基础条件。

以丽水的生态旅游为例，丽水市注重旅游特色，深入发掘生态村的文化特点，充分发展融合本地的森林、水利、农业等旅游资源，围绕“秀山丽水、养生福地、长寿之乡”的战略定位开发生态旅游产品，逐步形成了依托农家、连接户外的生态旅游发展格局和模式，符合市场需求和旅游业的发展趋势。

（三）市域生态旅游协同发展模式

1. 产业集群发展模式

旅游业是一个综合型产业，需要通过旅游带动与其相关的生产、加工、设计、服务等行业的配套发展，形成旅游产业集群。旅游产业集群并非是简单的旅游企业集中，而是围绕本地区旅游核心资源，由分布在某地及周边城市的旅游企业和旅游相关产业共同组成网络组织，在旅游目的地区域范围内

① 国家发改委：《长江三角洲地区交通运输更高质量一体化发展规划》（发改基础〔2020〕529号）。

集聚的现象[1]。改革开放之后，长三角城市群凭借自身的区位优势和良好的政策环境得到了快速发展，随着时间的推移，长三角各城市之间的联系更加紧密，集群现象愈加明显且长期保持着较高的集聚水平[2]。

依旧以邮轮旅游为例，邮轮经济全产业链一般可划分为上游、中游、下游3个部分，即上游的邮轮设计制造、中游的邮轮经营管理和相关支撑产业、下游的邮轮港口运营[3]。邮轮是一种交通工具，所以必须有邮轮的设计制造环节，这一环节涉及造船厂、配件原料供应商等方面；在经营环节，邮轮的运营不能缺少与之相配套的基础设施，如港口、码头、公共服务设施体系等，参与的主体包括邮轮公司、旅行社等岸上机构，为游客提供票务、旅游产品、路线规划等服务；在运营环节，邮轮旅游的服务对象是游客，游客的消费涉及“吃、住、行、游、购、娱”六个方面，需要相关产业的协调配合，维持游客正常生活和多种休闲消费的补给。整个产业链的相关企业配套发展，形成邮轮旅游产业集群。

2. 中心辐射发展模式

中心辐射是指通过一个核心景区（点）、核心活动（如节庆）等来带动周边地区旅游服务的协同发展，主要方式包括点辐射、线辐射、面辐射和网络辐射。成熟景区巨大的吸引力和影响力为当地旅游带来发展契机，周边的地区往往借助这一优势，成为旅游产业优先发展区。周边地区的旅游服务项目开发深度契合核心景区的服务需求，依据客源市场及本身特点开发深度生态旅游体验产品，充分调动“吃、住、行、游、购、娱”六大旅游要素，充分开发本地的生态旅游资源，逐渐形成集聚效应，以核心景区的发展带动区域的旅游发展。

以乌镇为例，乌镇位于浙江省桐乡市，周边有杭宁、沪杭、申嘉湖等高速公路，距离杭州、上海、宁波、苏州、南京的距离仅在2.5小时车程内，

① 王兆峰：《旅游产业集群的生态化研究》，《管理世界》2009年第9期。

② 程慧、朱忠满：《长三角城市群旅游产业集群与区域经济发展关系研究》，《四川旅游学院学报》2021年第1期。

③ 叶欣梁：《打造上海邮轮经济全产业链战略思路》，《科学发展》2020年第8期。

经济上受这些城市的辐射影响，拥有良好的旅游发展基础。世界互联网大会落户乌镇，提升了乌镇江南水乡的名气，以乌镇为发展中心，“由点带面”带动周边城市以及周边产业的发展。2015 年，当地政府提出了“1 个大乌镇带动 16 个小乌镇”的战略目标，通过乌镇这一成熟的景点不断吸引更多的游客，在古镇旅游的基础上拓展乡村旅游，进而带动辐射周边乡村地区旅游业的发展，形成与乌镇东、西栅古镇休闲度假区互补的态势，实现古镇旅游和乡村旅游双丰收。

（四）生态旅游协同发展的组织合作模式

1. 信息互通

长三角城市群在充分发挥互联网、大数据、云计算等新技术优势的基础上，推动旅游信息的互通共享，将各城市内部设立的旅游集散中心、景区游客服务中心、高星级酒店等场所整合起来，构建旅游宣传共享渠道，加强重要旅游信息的联合发布、重点旅游产品的联合展示和重点旅游活动的联合推介，共建长三角旅游信息共享平台。

2. 门票互惠

2018 年 9 月，长三角地区三省一市发起成立“长三角生态旅游区联盟”，联合推出景区门票互惠政策，各会员景区基于该平台向长三角城市群居民推出常态化优惠门票，为长三角城市群内部居民游玩区内旅游景区提供了特别优惠。2019 年，部分城市成立长三角文旅消费一体化联盟，联合推出“一票游玩长三角”计划，为区域内外游客提供便利。

专栏 1

2019 年 5 月 19 日，由松江、嘉兴、杭州、金华、苏州、湖州、宣城、芜湖、合肥市等地的文化旅游主管部门联合举办的以“文旅融合，美好生活”为主题、以“玩转 G60 畅游长三角”为品牌的长三角 G60 科创走廊九城市 2019 中国旅游日活动在广富林文化遗址举行，为了促进市民参与文化旅游体验，活动推出了九城市联合开展的特色旅游线路和景区门票优惠，真正做到畅游长三角。比如苏浙沪居民在6月、11月、12月凭身份证前往安徽泾县中国宣纸文化园可享八五折优惠；九地市市民凭身份证等有效证件在5月19日至8月30日游玩浙江金华的花园村景区可享6折价；浙江兰溪兰湖旅游度假区5月20日至8月31日，九地市居民出示本人身份证则成人票可优惠至25元等。

资料来源：参见李晓明《去这九地旅游部分门票可享半价-今年长三角多地将继续深化合作机制，共建长三角一体化旅游示范区》，新闻晨报，https://www.shxwcb.com/268543.html，2019年5月20日。

专栏2

为了深化分工合作、实现优势互补，提升长三角地区文旅消费的整体效能和核心竞争力，2019年11月22日，长三角文旅消费一体化联盟在上海正式成立，上海、南京、杭州、合肥、苏州、宁波、芜湖、（上海）徐汇，7城1区文旅局与阿里文娱集团宣布将共同推进长三角文旅消费一体共商、文旅资源载体网络共建、文旅消费惠民举措共享、文旅产业融合发展共赢的一体化进程。

目前长三角文旅消费一体化已进行初步尝试，长三角地区将在阿里文娱集团等平台企业的参与下，运用移动支付、电子出行等技术手段，推出“一票游玩长三角”的一体化文旅消费解决方案。阿里方面表示，联盟成立后，阿里将整合旗下资源，以大数据、广运营为基础，配合长三角各地政府开展文旅惠民活动，打造具有各地特色的“文旅消费季”。

资料来源：参见王海《长三角文旅消费一体化联盟成立，很快可以一票游玩长三角》，第一财经，https://www.yicai.com/news/100413794.html，2019年11月24日。

3. 客源共享互惠

长三角地区经济发达，居民出游能力强，出游水平高，大部分游客都出自区域内部，区域内互为市场。而且，作为全国文旅行业最发达的地区，长三角地区的外来游客数量逐年增加，因此，长三角地区客源市场的一个重要特征是区外客源相互依托，区内客源又互为市场①。各级政府通过联合开展大型旅游促销及旅行社客源互送活动，宣传各地旅游资源，针对区内旅行社制定相对统一的优惠激励方案，鼓励旅行社跨省市输送客源。以杭州市临安区为例，2020 年 5 月，临安区文旅局开展了长三角旅行社推介交流活动，鼓励旅行社加大对客源的引进力度，对送客总量排名前 20 的旅行社进行单个主体最高不超过 10 万元的奖励。在此基础上，对过夜游客总量排名前 10 的旅行社，各追加 5 万元奖励②。

除了对旅行社进行鼓励外，各地政府还通过建立旅游集散中心联网售票、异地乘车、收益分成等联动模式实现散客互送，建立“政府推动、企业经营、市场运作、游客自主选择”的客源互送模式。

五　促进长江流域生态旅游协同发展的若干建议

长三角地区经济发达、交通便利、旅游资源丰富、旅游市场旺盛，为区域旅游合作创造了良好的发展环境。为促进长三角地区生态旅游进一步协同发展，本文提出以下建议。

第一，充分发挥上海这一国际大都市的引领作用，利用以上海为中心的 2 小时经济生活圈，加强南京、杭州等次级城市的协同建设，并以这些城市为中心向外扩散，进一步推进整个长三角地区的旅游业与城市经济、社会、文化的协同发展。

---

① 陶卓民、卢亮：《长江三角洲地区旅游客源市场共同开拓研究》，《人文地理》2005 年第 6 期。

② 临安发布：《客源互送！临安稳步开启长三角旅游市场》，搜狐网，https://www.sohu.com/a/395662435_349158，2020 年 5 月 16 日。

第二，鼓励地方政府联合设立长三角一体化生态旅游发展专项资金，用于投资建设生态旅游相关基础设施、维护生态环境支出等，助力特色生态经济发展。

第三，联合推动跨界生态文化旅游发展。加强跨界河湖、丘陵山地、近海沿岸等自然与人文景观的保护开发，形成自然生态优美、文化底蕴深厚、旅游资源充分利用的生态旅游新格局，发展拥有地区特色的江南水乡古镇生态文化旅游项目，加强地区生态旅游协作。

第四，转换经营思路，摒弃门票依赖。地方政府和旅游主管部门要率先转变观念，提供多元化的服务满足游客的交通、餐饮、住宿等需求，通过其他的服务途径实现创收；从消费者的需求出发打造二次消费产品，如索道、观光车、小火车、游船等旅游产品，提升区域内的基础设施建设水平，为消费者提供更多的便利，优化游客情景体验，延长游客停留时间，获取更大的经济效益。

参考文献

[1] 曾媛：《长三角城市群旅游协同发展研究》，硕士学位论文，上海师范大学，2020。

[2] 李琳、刘莹：《中国区域经济协同发展的驱动因素——基于哈肯模型的分阶段实证研究》，《地理研究》2014 年第 9 期。

[3] 侯兵、黄震方：《文化旅游实施区域协同发展：现实诉求与路径选择》，《商业经济与管理》2015 年第 11 期。

[4] 翟辅东：《旅游六要素的理论属性探讨》，《旅游学刊》2006 年第 4 期。

[5] 王克岭、董俊敏：《旅游需求新趋势的理论探索及其对旅游业转型升级的启示》，《思想战线》2020 年第 2 期。

[6] 赵小芸：《旅游产业的特殊性与旅游产业链的基本形态研究》，《上海经济研究》2010 年第 6 期。

[7] 宋言奇、黄益军：《长三角文化旅游资源的整合开发》，《南通大学学报》（社会科学版）2007 年第 6 期。

[8] 杨慧娟：《世界级机场群：长三角的新名片》，大飞机，https：//m. fx361. com/

news/2020/0802/6918446. html，2020 年 8 月 2 日。
[9] 习裕军：《长三角区域文化的承接与发展》，《科学发展》2014 年第 1 期。
[10] 冯宪超：《长三角地区邮轮旅游发展机遇与路径》，《中国港口》2019 年第 3 期。
[11] 黄雪婷：《宝山区委书记汪泓访谈》，东方网，http：//city. eastday. com/gk/20180115/u1ai11145117. html，2018 年 1 月 15 日。
[12] 卞显红：《城市旅游空间结构形成机制分析》，博士学位论文，南京师范大学，2007。
[13] 国家发改委：《长江三角洲地区交通运输更高质量一体化发展规划》（发改基础〔2020〕529 号）。
[14] 王兆峰：《旅游产业集群的生态化研究》，《管理世界》2009 年第 9 期。
[15] 程慧、朱忠满：《长三角城市群旅游产业集群与区域经济发展关系研究》，《四川旅游学院学报》2021 年第 1 期。
[16] 叶欣梁：《打造上海邮轮经济全产业链战略思路》，《科学发展》2020 年第 8 期。
[17] 李晓明：《去这九地旅游部分门票可享半价-今年长三角多地将继续深化合作机制，共建长三角一体化旅游示范区》，新闻晨报，https：//www. shxwcb. com/268543. html，2019 年 5 月 20 日。
[18] 王海：《长三角文旅消费一体化联盟成立，很快可以一票游玩长三角》，第一财经，https：//www. yicai. com/news/100413794. html，2019 年 11 月 24 日。
[19] 陶卓民、卢亮：《长江三角洲地区旅游客源市场共同开拓研究》，《人文地理》2005 年第 6 期。
[20] 临安发布：《客源互送！临安稳步开启长三角旅游市场》，搜狐网，https：//www. sohu. com/a/395662435_ 349158，2020 年 5 月 16 日。

B.6
青藏高原地区生态旅游可持续发展存在的问题与对策分析

李恩极*

摘　要： 生态旅游是一种绿色旅游，既能满足游客对生态、文化、旅行的多元需求，也能带动地区经济的发展。青藏高原地区经历多年探索实践，当地生态旅游事业发展势头强劲，但也暴露出许多发展中的问题。青藏高原地区是国家的重要生态屏障，生态战略地位极其重要。探究如何在保护生态环境、降低旅游活动负面影响的同时，推动地区经济发展是高原地区生态旅游可持续发展的关键，更是践行“两山论”的重要举措。本报告立足于青藏高原地区生态旅游现状，总结了当前发展模式存在的问题以及产生的原因，在此基础上，提出了针对性的对策建议，以期为青藏高原地区探索生态友好、绿色低碳、具有高原特色的高质量发展之路提供参考和借鉴。

关键词： 青藏高原地区　生态旅游　环境保护

一　引言

近日，中央全面深化改革委员会第二十次会议审议通过了《青藏高原

---

* 李恩极，博士，河北经贸大学讲师，主要研究方向为经济预测与评价。

生态环境保护和可持续发展方案》，对党的十八大以来全面开展西藏生态安全屏障、三江源、祁连山等重点区域生态保护修复工程给予了高度评价，强调未来要立足青藏高原特有的资源禀赋，坚持绿色发展，以“美丽中国”理念为指引找准适宜的经济发展模式。

生态旅游发展至今，不仅形成了追求人与自然和谐共处的高级旅游形态，更是现代社会发展的必然需求和产物。其本质上是一种绿色旅游消费，既能满足游客对生态、文化、旅行的多元需求，也能带动地区经济发展，一经提出便被大力提倡。青藏高原地区拥有得天独厚的自然资源和绚烂的人文景观，是生态旅游的最佳选择之一。经过多年的探索和实践，青藏高原地区的生态旅游事业发展势头良好，但也存在很多问题。本报告梳理了青藏高原地区生态旅游产品类型和旅游业发展概况，总结了当前发展模式存在的问题以及产生的原因，在此基础上，提出了针对性的对策建议，以期为青藏高原地区探索生态友好、绿色低碳、具有高原特色的高质量发展之路提供参考和借鉴。

二　青藏高原地区生态旅游发展现状

（一）青藏高原地区概况

青藏高原位于亚洲中部，西起帕米尔高原，东连横断山脉，南迄喜马拉雅山脉南缘，北达昆仑山，平均海拔约 4400 米，总面积约 250 万平方公里，不仅仅是世界上海拔最高的、面积最大的，更是“年纪”最小的高原。青藏高原分布于中国、印度、巴基斯坦、塔吉克斯坦、阿富汗、尼泊尔、不丹、缅甸、吉尔吉斯斯坦等 9 个国家。在中国境内，青藏高原分布在云南、西藏、四川、青海、甘肃、新疆等 6 个省区[①]。为方便数据的获取和计算，本文将青海、西藏、四川、云南、甘肃以及新疆 6 省区统称为青藏高原

① 张镱锂、李炳元、刘林山等：《再论青藏高原范围》，《地理研究》2021 年第 6 期。

地区。

青藏高原地区资源丰富、地貌壮观，群山绵延耸立，湖泊星罗棋布，在地质开发和自然演替的漫长过程中，形成了高寒草原、草甸、沙漠、湿地及多种类型的森林，并以神奇瑰丽的自然风光闻名于世，比如珠穆朗玛峰、南迦巴瓦峰、纳木措等，此外，以保护自然遗迹为目标而建立的自然保护区为人类提供了高原自然界丰富多彩的原始“本底”，具有极高的观赏价值，比如以三江源、云南中甸碧塔海为代表的自然保护区等等。

青藏高原地区生活着藏、门巴、珞巴、蒙古、回、纳西、土、汉等十多个民族，共同创造了多元共存、丰富多彩的民居民俗文化，这对来自异国他乡的游客有着特殊的吸引力。多年以来，当地改变了过去封闭、停滞和萎缩的状态，转向开放，焕发勃勃生机。以婚丧嫁娶、游艺、信仰礼仪为主的地域风情极具民族特色。无论是酥油、糌粑，还是望果节和雪顿节，都吸引着全国各地的游客，令人心驰神往。作为藏文化的象征，布达拉宫是所有朝圣者心中的圣地。在这里，不仅可以观赏宫内收藏的大量历史文物，欣赏精彩纷呈的藏式建筑艺术，更可以在圣洁的氛围中进行一次灵魂的洗礼。“先有大昭寺，后有拉萨城”，最具代表的大昭寺已有1300多年的历史，是一座藏传佛教寺院，融合了藏、唐、尼泊尔、印度的建筑风格，自公元7世纪中叶以来，始终是藏式宗教建筑的典范。

（二）青藏高原地区生态旅游类型

自然旅游资源主要是地文景观、森林景观、水域风光及自然保护区等；人文旅游资源则是具有鲜明的地域特征的民族宗教景观、民俗文化等。这些生态旅游资源特色鲜明、体系庞大、具有多样性、垄断性等特征，已开发出了多种生态旅游产品，展现出了强大的活力和韧性。

1. 依托自然资源的生态旅游产品

首先，地貌旅游。青藏高原地区辽阔苍茫，地形地貌多样，除了极高山、高山、丘陵和平原等地貌外，还包括冰缘地貌、岩溶地貌、风沙地貌、火山地貌等，奇特多样，千姿百态，吸引人们前往旅游、探险、观光。比如世界第一高峰——珠穆朗玛峰，山顶终年被白雪覆盖，东北、东南和西部的山脊中夹着三大陡壁，鬼斧神工，山脊和峭壁之间又分布着500多条千姿百态的冰川，形成了瑰丽罕见的冰塔林和高达数十米的冰陡崖、冰裂缝，雄伟壮观的景色汇聚在一起，构成了雄壮大气的地球第三极。地球上最深的峡谷——雅鲁藏布大峡谷，谷内风光多种多样，是天然地质博物馆和动植物的天堂。从高山冰雪带到低河谷热带雨林等9个垂直自然带汇集了多种高原生物资源；河床上罕见的大瀑布群落差更高达30~50米。

其次，森林生态旅游。尽管青藏高原地区的总体森林面积并不大，但是局部的森林资源格外丰富，因此青藏高原地区具有发展森林生态旅游的巨大潜力和优势。截止到2019年，全国各省份国家公园数量和面积占比如图1所示。青海拥有北山、仙米、坎布拉、鹞子沟、察汗河等多个国家级森林公园，其中北山国家森林公园是青海省唯一的以森林自然景观为主体的生态公园，在2012年被国家林业局评为“全国最具影响力国家森林公园”之一。西藏保存有巴松湖、色季拉、比日神山国家森林公园。巴松湖国家森林公园是首批获得中国国家森林公园专用标志使用授权的国家级森林公园，拥有繁茂的原始森林；色季拉国家级森林公园总面积约40万公顷，森林覆盖率高达55.1%，共有植物1046种，珍贵药材数十种，被誉为“世界植物的博物馆”。拥有被雪山环抱的原始森林，地处青藏高原南缘的“森林王国”香格里拉是目前全国保存较好的以亚高山针叶林为主的原始林区。中国的国家森林公园和原始森林，在为游人提供生态观光旅游的同时，也提高了人们对森林、冰川、草原等生态环境的保护意识，尽管这种形式潜移默化，但也深入人心。

再次，草原生态旅游。利用草原牧区独特的草原自然生态环境和民俗风情资源为游客提供观光娱乐、度假、体验等活动。这一形式最早出现在美国西部的一些牧场，我国的生态旅游兴起于20世纪90年代。青藏高原地区草原草地面积广阔，拥有著名的那曲才曲塘草地、西藏羊卓雍措牧场、阿坝州红原大草原等。其中，阿坝州红原大草原地处青藏高原东南缘，拥有跨高原

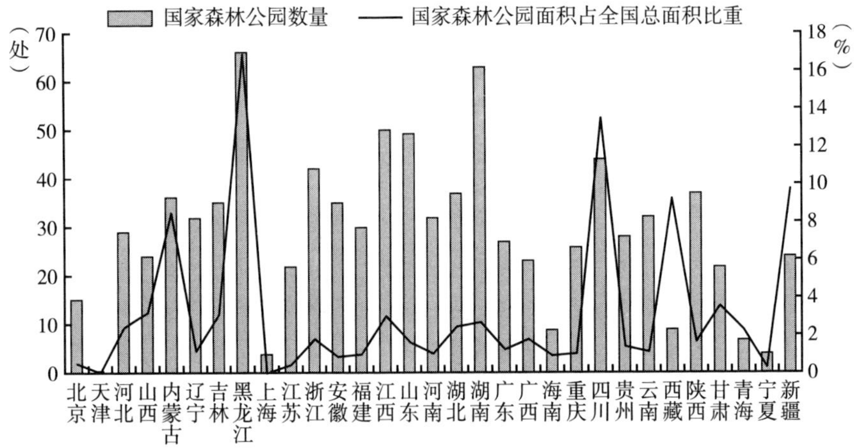

图1　全国各省（区、市）国家森林公园数量和面积占比情况

地貌和山地地貌两大单元，包括草原湿地和雪山、森林湿地景观，也被称为“红色草地”，以红军长征走过的大草原而闻名，是草原生态旅游的最佳地区之一。

最后，野生动物观赏。丰富的森林、草原、湖泊等生态资源是大自然的馈赠，保护好高原的生灵草木就是保护好我们的家园。经过多年努力，青藏高原地区建设了新疆巴州阿尔金山、西藏羌塘、青海三江源、青海可可西里等国家级自然保护区，野生动物救护成效显著，动物种群数量有了极大的回升。各级政府在保护自然生态的前提下，也依托保护区资源开展野生动物观赏活动，让游客可以感受人与自然和谐共生之美。

2. 依托人文风光的生态旅游产品

首先，藏文化生态旅游。藏文化不仅是中华文化的重要组成部分，更是世界文化的瑰宝。不仅拥有被认定为世界文化遗产的古建筑，还传承着底蕴深厚的藏语言文字、浩如烟海的宗教典籍、藏医藏药，令人心驰神往、美轮美奂的唐卡、壁画，还有大量歌谣、舞蹈、节日，拥有着以文化为表征的丰富多彩的生态旅游产品。

宗教，在西藏文化传统中占有极为重要的位置。其中，藏传佛教是在我国青海、西藏、内蒙古以及现在距离西藏较近地区崇奉的宗教。以藏传佛教文化为中心，青藏高原地区开发了一大批生态旅游产品，比如著名的布达拉宫和拉萨三大寺等等。

其次，民俗文化生态旅游。青藏高原地区是多民族融合区，地位特殊，既是历史文化沉积地带，又完整地保留了众多民族历史遗迹。其中，很多民俗文化列入了国家非物质文化遗产名录，包括羌族羊皮鼓舞、藏族民歌、藏族编织工艺等。丰富多彩、各具特色的民俗文化也被开发成了多种生态旅游形式，比如西藏的“江孜达玛节”、“藏家乐”、青海的土族民俗文化村等，给人们提供了新鲜的审美感受，满足了人们对遥远青藏高原地区的幻想。

（三）青藏高原生态旅游产业发展现状

近年来，青藏高原地区的旅游业有很大的发展，旅游业已成为当地实现绿色增长和农牧民增收致富的重要途径。如图 2、图 3、图 4 所示，2012 年，青藏高原 6 省区景区数量为 941 家，其中 5A 级景区 21 家，从业人员 2.31 万人；旅游景区共接待游客 3.79 亿人次，占全国旅游景区接待游客人数的 12.95%；旅游景区营业收入约 444.3 亿元，占全国旅游景区营业收入

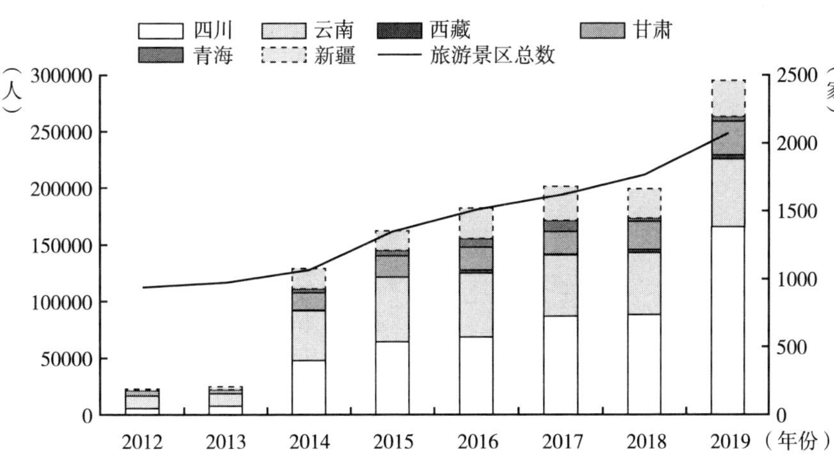

图 2　2012 ~ 2019 年青藏高原地区旅游景区从业人数（人）和旅游景区数量（家）

的15.33%。到了2019年，青藏高原6省区景区数量达2072家，其中5A级景区46家，从业人员29.49万人；旅游景区共接待游客8.70亿人次，占全国旅游景区接待游客人数的13.43%；旅游景区营业收入约1041.28亿元，占全国旅游景区营业收入的20.55%。可以发现，青藏高原地区旅游业发展态势良好，已成为6省区的经济支柱和富民产业，为中国旅游业发展贡献了重要力量。

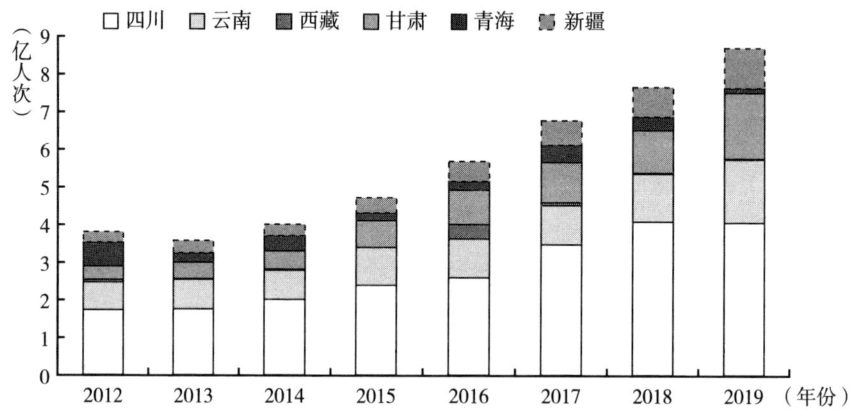

图3 2012~2019年青藏高原地区旅游景区接待总人数

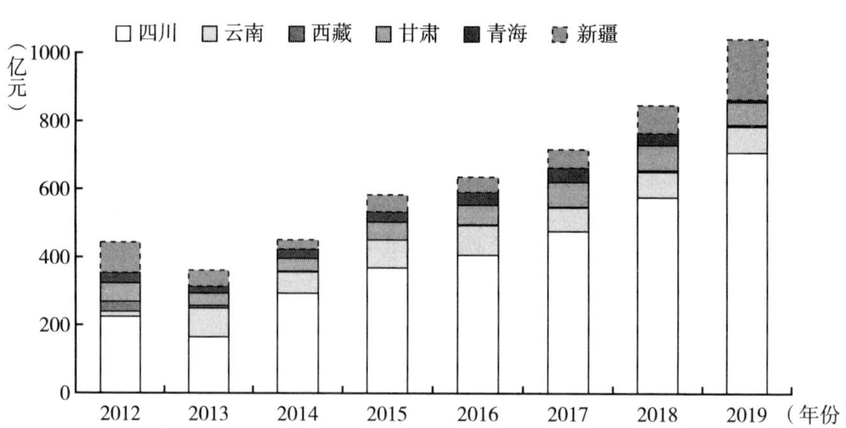

图4 2012~2019年青藏高原地区旅游景区营业收入

三　青藏高原地区开展生态旅游存在的问题及原因分析

（一）生态文明意识薄弱

尽管青藏高原地区的生态系统多元，但也很脆弱，自我更新能力弱。生态环境是青藏高原地区生态旅游产业可持续发展的重要条件，需要广大群众的共同参与，只有人们都树立起生态文明意识，才能达到维持生态平衡的目标，实现“绿水青山就是金山银山”。受益于得天独厚的自然资源，青藏高原地区的生态旅游业发展良好，但是，受诸多因素影响，青藏高原地区的整体经济发展水平与其他地区相比存在一定的差距，“贫困性”环境问题依然存在，当地人民的生态文明意识也亟待提升。

（二）监管流于形式，环境保护落实难

为促进生态旅游可持续发展，各级政府纷纷建立了相应的生态旅游监管体制。2012 年，国家旅游局和环境保护部制定了《国家生态旅游示范区管理规程》和《国家生态旅游示范区建设与运营规范（GB/T26362－2010）评分实施细则》，为全国生态旅游示范区发展指明了方向。为进一步规范开展自然保护地生态环境监管工作，生态环境部于 2020 年出台了《自然保护地生态环境监管工作暂行办法》。2017 年，为严格落实生态环境保护责任，加快推进生态文明建设，青海省制定了《青海省生态环境保护工作责任规定（试行）》；在此基础上，2020 年，青海省出台了《青海省省级国家机关有关部门生态环境保护责任清单》，全面梳理甄别了各部门相关生态环境保护责任。2021 年，西藏出台了《西藏自治区国家生态文明高地建设条例》，规范了国家机关、社会组织、公民个人在生态文明建设中的责任与义务。这些规定和条例的出台，充分体现了党和政府对生态旅游监管的重视，对生态旅游健康发展的期盼。从监督主体来看，以行政监督为主，群众监督为辅。但是生态旅游政府监管的主体众多，功能重叠，以广大生态旅游社区居民和

游客为主体的民主监督的力量相对薄弱，导致生态旅游监管困难重重，过度开发、挤占生态空间的事件时有发生。

（三）旅游产品单一，基础设施不完善

随着生态旅游的蓬勃发展，青藏高原地区6省区都不同程度得加大了对青藏高原旅游资源的开发和财政投入，但是6省区均不算是经济发达省份，因此，资金投入比较有限。目前，已开发的生态旅游产品主要以宗教型、观光型和民族与风俗型为主，结构单一，产品开发的深度不够，尚未形成完善的产业链。青藏高原地区生态旅游季节性明显，旅游旺季仅为7～9月份，旅游营收难以维持景区全年运营，导致基础设施更新和维护不够及时，影响游客体验，由此陷入恶性循环。

（四）科技和人才支持有待加强

生态旅游资源的开发与保护离不开先进的技术和高素质人才。近年来，“绿水青山就是金山银山”的发展理念日益深入人心，社会各界越发重视对生态环境的保护，努力践行生态文明理念。

以中国科学院为代表的科技队伍在青藏高原基础研究及应用研究方面取得了开拓性科学成就，不仅在区域社会经济发展，更在基础设施建设和生态环境建设中发挥了科技支撑作用。中国建立了包括中国生态系统研究网络、高寒区地表过程与环境监测研究网络在内的较为完备的监测体系，以及环保、国土、农业、林业、水利、气象等专业观测网络，形成了天地一体化的监测预警体系，加强了青藏高原对生态环境变化的检测能力。

但是，由于青藏高原地区的整体经济发展水平相对较低，财力有限，在生态环境保护方面的科技投入还有较大上升空间。同时，青藏高原地区在生态治理和旅游管理方面的人才也很匮乏。虽然在西部大开发的背景下，青藏高原6省区对人才的吸引力有了明显提升，青海、西藏、甘肃旅游管理部门也实施了人才培训计划，但人才短缺现象依然严峻。

四 青藏高原地区生态旅游发展的对策建议

（一）强化生态文明意识，树立旅游资源新观念

在过去很长的一段时间里，受传统生活习惯的影响，人们一味地开发生态旅游资源而忽视了对生态环境的保护，这也严重影响到了青藏高原地区生态旅游的可持续发展。现如今，党和政府也意识到生态建设的重要性，制定了诸多政策，积极协调生态建设与经济发展的关系。但是一些社会不文明现象还是不同程度的存在于不同地区，为获取经济利益，过度开发、挤占生态空间、破坏和占用森林湿地的事件屡有发生。面向未来，应加强教育宣传，弘扬生态思想，开展生态教育，强化生态文明意识，引导社会公众树立旅游资源新观念，探索共建共享机制，鼓励人们为青藏高原地区生态旅游健康发展贡献力量。

（二）开发与保护并重，科学规划

离开生态资源的生态旅游是无源之水，无本之木。为了实现青藏高原地区生态旅游的可持续发展，保护生态环境不容松懈。秉承开发应服从保护的生态旅游资源开发总原则，需在保护措施完善的条件下进行生态旅游资源开发。

经过多年的开发，旅游活动已经给青藏高原生态环境带来了巨大的压力，且呈不断发展态势。但也不能因此终止青藏高原地区的生态旅游事业，未来应从“五位一体”总体布局和“四个全面”战略布局的高度出发，提升、改造既有旅游产业结构、规划和布局，紧紧围绕生态旅游产业持续发展这一主题和“绿色发展”理念，组织开展科学的、全面的发展规划论证，处理好人与自然的关系。首先，可将生态旅游区划分为“提质扩容区”“提质增效区”“限制恢复区”，对不同区域制定不同的规划。对于“提质扩容区”，可合理加大开发力度，聚集多元业态，扩大经营，吸引更多游客；对

于“提质增效区”，重点要放在提高资源利用效率上，杜绝生态资源浪费，推动生态旅游产业链纵深发展；对于生态环境压力较大的“限制恢复区”，应有计划地建立生态恢复机制，使遭到破坏的生态系统逐步良性发展。此外，应明确责任主体，做好部门协调工作，加强行政监管和群众监管，全面落实生态保护责任制。

（三）构建人才培养长效机制

首先，应对旅游系统的工作人员进行定期培训，更新管理理念，使其全面了解掌握生态旅游思想，以身作则，推动青藏高原地区生态旅游的有序发展。其次，加强区域合作，有计划地培养一批有责任心、高素质的青藏高原生态旅游专业人才。最后，重视现有资源的整合，加强科技攻关组织力量。可以推动科研院所、高校与旅游企业的长期合作，由科研院所和高校为企业提供技术支持以及培训专业人才，由企业为科研院所和高校提供研发资金。这种“产学研”合作模式可以促进科技成果转化，提升企业管理水平，实现共赢。

当前和今后一个时期，青藏高原生态旅游事业面临着十分难得的历史机遇，也面临着前所未有的巨大挑战，加快推进生态旅游建设任重道远。我们一定要有长期作战的思想准备，坚定信心，秉持绿色发展的理念毫不动摇，全力推动青藏高原生态旅游事业发展，努力开创新时代生态旅游事业新局面，为建设生态文明和美丽青藏高原做出更大贡献。

参考文献

［1］陈芳淼、胡跃高、赵其波等：《青藏高原东缘生态环境脆弱区形成的人为原因及对策探讨》，《林业资源管理》2013 年第 5 期。

［2］褚昕阳：《青藏高原旅游业发展的生态环境效应研究》，硕士学位论文，浙江师范大学，2020。

［3］谷静、邸平伟：《基于生态文化视角下青藏高原多民族地区旅游产业发展的新

模式》,《经济界》2020 年第 4 期。
[4] 喇明清:《论青藏高原旅游开发与生态环境保护的协调发展》,《社会科学研究》2013 年第 6 期。
[5] 马多尚、卿雪华:《青藏高原生态旅游发展的现状及对策建议》,《西藏大学学报》(社会科学版) 2012 年第 1 期。
[6] 王嘉梁、邓光奇:《论生态旅游之于西藏自治区经济社会发展的意义》,《云南民族大学学报》(哲学社会科学版) 2019 年第 3 期。
[7] 王娜:《论保护好青藏高原生态的作用与地位》,《西藏发展论坛》2020 年第 6 期。
[8] 孙飞达、朱灿、陈文业等:《青藏高原地区草原生态旅游资源及其 SWOT 分析——以若尔盖草原为例》,《中国农业资源与区划》2019 年第 6 期。
[9] 张镱锂、李炳元、刘林山等:《再论青藏高原范围》,《地理研究》2021 年第 6 期。
[10] 中华人民共和国国务院新闻办公室:《青藏高原生态文明建设状况白皮书》,2018 年 7 月。

B.7

山东省生态旅游公共服务体系建设研究

李敬锁　吕菲菲*

摘　要： 山东省具备发展生态旅游的自然资源和文化资源，在山东省旅游产业不断发展壮大的过程中，其生态旅游公共服务体系建设也得到了长足发展。研究结果表明山东省生态旅游公共服务体系仍存在类型划分不明确、系统整合缺乏、全产业链生态监管薄弱、教育文化供给不足、人力资源开发利用不够等问题。针对上述问题，山东省应当构建层次分明、网络互通和共建共享的公共服务体系、强化生态旅游公共服务体系中保护与发展的底线原则并创新人力资源自然知识和生态教育培训合作机制。

关键词： 生态旅游　公共服务体系　山东省

一　山东省生态旅游公共服务体系建设的背景与必要性

20世纪60年代初期，国际上首次出现"生态旅游"的概念，30多年后这种概念开始在中国传播并推广应用。相比于传统旅游，生态旅游更强

* 李敬锁，青岛农业大学管理学院副院长（主持工作），管理学博士，教授，博士生导师；吕菲菲，青岛农业大学管理学院副教授，管理学博士，硕士生导师，主要研究方向为生态经济、乡村振兴。

调一种带着特殊目的的高级化旅游，具有生态保护、自然教育、推动周边社区协同发展等多重功能，是可持续旅游的基石。生态旅游基于旅游功能的多样性和高级品质，对公共服务体系硬件要素的建设和软件要素的培养有着更多的要求，服务体系与之前相比，也有更新的原则与标准。良好的公共服务体系能进一步促进和推动传统旅游向生态旅游的转型升级。当前，基于传统旅游凸显的生态问题和新冠肺炎疫情凸显的健康与生态意识，公共服务体系已成为推动生态旅游发展的一个重要方面。山东省地处我国东部沿海地区，境内兼具河、湖、江、山，兼有农、林、牧、渔产业，生态环境多样，拥有丰富的生态资源，适宜发展生态旅游业。近 7 年来，山东省累计完成人工造林 1702 万亩，全民义务植树 8.5 亿株，森林覆盖率逐年提高，城乡绿化水平持续提升；目前山东省已建成 17 个国家森林城市、411 个国家森林乡村，15 个省级森林城市，认定了 158 个省级森林乡镇、1530 个省级森林村居。这些都为山东省生态旅游的进一步发展创造了良好条件。

（一）匹配的公共服务体系是生态旅游转型升级的重要支撑

生态旅游发展的基础常常依赖于独特的自然资源与自然环境。在此类区域，资源直接的市场化利用价值和经济价值发展相对较慢，且随着生态文明战略高位的凸显，核心生态保护区的工业发展受限，依靠工业产业完成资本积累的可能性也严重降低。由于经济发展的积累较少，一些适合生态旅游发展的地区产业发展所需的配套公共服务体系建设往往相对滞后。同时，相对于传统旅游的公共服务体系，生态旅游公共服务体系所涵盖的内容更多，需要拓展至生态系统保护的监测管理措施、周边社区居民的参与和协同发展、自然教育与公众生态意识的提升等诸多方面。因此，在这种背景下，山东省依靠公共财政资金，通过相应的机制建设促进生态旅游公共服务体系建设，能够较大程度得激励和带动生态旅游的转型升级。

（二）公共服务体系的完善程度是生态旅游形象认知的重要依据

旅游产业的发展与转型，需要系统多个环节的培育和不同环节间的有效协同互动，而公共服务体系所营造的旅游环境，不仅是不同主体参与旅游的动力，也是游客认知旅游地形象的重要依据，其完善程度如何将直接影响着生态旅游游客的类型与规模的大小。一般而言，有效的旅游公共服务水平是生态旅游有效运行的关键性保证，对生态旅游的总体运行效率、关联带动、三产融合、防范风险以及节能绿色等战略的实现具有重要的作用。此外，良好的体系能够提高广大人民旅游的便利性、安全性、舒适性，使广大人民产生满足感和幸福感，更好地促进国民经济的发展。因此，建立完善的公共服务体系，是山东省吸引生态旅游游客的重要因素，一方面表现为新服务内容和形式的供给，另一方面则表现为现有公共服务体系的优化。

（三）新时代对生态旅游公共服务体系建设提出新需求

随着经济社会发展水平的提升和现代信息技术平台的应用，生态旅游的技术供给与游客需求均发生了很大的变化，对山东省生态旅游公共服务体系的建设也提出了更多的新需求，具体表现在三个方面。一是随着人们对健康和高品质旅游需求的日益增强，再加上旅游不断向大众化、个性化、散客化的方向发展，游客越来越注重旅游活动的自主性和多样性，更加注重旅游的品质和安全，对目的地旅游信息、基础设施等方面的服务需求更加强烈，参与生态旅游的意愿也不断增强，对其公共服务体系的配套需求也更为强烈。二是随着生态文明战略的实践推进，政府开展生态旅游的力度在不断加大，同时政府旅游行政管理部门也有意愿通过提供良好的生态旅游公共服务，来促进和强化自身的公共服务能力建设。三是信息化技术的推进，为生态旅游公共服务体系的智慧化升级提供了可能，而如何根据生态旅游的现实需求，开展智慧化信息服务，也是生态旅游公共服务体系建设的重要内容。

二　山东省生态旅游业发展的整体情况

2020 年因新冠肺炎疫情的影响，山东省生态旅游业受到不小的冲击。当前还没有完整的反映生态旅游方面的数据，但从旅游业整体的发展情况出发，也可以窥视生态旅游业的发展情况。随着 2020 年下半年中国的疫情得到较好的控制，一些景区逐步开放，不少游客也走出家门，选择在周边旅游或者在省内旅游。

从旅游总收入来看，如图 1 所示，2015 ~ 2019 年，山东省旅游总收入呈现出明显的上升趋势，从 2015 年的 6685.8 亿元上升到 2019 年的 11087.3 亿元，旅游总收入占山东省 GDP 的比重从 10.6% 上升到 15.6%。可见，旅游收入已日渐成为山东省 GDP 的重要组成部分。受新冠肺炎疫情影响，2020 年山东省旅游总收入为 6019.7 亿元，较上一年同期下降 45.7%，是近五年来的最低水平。

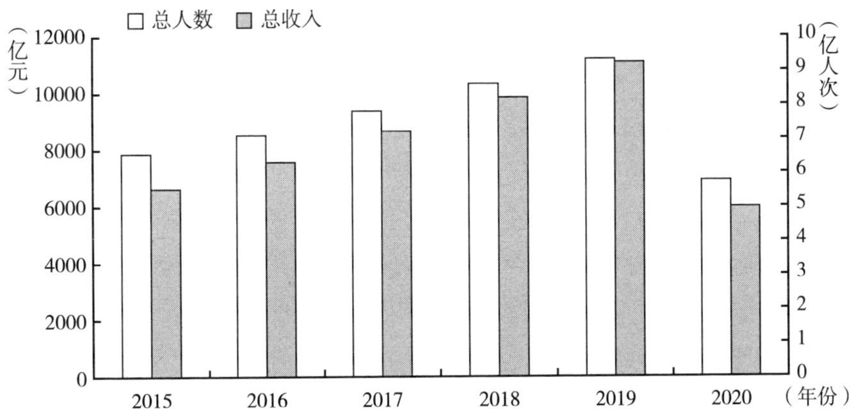

图 1　2015 ~ 2020 年山东省旅游总人数和总收入

资料来源：2021 山东旅游统计便览。

从旅游总人数来看，如图 1 所示，2015 年至 2019 年山东省旅游总人数呈上升态势，从 6.55 亿人次增加到 9.38 亿人次。2020 年由于部分景区在疫情严重时期实行封园闭馆措施，2020 年到山东省旅游的总人数仅为5.77 亿人次，其中国内游客为 5.767 亿人次，较 2019 年下降了38.49%，入境游客为52.8 万人次，比2019 年减少468.5 万人次，下降了89.9%。

从旅游客源分布来看，如表1 所示，2020 年到山东省旅游的国内游客，华东地区的占比最大，达77.68%，是到山东旅游的重要顾客群体，在旅游总人数下降的情况下，相比于2019 年依然上升了4.15 个百分点。华北、华中和东北地区的游客也相对较多，占比分别为6.44%、6.00%和5.18%，但2020 年都处于下降状态，其中华北地区下降最为明显，达到1.56 个百分点。来自华南地区的游客最少，占比仅为0.93%。如按省区市来看，2020 年山东省内的游客占比最大，达68.94%，较2019 年增加5.08 个百分点，而来自省外的国内游客数量均呈下降状态。其次较多的是来自江苏省、河北省和河南省的游客，占比分别为3.99%、3.56%、3.23%。可见，受疫情的影响，2020 年国内游客主要选择在省内旅游或在周边省份旅游。

表1　2020 年来山东旅游的国内旅游客源分布情况

单位：%，百分点

客源地		占比	与上年增减
按区域分组	东北地区	5.18	-0.85
	西北地区	1.88	-0.28
	华北地区	6.44	-1.56
	华东地区	77.68	4.15
	华中地区	6.00	-0.45
	华南地区	0.93	-0.64
	西南地区	1.89	-0.37

续表

客源地		占比	与上年增减
按省(区、市)分组	山东	68.94	5.08
	江苏	3.99	-0.28
	河北	3.56	-0.37
	河南	3.23	-0.01
	安徽	1.90	-0.01
	黑龙江	1.84	-0.02
	辽宁	1.46	-0.52
	山西	1.42	-0.40
	浙江	1.33	-0.17
	吉林	1.30	-0.21
	四川	1.01	-0.02
	陕西	0.98	-0.07
	湖南	0.96	-0.12
	江西	0.91	-0.06
	湖北	0.90	-0.26
	福建	0.85	-0.16
	天津	0.77	-0.33
	北京	0.69	-0.46
	上海	0.68	-0.30
	广东	0.68	-0.43
	内蒙古	0.57	-0.11

资料来源：2021 山东旅游统计便览。

三　山东省生态旅游公共服务体系建设的现状

（一）生态旅游公共基础设施建设情况

山东省重视生态旅游公共基础设施的建设，近年来，在旅游集散中心和咨询中心、旅游交通系统标识牌和旅游厕所等方面投入了大量建设资金，较好地提升了生态旅游的公共服务能力和水平。

1. 游客集散中心和咨询中心建设

2015 年山东省级旅游度假区建成旅游集散中心 21 个、在建 16 个、拟建 23 个，累计投入资金 12.2 亿元；旅游咨询中心建成 72 个，在建 16 个，拟建 36 个，累计投入 5.4 亿元。2016 年建有旅游集散中心 52 处，在建 42 处；建有旅游咨询服务中心 235 处，在建 68 处。2017 年有全域旅游集散和咨询服务中心 243 处。2018 年旅游集散和咨询服务中心达 286 处。

2. 旅游交通系统标识牌建设

2016 年山东省加快高速公路旅游标识建设；2017 年全省国道、省道共设置旅游交通标识 1600 块、高速公路设置旅游交通标识 100 余块。同时，向各市下发关于在公交站牌设立山东旅游地图及在城区设置旅游咨询中心引导标识牌的通知。与交通厅对接产业融合、旅游交通道路建设等工作，提供基础性资料，配合交通厅编制旅游交通规划。与齐鲁交通、山东高速多次对接“服务区 + 旅游”的融合发展构思，完善服务区旅游功能的设置。

3. 旅游厕所建设和管理

2015 年山东省扩大旅游厕所的建设规模和数量，全年完工 1345 座，其中新建 743 座，改建 602 座。2016 年全省建成旅游厕所 990 座，青岛、济宁、临沂、威海、烟台、潍坊 6 市被国家旅游局评为厕所革命先进市，数量居全国第一。济南市创新成立“厕所开放联盟”，被国家旅游局授予“中国旅游业改革创新奖”。2017 年全省建成旅游厕所 1.61 万座，推广“厕所开放联盟”，与省文明办、省直机关工委发起倡议书，推进省直机关单位、团体加入济南城市厕所开放联盟，组织省财政、住建、环保、林业、体育等第一批意向加入单位签订厕所开放联盟文明公约；同时，加强旅游厕所管理，制定了《山东省旅游厕所管理办法》和《山东省旅游厕所管理与服务规范》。2020 年山东省推进《旅游厕所质量等级的划分与评定》等国家标准的修订工作，全年新建、改扩建旅游厕所 2.03 万座，超额完成新三年行动计划目标任务，同时，加快推进旅游厕所电子地图上线，14.5 万座厕所已在手机 App 上进行了标注。

（二）生态旅游信息化、智慧化建设

为游客提供全面准确及时的旅游信息是生态旅游公共服务体系建设的重要内容。山东省利用智慧化手段不断完善全省旅游市场信息，通过信息体系的智慧化建设，既加深了游客对景区信息的远程化理解，又方便游客提前制定旅程计划，为满足散客时代的游客个性化需求提供了可能。

1. 旅游景区智慧平台建设

山东省通过促进景区信息体系的数据化、智能化推送和智能化营销等方式，建设了包括线上购票、导航、景区宣传视频等在内的智慧平台。2016 年，青岛的旅游服务配套基础设施已基本搭建完毕，其中最重要的游客服务中心已有 24 个，集散中心有 9 个。这些基础设施对于景区的智慧化建设起到了良好的助力作用。服务能力的提升也帮助青岛景区更好地聚集了公域流量，与游客的对接也更为密切。2017 年山东省组织 3332 个乡村旅游点入驻八喜旅游网电商平台，乡村旅游点的民宿、农产品等实现了网上销售和网上支付，通过“乡村旅游 + 互联网”，实现了全国首例乡村旅游移动支付。以崂山国家森林公园为主的青岛各大景区积极探索“互联网 + 旅游”项目，2020 年 6 月，崂山景区的电子票务、移动支付、智能语音讲解等智慧化服务已相当成熟，让游客在旅游中切实感受到了互联网技术所带来的便利。

2. 基于智能移动终端的多样化旅游信息服务建设

山东省不断建设和完善以“好客山东网”为核心的全域旅游公共服务平台。按照全域旅游“信息全覆盖、产品全覆盖”的标准，打造集“好客山东网”网站、“好客山东”App、“好客山东”Lite 小程序、“好客山东”微信、微博、客户端等多种展示途径为支撑的智慧旅游服务集群，为游客提供海量的情景化服务。平台建设以移动优先的原则进行设计，页面实现各种移动终端的自动适配，整合微信、App、H5、VR 等新技术，用创新科技满足游客的即时性、随机性和移动化旅游需求。通过基于智能移动终端的多样化旅游信息服务建设，较好地解决了旅游公共信息服务领域信息分散、查询不便、无法有效向游客提供即时服务等难题。

3. 智慧旅行社建设

2014 年山东省出台了《山东省智慧旅行社评定标准》，开展智慧旅行社评定工作。通过对被评为“山东省智慧旅行社”的旅行社进行奖励，引导旅行社向信息化方向转变，推进旅行社开展电子商务和连锁化经营，促进旅行社线上线下融合发展。2015 年开展了第一批评定，经严格的程序审定，授予了港中旅国际（山东）等 20 家旅行社“山东省智慧旅行社”的荣誉称号。2016 年和 2017 年又分别进行了第二批、第三批批选，每批 20 家，全省累计评选智慧旅行社 60 家。

（三）山东省各类生态旅游景区建设情况

建设良好的生态旅游景区是发展生态旅游的重要载体。山东省一直以来高度重视各类生态旅游景区建设，目前在森林公园、湿地公园、海洋公园、生态（全域）旅游示范区、5A 级旅游景区和森林城市等方面的建设卓有成效，为山东省生态旅游的转型升级奠定了良好基础。

1. 国家森林公园建设

中国境内最早的国家森林公园建设于 1982 年，山东省最早的一批国家森林公园获批于 1992 年 9 月，共有 13 个，后经多年的建设和发展，目前共有 49 个。从山东省国家森林公园的分布来看，如图 2 所示，烟台地区的数量最多，达到 7 个，其次是泰安地区 6 个，济南、威海和潍坊三个地区均为 5 个，东营、滨州和德州三个地区最少，均为 1 个。可见，山东省各地市都有国家森林公园，但地区间的数量差异较大。

2. 国家湿地公园建设

湿地在净化空气、水质，促进生态平衡方面的作用显著，保持湿地生态系统的平衡稳定对开展生态旅游具有重要意义。山东省拥有 67 个（含试点）国家湿地公园，其数量居全国第二位，仅比第一位的湖南少 3 个。从山东省国家湿地公园的布局来看（见图 3），潍坊地区的数量最多，达 10 个，其次是临沂地区拥有 9 个，济宁地区拥有 6 个，枣庄、济南和德州三个

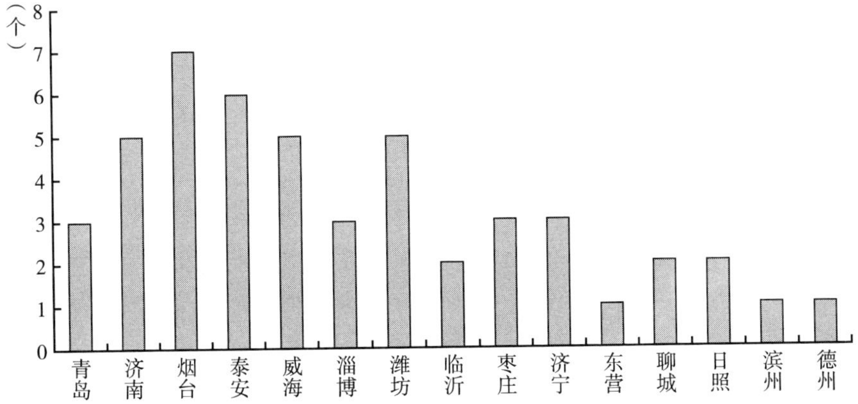

图 2　山东省各地市国家森林公园数量

资料来源：文化和旅游部网站、山东省文化和旅游厅网站。

地区各有 5 个，东营和威海两个地区的数量最少，各有 1 个。可见，山东省各地市都有国家湿地公园，但地区间的数量也存在较大差异。

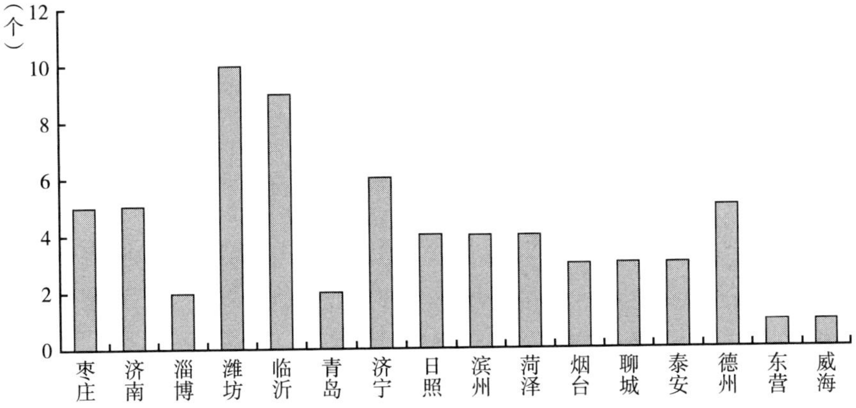

图 3　山东省各地市国家湿地公园数量

资料来源：文化和旅游部网站、山东省文化和旅游厅网站。

3. 国家级海洋公园建设

山东省与渤海黄海相邻，海洋资源丰富，威海、青岛、烟台和日照等地区均有较长的海岸线，适合建设海洋公园。国家海洋局共公布了六批国家级海洋公园，山东省共有11个，其中第一批有刘公岛国家级海洋公园和日照国家级海洋公园；第二批有山东大乳山国家级海洋公园、山东长岛国家级海洋公园；第三批有山东烟台国家级海洋公园、山东蓬莱国家级海洋公园、山东招远砂质黄金海岸国家级海洋公园、山东青岛西海岸国家级海洋公园和山东威海海西头国家级海洋公园；第五批有山东烟台莱山国家级海洋公园和青岛胶州湾国家级海洋公园。从山东省内国家级海洋公园的区域分布来看，如图4所示，青岛地区有2个，威海地区有3个，烟台地区有5个，日照地区有1个。

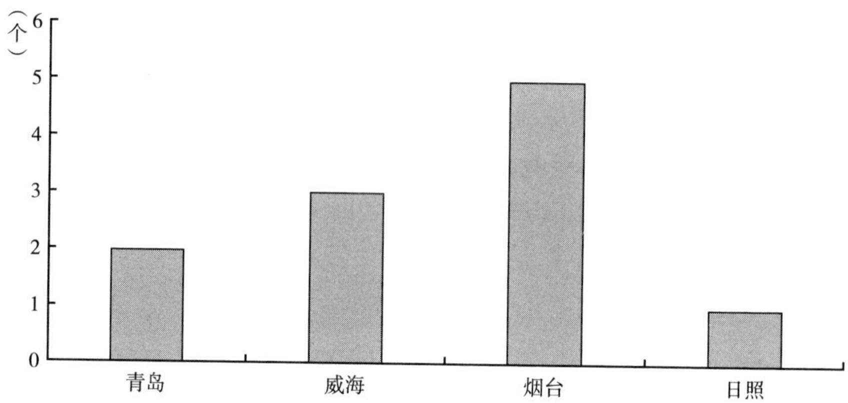

图4　山东省各地市国家级海洋公园数量

资料来源：文化和旅游部网站、山东省文化和旅游厅网站。

4. 国家生态（全域）旅游示范区建设

国家生态旅游示范区是指管理规范、具有示范效应，经过相关标准确定的评定程序后，具有明确地域界线的生态旅游区。它强调发展旅游业的同时，关注生态环境建设，以形成可持续发展的旅游区域。当前，山东省拥有国家生态旅游示范区3个，分别是（烟台市）昆嵛山国家生态旅游示范区、山东省济宁市微山湖国家湿地公园和山东省青岛市百果山生态旅游区。全域旅游是一条创新发展的路径，越来越受到各地的重视。文化和旅游部公布了两批国家全域旅游示范区名单，山东省共有8个县（市区）被评为国家全域旅游示范区，数量并列全国第一。2019 年公布的第一批中有青州市、崂山区、曲阜市 3 个县（市、区），2020 年公布的第二批中有荣成市、沂南县、蓬莱区、齐河县和章丘区 5 个县（市、区），其所在地区的分布情况如图 5 所示。

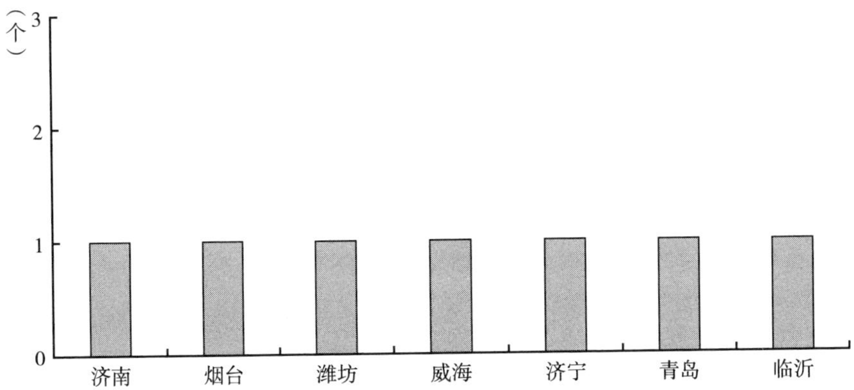

图 5　山东省各地市国家全域旅游示范区数量

资料来源：文化和旅游部网站、山东省文化和旅游厅网站。

5. 国家5A 级旅游景区建设

5A 级为中国旅游景区的最高等级，代表着中国世界级精品的旅游风景区等级。2020 年底，山东省共有 13 个国家 5A 级旅游景区，与江西、湖北并列全国第 7 位。山东省国家 5A 级旅游景区最早获批于 2007 年，分别是烟台市蓬莱区蓬莱阁、三仙山风景区、八仙过海景区和济宁曲阜明故城（三孔）旅游区。目前，山东省 16 个地市中，有 10 个地市拥有国家 5A 级旅游景区，其中威海、烟台和临沂三个地区各有 2 个，济南、青岛、枣庄、济宁、泰安、潍坊和东营 7 个地区各有 1 个（见图 6）。

6. 国家森林城市建设

2013 年以来，山东省开展了“绿满齐鲁 · 美丽山东”国土绿化行动以及国家和省级森林城市、森林乡镇、森林村居“四级联创”活动，取得了明显成效。目前，山东省已建成 17 个国家森林城市，分别为：胶州市、济

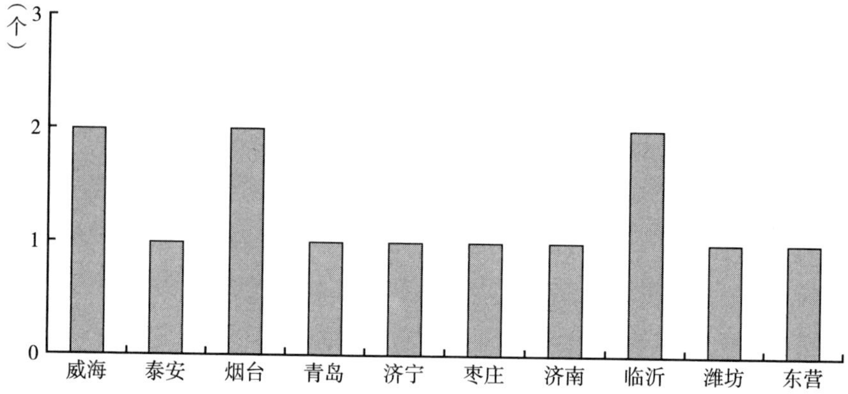

图6　山东省各地市国家5A级旅游景区数量

资料来源：文化和旅游部网站、山东省文化和旅游厅网站。

宁市、聊城市、滕州市、邹城市、曲阜市、日照市、莱芜市（区）、烟台市、潍坊市、济南市、青岛市、泰安市、淄博市、枣庄市、临沂市、威海市。从其所在地区的分布来看，如图7所示，济宁地区最多，有3个，青岛、济南和临沂3个地区均有2个，聊城、潍坊、日照、烟台、泰安、淄博、枣庄和威海8个地区各有1个。

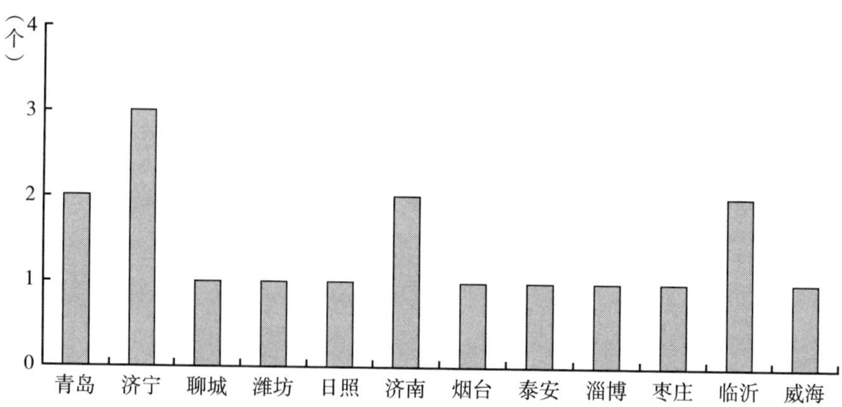

图7　山东省各地市国家森林城市数量

资料来源：文化和旅游部网站、山东省文化和旅游厅网站。

四 山东省生态旅游公共服务体系建设存在的问题

随着传统旅游向生态旅游的转型，旅游的目标和价值已经发生了较大程度的转变，也亟须建立与之相匹配的公共服务体系。近年来，山东省不断加强生态旅游公共服务体系建设，较好地促进了全省生态旅游业的快速健康发展，但由于发展历史相对较短，还存在以下四方面的问题。

（一）类型划分系统整合缺乏

生态旅游作为一种新兴的旅游业，对服务管理能力有着相对较高的要求。现代生态旅游要求生态旅游公共服务应依据生态旅游地的地域地貌、气候生态和安全应急特点，设置不同类型不同侧重点的服务内容，并根据不同类型人群的消费水平和消费需求，配套设置不同水平和层次的服务内容。当前，山东省的生态旅游服务产业主要是开发一些以生态保护与观光农业等为主的旅游产品，且一些生态旅游产品缺乏与当地人文情怀与民俗特征的有效结合，不能较好得满足游客的消费需求。同时也有一些旅游示范区以盈利为主要目的，不注重旅游产品质量的提升与种类的更新，旅游产品的技术含量低、产品档次不够、品种单一，不能较好得满足市场发展与游客消费多元化的需求。在发展生态旅游产业的过程中，山东省缺乏对于旅游产品的创新能力，过多依赖当地的农业旅游资源，没有将当地的地域特色或风俗民情与之充分结合起来，满足当下旅客回归自然、回归田园生活要求的能力不足。同时，山东省生态旅游的公共服务体系仍是大而统的构建思路，地方特色化的设计和突出均存在一定程度的不足，开展的旅游服务活动相对单一零散，并未形成相对完善的体系。

（二）全产业链生态监管较弱

生态旅游以可持续发展为理念，以有特色的生态环境为主要景观，对旅游资源开发有着严格的要求，且对从业人员管理能力的要求相对较高。然而，当前的山东省生态旅游还在一定程度上存在资源开发不规范的问题，部分地区的旅游产业从业人员混淆了生态旅游的概念，将生态旅游当作普通的旅游产业进行开发，违背了生态旅游的根本初衷，进而在一定程度上造成了对生态旅游资源的破坏。另外，山东省生态旅游从业人员中的当地居民较多，参加的旅游服务管理培训较少，加上文化程度参差不齐，对生态旅游的相关知识接触不多，生态资源保护意识较为缺乏，导致一些环境优良地区因开展生态旅游造成了很多旅游资源的退化。尽管相关部门对公共服务体系建设进行了监管，但整体上仍显得零散，缺少全产业链生态管理的思想和能力。

（三）教育文化体验供给不足

真正意义上的生态旅游应当把生态保护作为既定的前提，环境教育和自然知识普及是其中重要的核心内容，也是引导旅游走向高层次求知活动的关键。山东省生态旅游的发展受传统乡村旅游的影响较大，许多固有的思维把生态旅游定义为农家乐等乡村旅游活动，生态旅游未能将自然山水景色与旅游产品结合在一起，各景区大同小异的经营模式使得游客没有对新兴的生态旅游业产生很大的兴趣。一些地区生态旅游行业的从业人员不少是当地的居民，虽然其对当地的资源、文化等情况比较了解，但是其对生态旅游的深度理解不足，容易将生态旅游理解为普通的旅游，缺少对生态旅游文化的认识，容易将其单纯的作为一种获取收益的方式。外界服务引导的缺乏，也使得当地提供生态教育的能力不足，体现地方特色的文化分享和文化体验缺乏统一规划，生态旅游的软文化建设供给不足。

（四）人力资源开发利用不够

生态旅游对环境教育和自然知识的普及，是其高品质旅游的重要依托，即使在生态旅游条件非常好的地方，如果相关人力资源缺乏发展生态旅游的意识，对自身资源认识不足，缺乏将旅游服务较好地与当地乡村习俗和民俗文化融合的意识和技能，真正的生态旅游也难以有效开展。当前山东省生态旅游发展中旅游服务管理人才较为欠缺，生态旅游公共服务体系的建设规划缺乏专业的人员，所取得的效果还有待进一步提升。尽管山东省目前公共服务体系建设一直重视对相关人员的培训，但是对生态旅游周边社区居民的培训还不够；虽然对导游和旅游经营者的业务能力培训有所提升，但对其生态相关方面的知识和技能培训还较为缺乏。同时，生态教育的公共性、直接利益的低水平，使得相关从业者主动增强自身相关方面能力的意识和能动性也较差。

五 促进山东省生态旅游公共服务体系建设的对策建议

平原丘陵作为山东省主要的地域地貌类型，在生态旅游发展上具有极大的潜力，但配套的公共服务体系建设水平不高，严重制约了其生态旅游的发展。研究认为，应该从以下三方面增强山东省生态旅游的公共服务体系建设。

（一）构建层次分明、网络互通和共建共享的公共服务体系

生态旅游产业是一个集生态保护与旅游业于一体的复合产业，人们在享受自然美景的同时也渴望享受到集游、购、娱、食、住于一体的休闲旅游待遇，因此，生态旅游产业公共服务体系的建设需要加强产业链配套措施的建设，实现产业链条的生态化管理，最大程度提升服务效率和服务水平。一是应进一步提高生态旅游服务的接待水平，不断延伸生态旅游产业的产业链，加强生态旅游景点的基础设施建设，为服务接待提供便利的场所。二是建立便利的交通网络，方便游客出行。三是促进旅游集散设施与旅游标识建设，最大化满足游客需求。

为了提高山东省生态旅游公共服务体系的创新能力，应将生态旅游产品与民俗文化相结合，充分显现出各地区的文化底蕴，对生态旅游产品进行多元化开发，充分了解其他生态旅游景区的建设情况，以避免同质化发展。应深入发掘山东省各地市的旅游特色资源，不断加强山东省的区域旅游品牌建设，不断探寻生态旅游与传统文化融合的契合点，打造地方特色旅游项目和

旅游品牌，不断提升地方生态旅游业发展的内涵和质量。同时，为了适应不同群体对休闲生活的需求，应加强对旅游休闲度假项目的开发，开展精准营销，吸引不同社会阶层和不同年龄的游客前来旅游观光，引导游客由观光一日游向体验性多日游和重复游转变。

（二）强化生态旅游公共服务体系中保护与发展的底线原则

生态旅游的本质内涵要求在加大生态环境保护力度的基础上，开展可持续发展的旅游活动。因此，在生态旅游公共服务体系的建设中，有效处理保护与发展的关系是生态旅游建设的根本底线。在旅游资源的开发过程中，政府有关部门应使相关人员加强对旅游资源开发法律法规和有关政策的学习，使其明确旅游资源开发的法律义务和基本原则。对于不按照规定进行乱开发、滥开发的行为应给予坚决打击。生态旅游景区应以生态环境保护为前提为游客提供优质服务，并呼吁游客、工作人员和社会各界人士一同保护生态环境。同时，在对生态旅游公共服务体系进行建设的过程中，应及时关注其对周边社区的影响，积极采取措施，努力提升周边社区的治理能力和改善周边居民的生计水平。

（三）创新人力资源自然知识和生态教育培训的合作机制

生态旅游对高品质旅游的追求，使得其对硬件设施和软件条件等公共服务体系的要求较高，需要政府、企业、社会组织和当地居民一起参与和分工合作来展开建设。单纯依靠某一主体，难免会导致旅游服务质量不高的现象发生。因此，应增强对生态旅游相关主体的培育，吸引适宜主体对生态旅游公共服务体系建设进行投资。人才是生态旅游健康发展必不可少的重要支撑力量。应通过引进和培养旅游服务与管理方面的高素质专业化人才，进一步提升山东省生态旅游服务体系建设的规范化水平，避免出现不良的市场竞争行为，引导生态旅游产业向着可持续的方向发展。同时，还应不断提高生态旅游服务人员的综合素质，通过组织学习和培训、创办论坛和专题研讨会等活动，进一步提高他们的服务意识和服务质量，进而能够为游客提供更好的旅游体验感，吸引游客再次前来观光旅游，以进一步扩大景区的社会影响力。

参考文献

[1] Ceballos Lascurain H. , "The Future of Ecotourism ," *Mexico Journal*, 1987.

[2] Chaplin H. , Davidova S. , Gorton M. , " Agricultural adjustment and the diversification of farm households in Central Europe," 25th International Con-ference of Agricultural Economists, Durban, South Africa, 2003.

[3] J. H. Jyotsna, Upendra Kumar Maurya, "Experiencing the real village-anetnographic examination of perceived authenticity in rural tourism consumption," *Asia Pacific Journal of Tourism Research*, 2019.

[4] 何池康：《旅游公共服务体系建设研究》，博士学位论文，中央民族大学，2011。

[5] 李爽：《旅游公共服务供给机制研究》，博士学位论文，厦门大学，2008。

[6] 李爱兰：《山东省乡村旅游资源调查与生态旅游规划探究》，《中国农业资源与区划》2016 年第 1 期。

[7] 山东省旅游局：《山东旅游年鉴（2012~2013)》，团结出版社，2014。

[8] 山东省旅游局：《山东旅游年鉴（2014~2015)》，中国国际文化出版社，2016。

[9]《山东旅游年鉴》发展委员会：《山东旅游年鉴（2016)》，中国国际文化出版社，2017。

[10]《山东旅游年鉴》编辑部：《山东旅游年鉴（2017》，天津古籍出版社，2018。

[11]《山东旅游年鉴》编辑部：《山东旅游年鉴（2018)》，中州古籍出版社，2019。

[12] 张萌、张宁、朱秀秀、陈蔚：《旅游公共服务：国际经验与启示》，《商业研究》2010 年第 3 期。

[13] 张圆：《昆明市旅游公共服务体系优化研究》，硕士学位论文，云南财经大学，2020。

[14] 山东省文化和旅游厅：《2021 山东旅游统计便览》，http：//whhly. shandong. gov. cn/art/2021/4/26/art_ 100554_ 10288201. html? xxgkhide = 1。

[15] 文化和旅游部网站，https：//www. mct. gov. cn。

[16] 山东省文化和旅游厅网站，http：//whhly. shandong. gov. cn。

专 题 篇

Special Topics

B.8

中国生态旅游发展规划评价标准体系及验收体系研究

刘基伟*

摘　要：　国内生态旅游研究缺乏对发展规划评价标准体系与验收体系的讨论。本报告基于生态旅游的理论，总结了生态旅游发展规划评价标准体系的改进方向和体系指标的构建原则，针对现在验收体系中较少讨论旅客满意度的问题，构建了满意度衡量指标体系和配套权重确定方法。

关键词：　生态旅游　发展规划评价标准体系　验收体系

* 刘基伟，中国社会科学院大学博士，主要研究方向为不确定性经济预测与评价，多元统计。

一　引言

中国生态旅游研究集中于概念、分类和经营管理上，缺少科学有效的生态旅游发展规划评价标准体系及验收体系。近年来生态旅游发展面临的问题凸显，缺少持续发展的指导，通过构建科学的发展规划评价标准体系及验收体系，对开发生态旅游景区进行指导和考核，能够及时发掘、解决发展中的潜在问题，促使景区走向可持续发展。同时，将通过高标准考核的景区打造成精品项目，发挥其引领和示范作用。

本文认为构建一套适合中国国情的生态旅游发展规划评价标准体系及验收体系，对开发生态旅游活动的景区景点进行评价，能够促使其找出差距和主要问题，不断加以改进和完善，走向健康、可持续发展，为中国生态旅游的进一步发展提供借鉴作用。

二　中国生态旅游发展规划评价标准体系及验收体系现状

（一）中国生态旅游发展规划评价标准体系现状

近年来中国生态旅游资源得到迅速开发，但景区的开发却不尽如人意，这项探索性与开放性工作能否持续、健康、快速的发展取决于能否及时认识并正确处理生态旅游规划与开发中出现的问题。目前生态旅游规划与开发中存在如下几个突出问题。

1. 重开发、轻保护[①]

生态旅游过程中个别地方仍存在重开发、轻保护、轻治理的现象，集中表现在景观遭破坏、污染加剧等，未能落实国家对限制开发区域的考核要

① 宋春艳:《旅游景区规划与开发存在的问题及其发展趋势》,《辽宁教育行政学院学报》2009年第12期。

求。缺乏对贯彻落实生态保护战略的深入认识，未能牢固树立绿色发展理念。早在2013年习总书记就提出“两山论”，强调推动生态文明建设的重要性。实际上，中国旅游业的发展已经给环境带来了较严重的污染。由于旅游项目开发时缺乏全面且深入的调研与论证，没有建立科学的评估与规划体系，导致了粗放、盲目的开发利用，这类问题在新景区的建设中尤为严重，对一些不可再生的自然资源造成了严重损害。

2. 忽视文化内涵和生态资源品味

生态旅游景区建设同样是文化创造、文化传播的过程。缺乏文化底蕴与文化内涵的规划无法激发生态旅游的潜力也无法焕发生态旅游的活力。风格独具、特色鲜明的生态旅游体系能够在诸多方面给人留下深刻印象。祖国大江南北的文化一脉相承，悠久的历史与深厚的文化，能够让旅客在欣赏景观的同时感受到古迹陈列的文化美感。但现有的生态旅游在发展过程中，在投机心理影响下催生了一批缺乏策划、规划设计的项目。既缺乏科学有效的指导，又盲目进行功能堆砌。集中表现在将网红打卡地、有一定名气的项目，一揽子放于生态旅游“篮子”中。这种发展规划忽视了本地资源与特色优势，导致各地生态旅游同质化十分严重，缺乏内涵和特色。

3. 过分追逐商业利益

国内生态旅游景区开发中过度建设、无序开发的现象仍普遍存在。开发和经营主体过分追逐商业利益，导致生态旅游景区城市化过于明显，弱化了生态环境的功能性。在这种利益追逐下，相应的会出现产品、商品同质化，公共配套服务水平低下，服务与管理缺失，进而降低旅客体验感受。这种不合理的运营方式难以把握市场真实需求。自发式的开发运营，缺乏专业指导，对市场需求和生态旅游承载力缺乏了解。商业运行模式仍停留在农家乐等同质化的初级形态，难以形成有影响力、竞争力的生态旅游品牌。

4. 监管不到位

结合第一点、第三点来谈，监管不到位难辞其咎。各部门工作有待进一步优化。从机构设置来看，区旅游局并入区文化局，客观上是机构改革的需要，有利于文化与旅游的资源整合，但无形中弱化了旅游工作的地位和旅游部门的职能，不少业内人士大呼看不明白，认为是在走回头路、下坡路。从部门合力角度来看，涉及面广、关联度强的旅游业横向看需要发改、财政和交通等多部门协作配合，从纵向看要对各级政府统一调度，然而地方间、部门间的协调联动机制未打通，效率难保证。

（二）生态旅游发展规划的验收体系现状

目前，中国生态旅游发展规划的验收体系研究仍围绕旅游服务的质量、旅客的满意度和提高服务质量的途径等①②展开，多数体系构建过于侧重旅客满意度，容易忽略生态旅游发展任务的客观完成度。

早在 1995 年何建民在研究国际旅游服务标准时就根据态度、顾客需求、行为语言和指导方针等方面存在的乱象，对中国旅游的服务提出了整改建议，使其更国际化③。针对游客在旅游过程中的服务需求，李艳白提出了质量标准评价体系，强调旅游服务质量的提高与加快经济发展间的关系④。从个性化与规范化服务的角度出发，王大悟通过包含 5 条原则、20 个要素的质量评价体系，系统讨论了提高服务质量的途径⑤。以提高旅游服务质量、促进行业发展为出发点和落脚点，学者开展了广泛的研究，通过蓝图设计方法、社会心理学社会交换论方法等，为中国旅游业发展规划验收方案的完善出谋划策。

随着国内对旅游标准的要求进一步严格，2019 年文化和旅游部办公厅印发了《国家全域旅游示范区验收、认定和管理实施办法（试行）》和《国家全域旅游示范区验收标准（试行）》从基本项体制机制、公共服务、政策

① 张娴：《乡村旅游质量评价指标体系及评估模型研究》，硕士学位论文，四川农业大学，2008。

② 陈翠、关江华、陈丽军：《旅游体验视角下生态旅游满意度研究——以庐山风景区为例》，《林业经济》2020 年第 1 期。

③ 何建民：《论旅游服务的国际标准及中国的接轨方式》，《北京第二外国语学院学报》1995 年第 3 期。

④ 李艳白：《旅游服务的质量标准及经济意义》，《北方经贸》1999 年第 3 期。

⑤ 王大悟：《中国旅游服务标准化研究》，《旅游学刊》1997 年第 2 期。

保障、秩序与安全、资源与环境、供给体系、品牌影响7个方面和加分项体制机制、政策措施、业态融合、公共服务、科技与服务、环境保护、扶贫富民、营销推广等方面提出验收考核的标准。同时，设立安全事故、市场秩序、生态环境、厕所革命等扣分项完善旅游区验收体系。

三 建立健全双体系的建议

围绕生态旅游系统的五个子系统，本节对生态旅游的发展规划评价和验收两个体系给出建议。

（一）发展规划评价体系

在生态旅游发展规划评价方面，需要重点关注如下几点：

注重资源要素构成及其组合评价：首先，生态旅游是一个包含经济生态、文化生态、社会生态、政治生态、自然生态五个子系统的大系统，在建立评价体系时须充分考虑各个子系统的发展状况以及子系统间的协作发展；其次，不同类型的旅游资源其构成要素有所不同，针对各地差异，应当因地制宜地建立评价体系，不能一刀切；最后，考虑到专家和旅客在认知、体验上的差异，可通过信息公开、群众反馈的方式获取公众对发展规划的建议。

注重自然资源价值的评价：虽然生态旅游系统包含五个子系统，但在“三新一高”“美丽中国”的思想指引下，自然生态子系统是生态旅游系统的核心内容，发展规划的出发点和落脚点是自然资源风光。

同级别的评价指标之间的关系应当是相互独立的：如果存在相关性会造成评价结果不可靠，加强对生态旅游发展规划的概念界定尤为重要。在构建体系时需遵循以下原则。首先，科学性、客观性，也就是说指标的选取不仅要能够度量生态旅游景区经营者所提供的生态旅游产品质量，更需要客观、真实地呈现出生态旅游的内涵。其次，整体性，整体性强调全面与系统，围绕生态旅游的内涵，指标体系既要避免同级、跨级间指标的多重共线性问题，又要保证各个指标能够有机地联系起来，形成一个多层次、高标准、定义分明的整体。再次，可操作性，指标选取应遵从奥卡姆剃刀原则，要避免冗余复杂的指标体系给决策者带来干扰，综合并不是意味着庞杂；同时指标体系需要便于计算；从长期研究的角度来看，数据也需要易于获得，以保障研究工作的可延续性。下一个关键点是引导性，生态旅游指标发展规划评价体系和验收体系的建立，都是为了指导景区开展工作，引导当地经济发展，为可持续、生态良好的目标保驾护航，因此评价体系一定要对管理者的决策起到指导作用。又次，动态性和稳定性指标，这两个原则需要结合到一起讨论，考虑到研究工作的持续性，在一段时间内指标体系的架构需要保持稳定，便于评价与决策。随着社会发展和理念的更新迭代，指标体系需要做一定的调整，即动态规划。最后，侧重性，即指标体系的建立也需要因地制宜，指标的选择和权重的确定需要科学严谨地体现当地生态旅游发展的侧重和特点以及其实际的完成情况。

（二）发展规划验收体系

验收体系的核心在于旅游者在生态旅游过程中的体验质量，这种主观感受贯穿于整个生态旅游的活动过程中。生态旅游体验质量的高低来源于物理体验所影响的心理欲求满足感，旅游者在实际体验过程所反映的心理活动，对应着生态旅游从景观到产品到服务流程等多环节的质量状况。因此，游客生态旅游的体验质量是生态旅游发展成果验收的重要考核指标。此外，不仅需要考虑游客生态旅游的心理感受，也需要综合考虑地区生态旅游发展规划的完成度，判断其是否按时、高质量、高标准地完成前一阶段生态旅游发展规划章程中所指定的任务。因此本章节所研究的验收体系分为主客观两部分，分别是游客生态旅游主观心理感受的验收和生态旅游行业发展实际完成情况的验收。

1. 游客生态旅游主观心理感受的验收

生态旅游是旅客心灵世界与外部世界交互联系，进而达到身心愉悦的一个过程，主观心理感受的好与坏集中表现在旅游出发前的期望值和生态旅游中的实际感知，以及生态旅游后的感受反馈间的差异上。早在 1990 年 Saleh

和 Ryan 就根据旅游者对餐饮的感受差异，发现心理期望和现实情况间存在着较大差异，这条“沟壑”在旅游信息丰富度、准确度和传播质量的影响下，引起游客在游玩过程中的主观感受差异①。可见旅游的心理感受满意度受到了旅游期望的先验性影响，旅游信息的准确度和丰富度，以及主观感受的概括性、模糊性、滞后性使得生态旅游验收体系很难通过客观标准方法对生态旅游质量进行衡量。这之后，美国学者 Chris Ryan 围绕人的个性、所处的社会阶级、个人生活习惯、家庭寿命、过去的旅游经验等 12 个重要因素，建立了包含先决变量、干涉变量等的评价模型。研究发现交通便利性、膳食质量、文化特征等因素与游客个性化信息的交互作用最为明显，更易导致预期和实际感受的差异加剧，且将旅游活动的评价结果归类为：满足和不满足两大类。

根据上述理论，本文认为可以将旅游过程总结为前（准备）、中（实际体验）、后（感受反馈）三个阶段。具体来看。

准备阶段：旅客基于旅游需求，安排目的地、出行方式、日程。信息搜集与处理分析过程中，在口碑效应、推广宣传的影响下，旅客会先入为主形成主观判断和旅游期望，由于旅客个性化信息的不同，其所预想的旅游期望是存在差异的。在这一阶段中，可将生态旅游体验和生态旅游期望的关系表示如下：

表 1　体验与期望

旅游期望与旅游体验的关系	体验 > 期望	体验 = 期望	体验 < 期望
满意度	高	中	低

实际体验阶段：实际体验主要围绕吃、购、住、行四个方面考虑旅客满意度，从而对生态旅游成果进行验收评价。即考虑饮食文化、交通便利度、旅游产品服务等，旅客会对各方面有一一对应的体验感受。

感受反馈阶段：整个旅游过程结束，旅客的体验会对该生态旅游场所形

① F. Saleh, Ryan C. , “An analysis of determinants of service quality in the hospitality industry”, 1990.

成一个整体的感受和印象。

基于游客主观满意度的验收体系设计如下：

表2　验收体系主观指标

验收目标	验收项目	权重	子项目	子权重	满意度级别
生态旅游满意度	生态旅游餐饮	W1	文化特色	w11	V1：非常满意 V2：比较满意 V3：一般 V4：较不满意 V5：很不满意
			卫生环境	w12	
			性价比	w13	
			便利性	w14	
	生态旅游居住	W2	文化特色	w21	
			卫生环境	w22	
			性价比	w23	
			便利性	w24	
			安全程度	w25	
	生态旅游景区	W3	文化特色	w31	
			观赏度 & 娱乐性	w32	
			基础设施	w33	
			服务与管理	w34	
	生态旅游商品	W4	文化特色	w41	
			产品质量	w42	
			性价比	w43	
			服务与管理	w44	
			售后	w45	

权重的确定方法如下：本报告在权重测试时参考主报告的权重确定方法，采用主观赋权法和客观赋权法相结合的办法确定权重。客观法根据熵值法以数据本身的离散性确定权重，主观赋权邀请在生态与旅游研究领域中有较高造诣的专家对各级指标进行打分，以平均值为主观权重，其中主客观权重分别赋值40%和60%，确定最后权重。

专家打分法：邀请多位在生态与旅游研究领域有较高造诣的专家对多级指标进行打分，通过相互比较的方式给出该指标的权重系数。分配权重系数时，权重系数之和为1。将每位专家的打分结果统计后计算得到各指标权重，具体步骤如下：

以 n 名专家，m 个指标为例。首先，对同一指标分数进行求和；

$$指标_j 总分 = \sum_{i=1}^{n} 专家_i 关于指标_j 的打分结果(j = 1,2,\cdots m)$$

其次，求出各项指标的平均分值；

$$指标_j 平均分 = \frac{1}{n}\sum_{i=1}^{n} 专家_i 关于指标_j 打分结果(j = 1,2,\cdots m)$$

最后，评价指标的权重的计算。

$$指标_j 权重 = \frac{指标_j 平均分}{\sum_{k=1}^{m} 指标_k 平均分}(j = 1,2,\cdots m)$$

熵值法：根据熵值大小，即各项指数值的变异程度，进行权重计算。其主要步骤如下，为了消除各指标在幅度、尺度和正负方向上的差异，首先必须对数据进行标准化。正负指标标准化公式处理如下。

指数值越大，说明评价质量越好，采用正指数计算公式进行标准化：

$$正向指标 \quad X_{ij} = \frac{X_{ij} - \min(X_j)}{\max(X_i) - \min(X_j)};(i = 1,2,\cdots,m;j = 1,2,\cdots,n) \tag{1}$$

指数值越小，说明评价质量越好，采用负指数计算公式进行标准化：

$$负向指标 \quad X_{ij} = \frac{\max(X_j) - X_{ij}}{\max(X_i) - \min(X_j)};(i = 1,2,\cdots,m;j = 1,2,\cdots,n) \tag{2}$$

计算第 i 个案例第 j 项指数值的比重：

$$Z_{ij} = \frac{X_{ij}}{\sum_{i=1}^{m} - X_{ij}}(i = 1,2,\cdots,m;j = 1,2,\cdots,n) \tag{3}$$

计算指标信息熵：

$$P_j = -\frac{1}{\ln m}\sum_{i=1}^{m} Z_{ij}\ln Z_{ij}(i = 1,2,\cdots,m;j = 1,2,\cdots,n) \tag{4}$$

计算信息熵冗杂度：

$$D_j = 1 - P_j(j = 1,2,\cdots,n) \tag{5}$$

计算指标权重：

$$W_j = D_j \div \sum_{i=1}^{n} D_j(j = 1,2,\cdots,n) \tag{6}$$

2. 生态旅游行业发展完成度的验收

参照《国家全域旅游示范区验收标准（试行）》①，结合总报告生态旅游系统五大子系统，选用如下指标进行客观内容验收工作的考核：

表 3　验收体系客观指标

生态旅游系统	评价指标
自然生态子系统	资源环境数量
	资源环境质量
	资源环境保护
	资源环境开发
经济生态子系统	GDP 增长
	扶贫富民
	国内外游客人次增长率
	旅游产品品牌影响力
	融合产业发展
政治生态子系统	政府旅游新闻热度
	体制机制
	政策规划
	投诉处理
文化生态子系统	文化遗址、文物及非物质文化遗产
	人才引进
	博物馆、图书馆建设

① 文化和旅游部办公厅：《文化和旅游部办公厅关于修订印发〈国家全域旅游示范区验收、认定和管理实施办法（试行）〉和〈国家全域旅游示范区验收标准（试行）〉的通知》，http：//www. gov. cn/zhengce/zhengceku/2020 -05/08/content_ 5509825. htm。

续表

生态旅游系统	评价指标
社会生态子系统	智慧旅游
	公共服务
	紧急救援
	风险管控
	意见反馈体系
	卫生水平
扣分事项	不予审核项： 重大安全事故;重大市场秩序问题;重大生态环境破坏
	主要扣分项： 安全生产事故:市场秩序问题;生态环境破坏

具体来看，自然生态子系统：景区需要有完善的自然资源保护与监管机制，质量、数量上需要建立健全保护措施，贯彻落实习总书记“两山”理论，以“美丽中国”为引领，开展生态开发。

经济生态子系统：旅游业发展是否能带动当地经济发展、是否能带领当地人民脱贫致富，是国家重点发展旅游业的原因之一；另外，旅游业供给要素是否齐全，吃穿购行等设施是否齐全，是否形成了具有影响力的生态旅游品牌是该子系统下的验收重点。

政治生态子系统：革命精神一代代激励着中华人民，该子系统下的生态旅游发展规划验收应对有条件的景区，去验收其是否能积极、深入人心地弘扬红色革命精神。此外，要对各相关部门的协同工作模式、规划编制、多规融合等工作的开展进行评估和督查。具有及时处理的旅游意见反馈体系对建立生态旅游景区是十分重要的，秉承着“服务于民，发展成果由人民共享”的思想理念，景区工作的出发点和落脚点应当是游客的心理感受。

文化生态子系统：“江山留胜迹，我辈复登临”，生态旅游可以凭借地区文化底蕴焕发生机与活力。生态旅游是否围绕当地文化特点开展活动，旅游商品是否特色鲜明，都是当地是否把握文化内涵的集中体现。此外，社区参与和教育自生态旅游概念提出以来一直是生态旅游的重点之一，因此应当加强对景区人才引进、文化宣传以及博物馆建设等方面的评估。

社会子系统：考虑社会长治久安以及公共服务能力，该子系统纳入智慧旅游、公共服务、紧急救援、风险管控、意见反馈体系、卫生水平作为考察内容。

此外，围绕生态破坏、环境恶化等重大事故设置扣分项，并对复核不达标的生态旅游区予以严重警告与处罚。

权重确定方面，考虑到各生态旅游景区地理条件、文化底蕴差异所导致的发展规划差别，应当因地制宜。各景区应当通过专家打分法制定与工作侧重相对应的评分权重，每一年以前一年结果为标准，总结工作各环节的达标程度，调整发展和规划。

职责及分工方面除各地自监管外，可通过增加全国督导组巡视、地方督导组异地巡视等方式，加强交流学习和监督强度。此外，应充分考虑各地经济文化差异，避免一刀切的打分标准，同时把握好指标绝对量、相对量间的平衡，加强评价结果反馈的质量，保证时效，促进整改。

参考文献

［1］宋春艳：《旅游景区规划与开发存在的问题及其发展趋势》，《辽宁教育行政学院学报》2009 年第 12 期。

［2］张娴：《乡村旅游质量评价指标体系及评估模型研究》，硕士学位论文，四川农业大学，2008。

［3］陈翠、关江华、陈丽军：《旅游体验视角下生态旅游满意度研究——以庐山风景区为例》，《林业经济》2020 年第 1 期。

［4］何建民：《论旅游服务的国际标准及中国的接轨方式》，《北京第二外国语学院学报》1995 年第 3 期。

［5］李艳白：《旅游服务的质量标准及经济意义》，《北方经贸》1999 年第 3 期。

［6］王大悟：《中国旅游服务标准化研究》，《旅游学刊》1997 年第 2 期。

［7］Dauber R，"Recreational tourism ：a social science perspective，" *Contemporary Sociology*，1991，Vol. 22（3）.

［8］文化和旅游部办公厅：《文化和旅游部办公厅关于修订印发〈国家全域旅游示

范区验收、认定和管理实施办法（试行）〉和〈国家全域旅游示范区验收标准（试行）〉的通知》，http：//www. gov. cn/zhengce/zhengceku/2020 - 05/08/content_ 5509825. htm。

［9］唐业喜、左鑫、伍招妃：《旅游经济高质量发展评价指标体系构建与实证——以湖南省为例》，《资源开发与市场》2021 年第 6 期。

B.9 中国生态旅游新发展格局需求侧定量分析

毛宇挺*

摘　要：“绿水青山就是金山银山”，为了探究人民群众目前对于生态旅游的需求变化，本文重点研究了十个重要景区的营业收入增长路径及增长原因。发现目前人民群众整体的旅游需求增速放缓，同时叠加疫情影响，旅游需求进一步下降。但是生态旅游由于其天生禀赋较好，具有一定的垄断性。景区资源的特许经营模式使生态旅游成为刚需，其需求依然保持一个良好的增速。将景区整体营收情况进行拆分，可以发现有一定垄断性的景区资源可以带来稳定的收入增长，但是一些可有可无的配套设施则无法带来利润增长。可以预计，在疫情影响减小的前提下，拥有丰富自然资源的景区的收入将会出现反弹和增长。针对生态旅游是刚需这一特点，各大景区应该着力于对有特色的自然资源进行开发，专注于主业，满足人民群众的需求，同时可以适当让渡出一些地段配套设施的建设，如餐馆、接驳车等资源，不与市场化机构竞争。

关键词：生态旅游　景区资源　需求侧

* 毛宇挺，中国社会科学院大学博士，上海浦东发展集团财务有限责任公司，主要研究方向为经济预测。

一 引言

党的十九大报告明确提出“大力发展生态旅游”。一场突如其来的疫情给各行各业带来巨大挑战，然而，在构建以国内大循环为主体、国内国际双循环相互促进的新发展格局的背景下，“生态旅游”融合发展势头却日益凸显，正迎来黄金发展期和战略机遇期。生态旅游将作为统筹区域绿色发展的重要突破口，积极推进生态旅游中心城镇和生态旅游特色乡村的建设，使生态旅游成为推动我国绿色发展的协调带动产业和先行示范产业，成为乡村振兴经济、营造美丽宜居环境、推动共同富裕的全民幸福产业。

什么是生态旅游，早在2005 年，光明日报就给出过对它的理解。“生态旅游”这一术语，最早由世界自然保护联盟（IUCN）于1983 年提出，1993 年国际生态旅游协会把其定义为：具有保护自然环境和维护当地人民生活双重责任的旅游活动。

随着生态旅游景区的开发以及人民群众对于生态旅游的认识进一步加深，对生态旅游的需求也会进一步提升。届时，人民群众能够一边享受生态美景，一边以切身的行动保护自然资源，进一步提升生态旅游景区的魅力，更好地服务于人民群众。

二 生态旅游需求预测方法简述

生态旅游的核心就是围绕着生态资源，在开发生态资源的同时更好地保护生态资源，让旅游产业能发展下去。因此本文选择了10 处有名山大川风景区的上市公司数据进行分析，更好地判断人民对于生态旅游的需求。包括桂林旅游、张家界、峨眉山 A、丽江股份、云南旅游、黄山旅游、西藏旅游、长白山、天目湖、九华旅游。这 10 家上市公司数据齐全，且需要拆分业务的数据也较为清晰。

本报告认为要对生态旅游的需求进行预测，需要将生态旅游的需求部分从整体的旅游需求部分中拆分开来。例如买门票去风景区属于生态旅游需求的体现，在风景区使用配套设施也属于生态旅游需求的体现，因为这种需求在日常生活中很难得到满足；类似于吃饭消费、客运消费就不属于对生态旅游的需求的组成部分，尽管这一块金钱支出也比较高，但并不能真正反映人民群众对于自然美景的追求；还有一块支出是酒店支出，这种需要分情况讨论，有些酒店处于景点内部，本身也属于上市公司垄断经营，拥有不可替代性，属于生态资源开发的一部分，因此本书认为这部分酒店支出能体现人民群众对于生态资源的需求，比如黄山风景区上面的酒店收入符合这个要求，但是有些在景区外的酒店收入，就不能算是生态旅游需求。

三 国内旅游消费需求变化

生态旅游本身也是旅游的一种，因此了解旅游消费整体数据的变化趋势才能更好地了解生态旅游消费需求的变化。选取国家统计局全国人均旅游花费 1997 ~2008 年的数据，可以发现在2003 年受非典影响、2008 年受全球经济危机、雪灾等因素影响，人均旅游消费增速有所减缓，其他时间都保持比较稳定的增幅，但是近些年增速有所下降（见图 1）。对数据取对数并进行

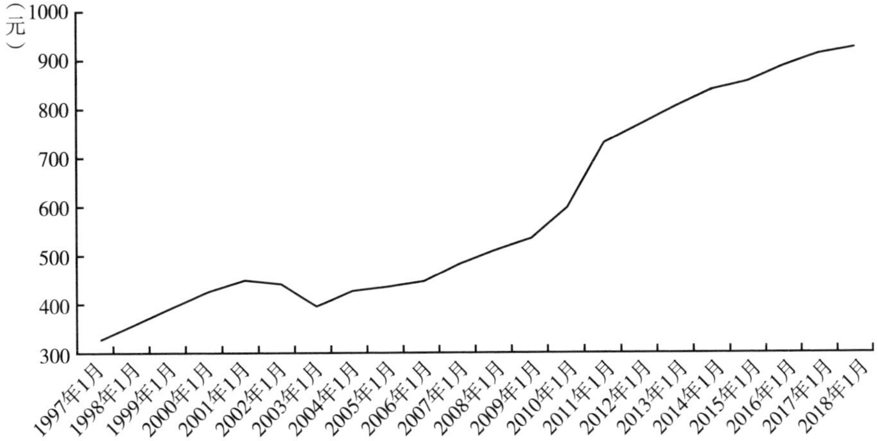

图 1 1997 ~2018 年全国人均旅游花费走势

一阶差分处理后得到时间序列 ilexpand，进行 ADF 检验，数据为平稳时间序列，可建立 AR（1）模型。

$$ilexpand_t = 0.588ilexpand_{t-1} + e_t \quad (1)$$

结果表明旅游花费的增速近些年确实在逐步减缓。

四 生态旅游景区营业收入数据分析

（一）桂林旅游数据分析

1. 情况简介

桂林旅游是我国云南地区重要的国有旅游经营公司，成立初期，公司的主要优势是拥有两江四湖（2010～2050 年）、银子岩（2002～2068 年）、龙胜温泉（2001～2041 年）、丰鱼岩（1998～2048 年）、资江天门山景区的特许经营权，在后续的发展中又和母公司共同开发了七星景区和象山景区。这些特许经营权使得所有人民群众对于漓江风景区的需求都可以在公司报表中得以体现，使本文的测算结果更加准确。公司的主要收入来源之一，就是景区的门票收入。与景区经营匹配，公司依据自然风光，开发了游船客运、公路客运、出租车客运等业务板块，这些板块是参与市场竞争的板块，因此利润较薄，但是这些板块业务贡献的利润较为稳定。同时为了保证游船价格不会因为民营公司的参与而大涨，这些板块业务也一直是公司的主营业务之一。截止至 2020 年底，公司的游船客运量约占总客运量的三成。同时公司建设了五星级酒店漓江大瀑布饭店，由于景色秀丽，同样为公司贡献了稳定的收入。

2020 年，桂林旅游的主营业务依旧保持了往年的增长态势，公司 2020 年全年主要的收入来源于漓江大瀑布饭店、两江四湖景区、漓江游船客运业务及银子岩景区。我们选取了 2003 年至今半年报、年报的数据对公司的营业收入状况进行分析。

2. 经营状况分析

从图 2 中的数据来看，桂林旅游的总营业收入和全国人均旅游花费的走势接近，在 2008 年出现大的回撤后，2009 年数据大幅提升，涨幅远高于全国人均旅游花费，但是后续上涨幅度有限。在 2010 年至 2019 年几乎没有特别大的涨幅。2020 年遇到疫情之后，数据再度大幅下降。从图中可以看出，景区每年下半年收入明显远高于上半年，也符合夏天去桂林旅游的传统习惯。

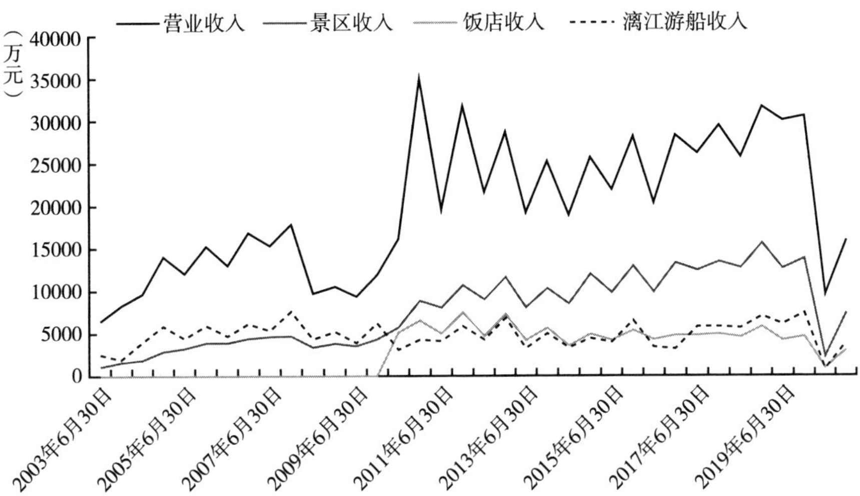

图 2　2013～2019 年桂林旅游营业收入走势

对总营业收入、景区收入、饭店收入、漓江游船收入取对数后进行差分。

营业收入经过一阶差分后为平稳序列，建立 AR（1）模型：

$$ilincome_t = -0.518ilincome_{t-1} + e_t \quad (2)$$

整体营业收入后续增长将会逐步减缓，没有明显的上涨动力。且疫情之后，总体收入增长可能会更加缓慢。

景区收入数据经过一阶差分后，在 p = 1，q = 1 后趋于 0，可建立 ARMA（1，1）模型。

$$iljq_t = -0.95iljq_{t-1} + e_t + 0.544e_{t-1} \quad (3)$$

结果表明景区收入将会持续增长。这说明大多数旅客来桂林旅游主要还是看中了漓江的自然风光，因此尽管景区门票等服务的价格没有提高，但是作为游客来桂林旅游的必选项，景区收入始终是最大的收入来源之一。在疫情阶段，作为最大的收入来源组成部分，景区收入下降极多。但是在2020年下半年的恢复期间，景区收入也是恢复收入增长的最有力保障之一。

饭店收入数据经过一阶差分后，在 p=1，q=2 后趋于0，建立ARMA（1，2）模型。

$$\mathrm{irest}_t = -0.75\mathrm{irest}_{t-1} + \mathrm{e}_t + 0.399\mathrm{e}_{t-1} + 0.156\mathrm{e}_{t-2} \quad (4)$$

结果表明，饭店收入预测值为0，说明饭店收入水平在未来大概率保持现有水平，不会对景区整体收入有重要贡献。这主要有几个原因，第一，大家现在生活水平都有所提高，在景区内也不会追求饮食方面的高消费，因此饭店整体收入水平仅能保持平稳，相信未来也难以上涨；第二，根据桂林旅游公司的整体战略部署，饭店仅是公司整体自然资源的配套服务设施，其本身没有特殊性及代表性，因此饭店收入也不是景区未来所追求的收入增长点。因此从供需两个角度分析，饭店收入在未来将几乎没有增长。

漓江游船收入数据经过一阶差分后，在 p=1，q=1 后趋于0，建立ARMA（1，1）模型。

$$illijiang_t = -0.944illijiang_{t-1} + e_t + 0.434e_{t-1} \quad (5)$$

预测值表明，漓江游船的收入后续还有增长，但是整体增长速度将会有所放缓，主要原因是游船服务有一定的市场竞争性，部分市场化公司的加入导致价格难以定得太高。尽管桂林旅游公司所拥有的游船占整体市场的三成左右，但依旧没有定价权。观察数据可以发现，游船占比目前处于逐年下降状态。这一部分收入的增长主要来源于市场上旅客数量的增长以及旅客整体消费水平的上涨。年报数据显示，近十年在游客人数没有大幅上涨的前提下，游船收入依旧有所上涨，说明游客消费意愿增强，愿意为生态旅游支付更多金额。

用景区收入、饭店收入、游船收入对整体营业收入进行回归。其中景区收入贡献了0.48，漓江游船贡献了0.1，饭店贡献不足0.0001。整体数据分析进一步表明，未来景区的主要收入增长点依旧是其独有的生态资源。

3. 桂林旅游未来发展方向

（1）桂林旅游2019年及2020年发展思路

2019年是“十三五”期间旅游业发展的重要一年，其主要原因在于，随着中国经济的快速增长，人民群众不断追求更美好的生活，同时旅游业内部因为互联网、大数据等科技因素的进入，行业内部竞争不断透明，使得人民群众可以享受到更好的旅游服务及品质，因此旅游业在2019年会有一个快速的发展。同时旅游的主体人群也逐步向“80后”“90后”群体转移，这一群体是追求更高生活质量的群体，他们也擅长通过社交媒体进行评论以及寻找更好的旅游线路。因此，在掌握核心资源的前提下，如何提升旅游品质，是目前旅游业需要重点探索的方向。2020年是“十三五”旅游业发展规划收官之年。国务院发布的《“十三五”旅游业发展规划》明确提出要“以转型升级、提质增效为主题，以推动全域旅游发展为主线”。旅游业的发展也不再仅仅是围绕着景区门票收入和住宿等必要环节，而是逐步拓展至全范围的旅游业务，包括生态旅游、红色旅游等等。2020年对中国旅游业来说是极不平凡的一年。2020年初，突如其来的新冠肺炎疫情对中国旅游业造成了重大的负面冲击，全国人民出游需求明显受到抑制。国家统计局发布的《中华人民共和国2020年国民经济和社会发展统计公报》显示，受新冠肺炎疫情影响，2020年国内旅游人数为28.80亿人次，比上年同期减少30.22亿人次，同比下降51.2%；国内旅游收入22286亿元，同比下降61.1%。尽管2020年旅游行业受疫情冲击较大，但人民群众的旅游习惯不会随之而改变，在国内疫情得到有效控制后，因疫情而暂时受到抑制的旅游消费需求将会重新被释放。因国外疫情尚未得到有效控制，一定时期内入境旅游尚难以恢复到正常水平。

（2）生态旅游的发展优势

公司虽然是综合性旅游企业，对外号称有众多优势，但可以发现，对自然生态资源的垄断才是桂林旅游赖以生存和发展的根基。公司在桂林乃至全国的最重要优势就是“桂林山水甲天下”，剩下的都是围绕着山水景色慢慢发展而来的。因此整合生态资源并进行一体化营销、集团式管理，才是公司未来生态旅游发展的方向。

（3）未来方向

为了在众多生态旅游资源聚集的地区体现出自身优势，桂林旅游还通过各种渠道进行推广和营销。

重构营销渠道。公司营销中心和一城游公司积极重构营销渠道，借助大型线上“云旅游”模式实现大平台引流，加大公司品牌形象宣传、加大产品曝光度和旅游产品预售力度；与“飞猪”等主流平台深度合作，实现游客导流；创新宣传推广方式，采取在线化、视频化、直播化方式进行宣传，自导自拍桂林旅游宣传片，先后完成了央视、抖音、腾讯、携程等平台 40 多场次的线上直播和带货，保持桂林旅游市场的曝光率。

调整产品结构，适时推出符合现阶段旅游消费需求的产品。从原来的团队观光型服务向散客自由行服务转变。分期推出桂林一城游春天套票、四季通套票等新产品。组织“壮族三月三”和“广西人游广西”等相关推广活动和周边市场的精准宣传促销。一城游公司建立飞猪桂林旅游旗舰店，搭建公司全员营销体系，在自营平台发布产品 467 个，票种 991 个。自由行的需求变化也显示出人民群众因为宣传推广、收入增加等原因，产生了对于生态旅游的向往。

扩大营销范围。针对区内及跨省旅游市场，公司在 2020 年 6 月组织各景区营销人员到南宁参加广西人游广西文旅市集促销活动，分别到玉林、柳州开展针对旅行社渠道的促销推介会；8 月公司组织人员参加由市文旅局组织召开的玉林、北海桂林旅游推介会，并对广东、湖南、四川、贵州、湖北五个周边市场共计十个城市进行促销宣传，以品种多、价格优的旅游产品，吸引区域市场散客及团队到桂林旅游。

（二）黄山旅游数据分析

1. 公司主要业务及经营模式

与桂林旅游相同，黄山旅游的核心竞争优势在于公司对于黄山风景区具有垄断经营优势。这些年公司不断开拓进取，围绕黄山风景区开辟了花山谜窟风景区及太平湖风景区，为公司提升了利润。作为全国最著名的风景区，黄山也是全国最早建设客运索道的景区之一，拥有全国首批 5S 等级索道，包括黄山云谷索道、玉屏索道、太平索道及西海观光缆车。同时为满足黄山 2 日游或 3 日游的需求，黄山景区内有白云宾馆、玉屏楼宾馆、石林大酒店等老牌酒店。黄山旅游的酒店与其他景区酒店有明显的不同，游览黄山的一般日程是 2 天，必须要在黄山上的酒店住一夜；此外，黄山上的精品酒店本身就是优良的观景位，属于生态旅游资源的一部分，因此游客都愿意在游览黄山的时候，选择黄山的酒店业务。同时公司还配套开展了旅游服务，包括全国订机票等等，但是仅作为边缘业务，是整体收入的一个补充。

2. 黄山旅游经营数据分析

简单分析黄山旅游公司的营业收入变化，可以发现，尽管公司的营业收入在 2013 年随着园林开发的大幅收缩而大幅下降，但是围绕着核心景区资源的酒店业务、索道业务和旅游配套服务业务还是在不断发展，且势头较好。更加说明了垄断型的天然生态资源是下一阶段旅游行业发展的最关键因素。

对上述五个重要数据取对数，并对营业收入做一阶差分之后做平稳性检验，发现均为平稳时间序列，因此判断后期黄山旅游的整体收入可能没有有效的增长点。主要原因是园林开发带来的收入逐渐减少，对冲了核心景区资源带来的收入增加。未来只有当园林开发收入下降带来的影响进一步降低时，景区的收入才能增加。

但是酒店、索道、景区服务三项，除去 2020 年，数据几乎是在逐年上升。

选取 2003 ~ 2019 年数据，对酒店数据做平稳性检验之后，建立 AR（1）模型。

$$ljiud_t = 9.616 + 0.98ljiud_{t-1} + e_t \tag{6}$$

取2005～2019年数据，对索道数据做平稳性检验之后，建立ARMA（1，1）模型。

$$lsuod_t = 9.779 + 0.959lsuod_{t-1} + e_t - 0.117e_{t-1} \tag{7}$$

取2003～2019年数据，对景区服务数据做平稳性检验之后，建立ARMA（1，1）模型。

$$ilfuwu_t = 9.379 + 0.941lfuwu_{t-1} + e_t + 0.063e_{t-1} \tag{8}$$

这三项数据都有一个增长趋势，可见人民对于生态旅游的刚需始终没有改变。黄山作为最重要的山区风景，拥有着巨大的潜力，黄山旅游公司也应该在保护生态的前提下继续提升服务品质。这三项数据的增长也与黄山旅游对生态旅游资源的积极开发密不可分。但根据年报数据，可以很清楚地发现，黄山景区的生态旅游资源还有很大的开发空间。相信人民群众对于生态旅游资源的需求将进一步扩大，黄山的生态旅游资源开发也将做得更好。

3. 黄山旅游公司优势

（1）资源优势。黄山风景区是世界文化与自然双遗产，以奇松、怪石、云海、温泉、冬雪“五绝”闻名于世，同时也是世界地质公园、全国首批5A级旅游景区。同时公司还不断围绕黄山景区开发安徽省周边旅游资源，包括九华山、太平湖等等，未来定能围绕黄山风景区，搭建一个全面性的、整体性的、互相之间联动充分的生态景区。

（2）品牌优势。黄山景区自古以来就是中国最有名的风景名胜区之一，自古就有“五岳归来不看山，黄山归来不看岳”的说法，“黄山”这一品牌可以做到经久不衰。

（3）区位优势。黄山市背靠长三角，同时交通优势十分明显，目前有7条高铁线路正在围绕黄山市修建，可以说黄山市的高铁线路及数量在安徽境内仅次于合肥市。黄山距离合肥及杭州仅1.5小时高铁车程，距离上海仅2.5小时车程。更加便利的交通将会为黄山景区带来更多的客源。

4. 未来发展方向

（1）把握趋势加快市场振兴。密切关注疫情变化情况，制订一系列举措振兴旅游市场。一是紧盯市场，抓好顶层设计。黄山旅游公司在 2 月下旬即制定了市场振兴总体方案；5 月赴重点客源地开展调研并商讨相关政策；7 月出台市场振兴系列政策及措施。二是创意策划，保持市场热度。面向全国医护人员推出门票优免政策，联合打造“清新黄山，一见倾心”黄山旅拍主题活动。三是抱团取暖，开展联动促销。牵头发起“大徽州串门游”主题活动，联合策划“听见黄山，遇见西递”，开展“人文胜景，秋游黄山”自驾游等活动。四是跨界合作，拓展市场渠道。携手中国银行开展尊享积分兑换活动；加强与相关银行的合作推动公司产品上架银行 App 平台。

（2）紧跟需求加快产品创新。针对后疫情时代的新特点新趋势，加快推进“微创新”措施。一是落实要求实现分时预约。实现分时实名预约，依托黄山旅游官方平台完成全市 55 家 A 级景区景点的分时预约。二是把握热点推出组合产品。推出多款精品路线和组合产品，创新举办第十六届中国黄山登山大会。三是围绕需求打造爆款产品。景区打造高山云阳台、高山云瑜伽、高山云 SPA 等“云”系列产品，引进索道全景透明车厢，培育打造新的网红产品；太平湖景区引入喷射艇、摩托艇等多项运动产品。四是抢抓风口试水直播带货。参加携程、湖南卫视等直播间活动，精心策划“赏黄山十二时辰 品徽州十二风味”直播活动，开展“在家云旅游”“坐山观海看世界”等主题直播活动，提升黄山旅游市场曝光度。

（3）攻坚克难狠抓项目建设。黄山景区：排云型旅完成升级改造并投入运营，这是继云厶山宿之后的又一差异化酒店产品；北海宾馆改造项目克服运输难、梅雨天气等影响稳步推进；统筹安排扎实推进游步道、观景平台等基础设施的维修工程。太平湖：完成太平湖总体项目策划、漂浮度假村样板区项目策划，启动平湖假日酒店策划设计。花山谜窟：花山谜窟景区工程基本完成，正在进行设备设施调试优化，大力推进外围基础设施及花山花海景区项目建设。徽菜板块：合肥大蜀山店正式运营、北京复兴路店投入试运营，北土城店及合肥贡街店正全力推进。小镇板块：黄山旅游 CBD 和黟美小镇项目稳步推进。

（三）其他公司数据分析

1. 峨眉山 A

峨眉山 A 整体业务比较简单，营业收入主要组成部分为旅游服务收入及旅馆收入（见图 3）。对数据分别取对数后进行平稳性检验，三个数据都可以建立 AR（1）模型。

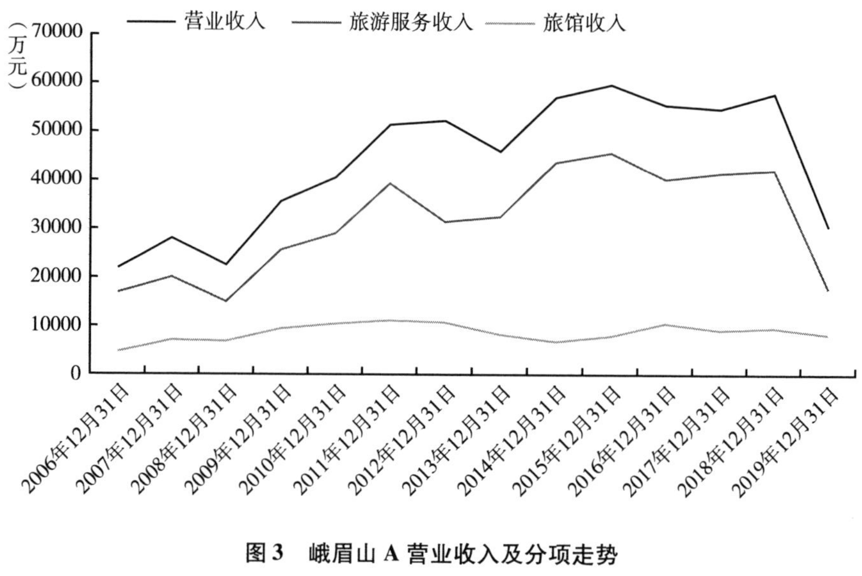

图 3　峨眉山 A 营业收入及分项走势

$$\begin{aligned} lincome_t &= 10.487 + 0.759 lincome_{t-1} + e_t \\ llvyoufuwu_t &= 10.181 + 0.648 llvyoufuwu_{t-1} + e_t \\ llvguan_t &= 8.972 + 0.663 llvguan_{t-1} + e_t \end{aligned} \tag{9}$$

三个数据未来都有一定的增长性，相信熬过疫情这段时间后，峨眉山景区的旅游可以出现大幅度复苏。同时也可以发现，和前面我们分析的黄山的情况一样，景区的垄断经营权是收入的主要增长点，这也是人民群众在生态旅游的过程中最需要的部分，那就是名山大川、绿水青山。至于旅馆服务，由于峨眉山大多可以选择一日游，所以旅馆服务一直没有大的提升，可见人民群众在旅游中已经不再追求昂贵的住宿，而是选择比较舒适便宜的居住方式。

以旅游服务收入和旅馆收入对整体营业收入进行回归

$$llvguan_t = 0.818llvyoufuwu_t + 0.246llvguan_t + e_t \tag{10}$$

整体营收确实主要由旅游服务收入和旅馆收入组成，而且旅游服务收入增长更快一些，能提供更好的收入支持。

2. 西藏旅游

这几年西藏旅游的发展更加证明了一件事情，就是景区收入才是管理经营生态旅游公司最重要的盈利增长点。因为西藏的旅游服务配套设施较少，所以在旅游服务这一板块，西藏旅游公司每年收入几乎没有增长。同时广告收入在2016~2017年之后几乎见底，也不再是西藏旅游集团的主要收入来源（见图4）。

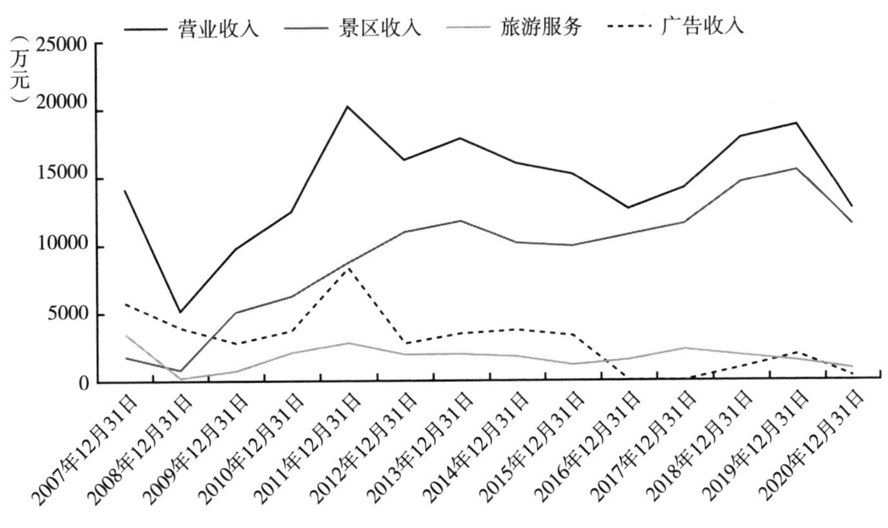

图4　2007~2020年西藏旅游营业收入及分项走势

分析景区收入数据，对其取对数后进行平稳性检验，建立AR（1）模型：

$$ljq_t = 8.759 + 0.766ljq_{t-1} + e_t \quad (11)$$

因为数据较少，目前西藏旅游整体的营业收入数据及旅游服务数据都为平稳时间序列，难以看出增长趋势。更加说明未来生态旅游发展需要以景区收入作为最主要的收入来源。

五　结论

（1）目前人民群众对于旅游的整体需求有所降低。在疫情前，对于旅游的需求增速就已经放缓，疫情后更是雪上加霜。经济现在正在恢复阶段，但是远没有恢复到以前的水平。按照 2008 年经济危机后旅游需求的走势，待疫情真正恢复后，旅游需求可能会有一个比较快的增长。

（2）2002～2020 年数据表明，人民群众对于生态旅游的需求是刚需，正在稳步增长，且增速保持平稳。对各大名山大川自然风光比较好的景区进行整体收入拆分后，仅有景区收入以及与景区配套的必备设施收入在增长，其他收入例如非必要性的饭店、广告收入等都是保持平稳或降低。

（3）预测未来，垄断性的风景名胜区将依旧是人民群众生态旅游必去的地方，且与有特许经营权的景点合作开发的项目可能带来较高的利润增长。而一些可有可无的，例如豪华酒店之类的，可能就不需要在生态旅游景点附近出现了。

（4）预测在疫情结束后，首先恢复增长的旅游景点就是各名山大川、生态旅游景点。

（5）各个生态旅游景点之间因为没有交集，互相之间其实不存在竞争关系，且因为距离较远，收入增长也不存在相关性。

（6）各个生态旅游景点目前都需要进行宣传以及开发特色旅游线路，这些旅游线路是整体景点能够盈利的重要保证。

参考文献

[1] 邹伏霞、邹冬生:《基于五种模型比较的湖南省生态旅游需求预测研究》,《长江流域资源与环境》2020年第29期。

[2] 杨袁魏、海龙、王丁立:《基于组合模型的四川旅游需求预测》,《产业与科技论坛》2020年第19期。

[3] 李欣奕:《旅游需求预测理论基础与方法研究》,《营销界》2019年第47期。

[4] 李瑶、曹菡、马晶:《基于改进的灰色模型的旅游需求预测研究》,《计算机科学》2018年第45期。

政策与监管篇

Policy and Regulation Topics

B.10 建立健全生态旅游体制机制研究

冯 凌 郭嘉欣*

摘 要： 完善的体制机制是生态旅游发展的重要保障，尤其是新时代生态文明建设背景下，亟须顺应生态文明体制改革的潮流，建立健全促进生态旅游发展的体制机制。目前中国生态旅游发展面临着供给和需求、发展和保护、物质和精神、权利和责任之间的矛盾，生态旅游现存体制机制的弊端是上述问题存在的根本原因。结合这些发展问题，本报告提出了未来建设生态旅游体制机制的重点，分别是完善生态旅游产品认证机制，加强生态旅游示范区和国家公园的建设，打造生态旅游品牌；完善生态旅游社区参与机制，从资源产权确定、利益分配、政府监督等方面保障社区居民参与生态旅游发展；以及完善生态旅游监督管理机制，通过编制生态旅游资源资产负债表、建立生态旅游

* 冯凌，博士，教授，主要研究方向为旅游规划与政策、旅游影响与可持续旅游；郭嘉欣，硕士研究生，主要研究方向为生态旅游与生态补偿。

问责机制和公众参与监督机制来加强对生态旅游发展的监管。

关键词：　生态旅游　国家公园　生态监督

自1993年中国首次以文件形式正式提出“生态旅游”定义以来①，生态旅游在国内得到广泛关注，并快速成为旅游业的重要发展方向。从森林公园、地质公园、湿地公园、生态旅游示范区等新形式生态旅游目的地的不断建立，到《国家生态旅游示范区管理规程》《国家生态旅游示范区建设与运营规范（GB/T26362—2010）》《全国生态旅游发展规划（2016～2025年）》等相关规划政策的相继出台，再到国家公园的建设，中国生态旅游发展已经从实践探索阶段上升为典型示范阶段②。毫无疑问，中国生态旅游发展取得了显著成绩，但同时也应清醒地认识到，中国生态旅游仍处于初级阶段③，依然存在着一些问题和不足。从根本上讲，要想推动生态旅游的持续发展，必须建立健全生态旅游体制机制，完善的体制机制是生态旅游发展的重要保障。尤其是在生态文明建设的新时代背景下，生态旅游作为实现生态文明的重要载体和途径，亟须顺应生态文明体制改革的潮流，加快自身体制机制的建设和完善。

一　中国生态旅游体制机制存在的问题

据调研，目前中国生态旅游发展主要面临着四种困境：一是供给和需求之间的不匹配，中国生态旅游发展整体尚处于初级阶段，产品体系尚不完善，公共服务体系尚不健全，难以满足游客日益增长的生态旅游需求；二是发展与保护之间不协调，过分追求生态旅游带来的经济效益，忽略其生态保护功能，在缺乏科学统筹规划的前提下盲目开发，粗放的开发模式对生态资

① 李燕琴：《中国生态旅游发展的本土化与国际化》，《旅游导刊》2020年第5期。
② 叶文、张玉钧、李洪波：《中国生态旅游发展报告》，科学出版社，2018。
③ 杨彦锋、徐红罡：《对中国生态旅游标准的理论探讨》，《旅游学刊》2007年第4期。

源环境造成了破坏和污染；三是物质与精神之间不同步，过于强调旅游业发展的经济作用，注重物化产品供给，忽略生态旅游的科普功能、教育功能和环保功能，生态科普解说系统尚不完善，旅游生态文化传播零散化、浅表化、片面化；四是权利和责任之间不对等，鼓励企业和社区利用生态资源，发展生态旅游，但是没有明确相应的权责体系，缺少配套的监督和保障机制，导致各利益相关者之间矛盾重重，影响旅游生态的保护效果。

而生态旅游现存体制机制的弊端是上述发展问题产生的重要原因。虽然政府已经出台了一系列促进生态旅游发展的政策规范，如《国家生态旅游示范区管理规程》《国家生态旅游示范区建设与运营规范（GB/T26362—2010）》等，但仍缺少完善的实施细则和监督机制①。一方面，具有中国特色的生态旅游产品认证体系尚未建立，导致生态旅游发展处于一种“无标准”状态。这使得不少地区和企业对生态旅游的认知存在误区，在发展生态旅游的过程中急功近利，过分看重经济效益，将生态旅游作为一种迎合市场的标识利用，忽略了生态旅游的生态保护和环境教育功能，加剧生态旅游发展中供给与需求以及物质与精神之间的矛盾。另一方面，在生态旅游的社区参与、生态补偿、公众参与、生态监督、游客管理等多个领域，相关的政策机制仍相对较少，直接导致了目的地社区参与度低，社区居民缺少生态旅游发展的决策权、建议权和监督权，企业行为不受监管，难以管控旅游设施建设和旅游活动开展对环境的影响，激发了生态旅游发展过程中保护与发展以及权利与责任之间的矛盾。

二　生态旅游体制机制建设重点

（一）生态旅游产品认证机制

由于“生态旅游”旗号逐渐被滥用，学术界开始提出“生态旅游认证”的概念，以期通过权威的标准对生态旅游产品进行认证。根据制定的规范和

① 钟林生、王朋薇：《新时代生态文明建设背景下生态旅游研究展望》，《旅游导刊》2019年第1期。

标准，对生态旅游经营者进行全面评估，并提出意见和建议的过程就是生态旅游认证[①]，其目的是为了衡量生态旅游的影响，约束相关经营者的行为，为游客提供高质量的服务，促进生态旅游的可持续发展[②]。澳大利亚“全国生态旅游认证项目”、“绿色环球21”、丹麦“绿钥匙”等均是国际上成熟的生态旅游认证制度。虽然中国建设了一批具有代表性的生态旅游产品，如国家风景名胜区、国家森林公园、国家湿地公园、国家级自然保护区等，但各个类型之间的管理体制和发展机制大有不同，缺少统一的发展标准，尚未构建起具有普适性的生态旅游认证制度。然而，随着中国生态旅游进入典范发展阶段，生态旅游示范区、国家公园等新型生态旅游目的地不断发展成熟，以及相关建设标准文件的出台，为建设具有中国特色的生态旅游产品认证机制提供了借鉴。

1. 生态旅游示范区建设

生态旅游示范区是以独特的自然生态、自然景观和与之共生的人文生态，以促进旅游者对自然、生态的理解为学习内容，提高对生态环境与社区发展的责任感，实现经济环境、社会环境、生态环境相得益彰的可持续发展的旅游区域[③]。生态旅游示范区的建设满足了当代人的需求又不影响后代人的生存，有助于促进形成绿色健康的旅游方式，是强调对大自然景观和生态系统的整体保护和合理开发的新型旅游发展模式。要想把生态旅游示范区打造成为标杆性的生态旅游产品，需要做到以下几点。

一要建立健全生态旅游示范区发展的统筹协调机制。生态旅游示范区的建设要坚持规划先行，科学指导，严格按照《国家生态旅游示范区管理规程》等文件规定的内容进行申报建设，既要尊重自然环境，也要统筹地方文化习俗，打造和谐统一的生态旅游景观。同时要将资源保护贯彻在生态旅

---

① 钟林生、郑群明、石强：《中国实施生态旅游认证的机遇与挑战》，《中国人口·资源与环境》2005年第2期。

② 宋红娟、宋丹瑛：《国际生态旅游认证市场营销策略分析》，《标准科学》2013年第11期。

③ 中华人民共和国国家质量监督检验检疫总局、中国国家标准化管理委员会：《国家生态旅游示范区建设与运营规范（GB/T26362—2010)》，全国标准信息公共服务平台，http://std.samr.gov.cn/gb/search/gbDetailed?id=71F772D76571D3A7E05397BE0A0AB82A，2011年1月14日。

游示范区规划建设的整个环节，明确生态旅游示范区的环境保护目标，科学评价环境承载力，并根据示范区的资源环境特点分门别类制定保护措施，实施动态资源监测，统筹协调生态旅游资源的保护与利用。

二要引导生态旅游区产品的深度开发和功能完善。深入挖掘生态旅游资源，推进科技赋能、文化赋能，研究开发有创意、有特色、吸引力强的生态旅游产品，提升生态旅游吸引力。推进景区、景点的深度开发和同质资源的优化整合，使旅游资源得到高效利用，获得高产出的效益。完善生态旅游区的科普教育功能，配置解说牌、科普长廊、生态馆等科普设施，打造生态科普教育基地，提升生态旅游示范区的科普性、体验性和实用性。

三要积极推进精品生态旅游示范区建设。坚持生态优先、绿色发展，考虑资源禀赋、交通可达性、开发潜力、示范带动性等因素，按照国家生态旅游示范区的相关标准，依托山地、森林、湿地、海洋等资源，坚持保护优先，高水平规划，高标准建设，加大支持力度，提升公共服务水平，分类推出一批产品丰富、业态多元、管理体制创新、服务品质高、科普教育功能完善的国家生态旅游示范区，培育受国内外游客欢迎的生态旅游品牌。

四要不断完善生态旅游示范区的建设和认证标准。生态旅游认证并非一成不变，而是一个动态的过程，因此生态旅游示范区的建设和认证标准也应随着生态旅游的发展不断修改、完善。在相关认证标准中需要明确示范区生态旅游发展的价值理念，划定各利益主体的权责义务，积极探索多样化的生态旅游运营方式；搭建生态旅游示范区认证的标准体系，根据生态旅游示范区的具体类型，如山地型、森林型、草原型等，制定出台不同的认证标准；提升生态旅游示范区认证标准的参与度，鼓励多方代表参与，特别是要关注当地社区居民参与的积极性；定期对认证机构、评定组织进行培训，加强与国际相关组织的交流合作，提升标准的国际接轨度和认可度；强调生态旅游示范区对区域内生态科技创新、生态经济发展以及生态文明建设的带动功能，充分发挥生态旅游示范区的推广作用和典范作用。

2. 国家公园建设

“国家公园”的概念源自美国，随后便在全球范围内扩展使用，尽管不同国家对其内涵的解释有所差异，但核心本质都是自然保护地的一种形式。国际上，国家公园已经有相当大的规模和成绩，是生态保护体系的重要组成部分。美国100余年的国家公园历史中，直接效益明显，每年接待的游客量超过3亿人次。以美国、澳大利亚为代表的大体量荒野型国家公园，以英国、法国为代表的中体量半乡村型国家公园和以日本、泰国为代表的小体量自然文化复合型国家公园在生态保护与旅游开发的平衡方面都做了有益的探索。截至2021年，中国已经开展了三江源、东北虎豹、大熊猫、祁连山、海南热带雨林、神农架、武夷山、钱江源、南山、普达措10个国家公园试点。国家公园体制作为中国自然保护地管理体系的重构，对原有自然保护地的生态旅游产品和生态供给提出了新的要求，因此需要对生态旅游的发展进行重新定位，在国家公园的体制下创新生态旅游发展方式①。

一是建立对接国际的国家公园体制，保护与发展并进。国家公园的首要功能是保护自然生态系统，同时兼具休闲游憩、科普教育等综合作用。从国家公园的定位来看，旅游活动和自然保护并不冲突，二者并行不悖，均是国家公园需要探索的发展道路，关键在于如何处理好保护与发展的关系。一方面，要科学划定国家公园的功能分区，明确园区的核心保护对象，采用分区分级分类制订准入清单的方式，严格控制各个区内人类活动的有序开展。国家公园在进行功能分区时可借助遥感与地理信息等技术手段，充分考虑区域的生态系统服务功能和生物多样性，注重分区的生态完整性和空间连续性；同时建立动态的生态监测体系，定期收集监测数据，根据监测结果动态调整园区内的功能分区。另一方面，在坚守生态红线的前提下分区分类开展休闲游憩活动，科学设计环境解说系统，为全社会提供科研、教育、体验、游憩等旅游服务，将收益作为可持续生态保育的重要资金来源，在有效提升地方居民生活福祉的同时，提高大众的生态认知和环保意愿。

二是要遵循一体化原则，高水准规划，打造世界级国家公园。将国家公

① 李想、芦惠、邢伟、伍世代：《国家公园语境下生态旅游的概念、定位与实施方案》，《生态经济》2021年第6期。

园的所有生态元素作为一个整体，进行一体化规划、开发、建设和统一打造。以美国黄石国家公园等为蓝本，在总结国内外国家公园发展经验的基础上，统筹考虑自然、社会、人文等多方面因素，对公园的交通路网、基础设施、游览设施、科普教育设施、网络设施、保护设施、人文环境等进行整体规划。在规划、设计、建设国家公园的过程中，充分发挥区域珍稀野生动植物、地理地貌、人文环境等特色和优势，将其打造为集休憩、科研、观光、保护等多功能为一体的目的地，带动区域资源开发、环境保护和经济发展。

三是要丰富资金来源，保障国家公园建设顺利落地。以往的自然保护地在资金来源方面存在差异，呈现多头管理的弊端，且过度依赖旅游门票收入，在一定程度上限制了自然保护地功能的发挥，因此建立健全国家公园建设的资金保障机制至关重要。首先，要从财政体制上厘清中央和地方政府的权责义务，明确划分双方关于国家公园的支付责任，既要建立中央国家公园预算、专项转移支付资金等，也要给予地方一定的财政事权，充分发挥地方政府的建设能力。其次，要合理划分政府和市场的边界，打破政府特许经营垄断，引入市场机制，鼓励社会资本通过 PPP 等模式参与国家公园建设，拓宽国家公园资金来源，减轻国家财政压力。最后，要完善国家公园捐赠制度，鼓励全民参与，充分发挥非政府组织在国家公园建设中的作用。

四是完善制度，强化管理。制度是以国家公园为主体的自然保护地体系的刚性制约，是国家公园得以平稳建设的重要保障。虽然国家已经出台了部分配套制度，如《国家公园总体规划技术规范》《国家公园监测规范》等，但相比于美国、英国、法国、日本等国外的国家公园，中国国家公园的制度体系亟待完善。未来需要尽快开展国家公园的立法工作，出台《国家公园法》，完善配套规章制度，让国家公园的建设管理有章可循、有法可依。同时，要在生态保护、功能分区、社区参与、特许经营、地役权等方面加强制度创新，搭建国家公园管理制度体系。各个国家公园也应在相关制度体系的框架下结合自身实际情况，出台具体的管理规范和技术标准，坚持因“园”制宜，一“园”一策的管理办法。

五是要加强基础研究，深化国际合作。相比于国家公园建设先进的欧美国家和地区，中国“国家公园”的概念出现较晚，实践较少，相关研究刚刚起步，目前还处于概念、内涵的探讨阶段，国家公园的内在逻辑、运行机制、发展路径等尚不清晰，亟须开展基础科学研究，在理论上探明国家公园的建设方向。此外，要加强与美国、英国、法国等国家和地区的管理经验、旅游开发经验交流，通过参观学习、文化交流、研讨会等形式进行合作，在汲取外来经验的基础上建设具有国际一流水平的国家公园。

（二）生态旅游社区参与机制

社区参与是生态旅游目的地实现生态、经济和社会和谐发展的重要前提，让社区居民参与到生态旅游目的地的建设、规划和决策中，成为旅游活动的主体，并从中获得相应的权益[①]，这已经成为国内外推动生态旅游发展的重要原则之一。目前，社区居民参与生态旅游发展的热情高涨，参与方式也逐渐多元化，但由于信息不对等、自身能力弱等因素，社区在旅游发展过程中往往处于边缘地位，需要建立完善的社区参与体系保障居民的权益。社区居民作为生态旅游目的地的核心，在旅游发展的全过程中均有参与，因此需要从生态资源产权的确定、利益的分配以及参与保障等多个方面保证社区居民的权益，并通过社区参与生态旅游发展实现市场化的生态补偿和生态保育，从而健全居民参与体系，实现社区共建共享，构建旅游生态社区。

1. 社区居民参与生态旅游的产权确定机制

目前中国生态资源存在产权不清、布局分散、碎片化等问题，难以统计核算，无法进行系统的保护利用，导致生态资源的经济效益和规模效益不能显著呈现[②]。产权的模糊界定使生态资源具有公共物品的属性，容易引发生态外部效应；而资源的分散使社区居民缺少其他合理利用的方式，再加上居民自身运营管理能力有限，只能采用粗放的资源利用方式，进一步加剧了资源的破坏和环境的恶化。旅游业具有资源产权较易界定、受益主体较为明确

---

① 刘俊清：《生态旅游发展中的社区参与问题研究》，《企业经济》2016 年第 10 期。

② 崔莉、厉新建、程哲：《自然资源资本化实现机制研究：以南平市“生态银行”为例》，《管理世界》2019 年第 9 期。

等特点，并且通常有成熟的旅游企业进行开发经营，能够在市场运行过程中有效地解决上述两个问题。因此，需要将社区居民所拥有的生态资源纳入统一的生态旅游开发中。而目的地生态资源是社区居民赖以生存的资源基础，不少地区的居民为生态资源的保护付出了努力和代价，社区居民作为资源的所有者，有权利用生态资源参与生态旅游发展，将资源的使用价值转化为交换价值，实现资产保值增值。

社区参与生态旅游的第一环节是建立起产权登记和资产评估制度，实现自然资源的确权核算。对于能够确定产权的生态资源，鼓励拥有资源产权的社区居民通过转让、租赁、托管等方式将资源流转给旅游企业进行旅游开发，减少破坏性利用方式；对于无法确定产权的国有资源或集体资源，通过集体流转的方式进行资源交易。同时核算自然资源的生态价值，作为市场交易协商以及社区居民旅游收益分配的依据。此外，在明晰产权之后，需要进一步对生态资源的价值进行核算，建立动态的生态资源数据库，定期对社区居民的生态资源进行考核评估，构建以生态资源价值为基础的参与协商制度，打破旅游经营者一次性买断生态资源经营权的模式，让社区居民能够持续参与、持续获益。同时，生态资源的市场交易价格、补偿资金、利益分配等均应该以生态资源的价值为基础，价值越高的资源在市场交易中越占优势，居民获得的收益越多，从而体现社区居民生态保护的经济价值，避免“一刀切”的管理模式。

2. 社区居民参与生态旅游的利益分配机制

生态旅游的发展源自市场中游客对生态旅游产品的需求，这种绿色生态的旅游偏好在游客、企业和社区居民之间建立了隐形的契约关系：当居民和企业保护生态系统，提供生态旅游产品时，游客愿意以更高的价格购买其旅游产品和服务。可见，社区居民是进行生态保护，提供生态旅游产品的重要主体。在这种契约关系下，社区居民作为理性经济人，通常会约束自身行为，自愿保护生态环境，以期从旅游发展中获得收益。因此，构建合理的收益分配机制是鼓励社区居民参与生态旅游的重点任务，只有社区居民得到的经济回报能够弥补其在生态保护中投入的经济成本和机会成本，生态旅游发展所带来的生态保育和生态补偿作用才能彰显。

在旅游收益的形成过程中，土地的生态景观、劳力的投入、投资者的资本、管理者的经营知识均具有一定的贡献，尤其是当地的生态景观，这是实现旅游产品的基础。在先前自然资源价值评估的基础上，借鉴股权收益分担机制，将社区居民所拥有的资源资产折合成股份，以生态资源入股的方式将社区居民纳入旅游企业中。旅游企业通过分红的方式将旅游收益分配给社区居民，为居民带来持续的资产性收入。在股权收益分担机制下，社区居民的补偿不仅与企业的经营收益有关，同时与自然资源的价值有关，资源价值的动态评估使居民的收益与生态环境的质量密切相关，进一步激励其提高生态环保意识。此外，经济增长的收益需要向社会建设或社会福利进行转换，这关系到经济社会可持续发展的问题①。为社区居民提供就业机会、允许社区居民参与旅游经营活动，这些都是社区分享旅游发展成果的体现。社区居民获得旅游企业安排的工作岗位，解决自身就业问题，再在参与企业的管理服务工作后按劳取酬，获得工资收入；凭借自身的商业意识和经营能力，依托景区游客，从事民宿经营、生态食品、生态旅游工艺品售卖活动，获得营业收入。在这样的利益分配机制下，社区居民能够从旅游发展中获得资产性收入、工资性收入和营业性收入等复合性激励，缓解生态保护与经济发展之间的冲突，这不仅能够激励社区居民自发保护生态环境，建立起高效的生态保育机制，也有助于构建市场化的、循环型的生态补偿机制。

3. 社区居民参与生态旅游的监督保障机制

生态旅游作为一个复杂的系统，涉及多方利益主体，社区参与更是一个多方博弈的过程，离不开政府在其中的斡旋引导。在社区参与生态旅游发展的过程中，政府要充分发挥其调节作用、监督作用和支持作用。一是要调节社区居民和旅游企业之间的关系，帮助双方建立信任关系，保障居民的利益，避免其在旅游发展中边缘化，促进生态旅游开发中资源产权的顺利流转以及利益的再分配。二是要作为独立第三方发挥其监督作用，监督旅游企业

① 赵德余、朱勤：《资源－资产转换逻辑："绿水青山就是金山银山"的一种理论解释》，《探索与争鸣》2019 年第 6 期。

的经营发展状况和职责履行状况，让社区居民能够及时、全面地了解生态旅游发展情况，督促旅游企业履行相关义务，保障居民福利；监督生态旅游资源的开发情况和生态旅游产品的生产经营状况，对符合生态理念的产品给予生态认证，及时制止损坏资源环境的开发行为，保障社区居民的资源产权得到合理的开发利用。三是要通过多种措施为生态旅游的发展提供支持，为社区居民参与生态旅游提供良好的市场发展环境。例如为社区居民提供教育支持和技术支持，实行社区增权，提高居民地位；为旅游企业提供金融支持和税收支持，降低生态旅游领域的投资风险，提高其参与积极性，缓解生态旅游发展压力；为社区参与机制的建设提供制度支持，明确建立自然资源产权价值核算制度、旅游收益分配制度、社区居民特许经营制度等。

（三）生态旅游监督管理机制

虽然中国实行着严格的环境保护制度，但仍有不少生态旅游地区无法平衡好发展和保护之间的关系。其中很重要的一个原因在于缺少对生态旅游活动的监督和管控，导致“生态旅游”沦落为企业迎合市场的工具。不少旅游经营者打着“生态旅游”的旗号，却依然采用传统的粗暴式的旅游开发方式，对目的地的生态环境造成了巨大的压力和威胁。因此，建立完整的生态旅游监督管理机制，并将这些政策依法依规落实，是发展生态旅游迫切需要采取的措施。2016 年环境保护部出台了《全国生态保护“十三五”规划纲要》，提出要加强对旅游等开发建设活动的监管，并且提到要开展生态资源资产评估，推动评估结果应用到生态环境损害责任追究、自然资源资产离任审计等生态监管制度中，这为生态旅游监管体系的构建提供了方向和借鉴。

1. 生态旅游资源资产负债表

自然资源资产负债表是党的十八届全会提出的新的资源管理手段，是中国生态文明建设的重要组成部分，目前还处于探索阶段①，生态旅游资源资产负债表更是处于概念阶段。但是，资源资产负债表作为一种先进的管理方

① 操建华、孙若梅：《自然资源资产负债表的编制框架研究》，《生态经济》2015 年第 10 期。

式，不仅能够全面披露生态资源的存量和流量，而且能够从侧面估算资源的利用率和环境损害率①，必将成为生态保护和生态监督的重要抓手。因此，要提前开展对生态旅游资源资产负债表的谋划布局，将其作为建设生态旅游监督管理机制的首要环节。

根据自然资源资产负债表的含义，生态旅游资源资产负债表是披露生态旅游资源存量价值的表格，并根据“资产 = 负债 + 所有者权益”这一恒等式进行编制。对于资源资产负债表的核算方法和核算内容，学者们各抒己见，尚未达成共识，但不少学者，如张婕②、马慧敏③等人认为负债表内的生态损益核算的是生态系统的服务价值，生态系统服务价值是编制自然资源资产负债表的重要依据。明确生态旅游资源的服务价值，以及生态旅游资源由实物量向价值量的转变方式，是构建生态旅游资源资产负债表的基础工作。联合国千年生态系统评估计划将生态系统提供的服务分为 4 种类型：支持服务、供给服务、调节服务和文化服务④。不同服务的经济价值具有一定的差异性，其在生态旅游发展过程中的市场化实现方式也存在一定的差异，如表 1 所示。

表 1　生态系统服务市场价值的旅游转化方式

服务类型	主要生态服务功能	实现方式	转换的旅游产品
供给服务	由生态系统产生或提供的物质性服务，如食物、原材料、纤维、淡水等	生态标签：生态旅游产品在经过第三方独立机构对其生产、销售环节进行验证后，获得生态认证标志，从而实现产品生态信息透明化，消除市场摩擦，促进交易；其价格通常高于未获得认证的产品	旅游餐饮、旅游购物

① 康爱香、宋旭阳：《自然资源资产负债表研究述评与展望》，《统计与决策》2021 年第 11 期。

② 张婕、刘玉洁、潘韬、封志明、杨艳昭、葛全胜：《自然资源资产负债表编制中生态损益核算》，《自然资源学报》2020 年第 4 期。

③ 马慧敏、刘娜：《基于生态文明视角的自然资源资产负债表编制》，《财会通讯》2020 年第 3 期。

④ Assessment M. E.，“Millennium ecosystem assessment，” 2001.

续表

服务类型	主要生态服务功能	实现方式	转换的旅游产品
文化服务	由生态系统提供的非物质性服务，如审美价值、教育价值、休闲价值等	旅游门票：产权界定后，旅游开发商建立景区、度假区等旅游场所，进行市场化经营，通过售卖门票获得收益； 生态价值捆绑销售：以影像、图书等媒体或物质产品附带实现无形价值	生态旅游景区、度假区、公园、场馆、旅游影视、旅游纪念品等
调节服务	由生态系统的调节功能所得到的收益，如大气调节、气候条件、疾病调控等	生态溢价：生态系统的调节服务和支持服务难以剥离出来独立交易，需要依托其所在的土地实现价值。良好的调节服务和支持服务能够改善周边的生态环境，带动土地溢价，以土地为载体实现资源的生态价值	旅游住宿、森林氧吧、雾浴养生等康养度假旅游产品
支持服务	保障其他生态系统服务功能所必须的基础服务，如土壤形成、养分循环、初级生产等		

表1展示了生态资源所提供的生态系统服务是如何转换为生态旅游产品的。在这一市场转换中，生态系统所提供的资源与服务便能折算在旅游产品的价格中，通过市场交易活动获得游客付费，转化为相应的货币资产，实现生态旅游资源实物量向价值量的转变。生态旅游资源的损益便可在这种转换中通过直接市场、替代市场、模拟市场等方法进行计算，进而编制生态旅游资源资产负债表。但仅完成生态旅游资源资产负债表的编制是远远不够的，目前相关编制工作刚刚起步，在编制负债表的同时也需要配套相关管理制度，保障生态旅游资源资产负债表能够持续更新。一是要配套生态旅游资源的监测制度，生态旅游资源资产负债表体现了生态资源的流量变化状态，长期处于变动之中，需要定期对生态旅游资源进行监测，反馈资源数据。面对面积广阔、种类复杂的中国生态自然保护区，建议建立分区、分级、分主体的生态旅游资源监测制度。二是完善生态旅游资源的核算创新制度，加强对生态旅游资源损益指标体系的研究，丰富生态旅游资源价值的核算方式方

法，并根据产业发展变化修改完善核算指标体系。三是健全生态旅游资源的数据管理制度，根据生态旅游资源的类型，创新生态资源数据获取方式，鼓励生态监测装备的发展；同时要加强对生态旅游资源数据的管理，发挥大数据智慧，搭建生态旅游决策支持系统。

2. 生态旅游环境问责机制

在构建生态旅游资源资产负债表的基础上，需要进一步应用评估结果，完善生态旅游的环境问责机制，明确生态旅游发展中“问什么”“怎么问”的问题。十八大以来，生态文明建设成为党治国理政的关键词，资源审计等生态环境问责的重要性也不断提升①，这为生态旅游环境问责机制的建设提供了时代机遇。在综合对比典型国家生态问责机制的基础上②，可以从完善生态旅游问责法律、明确生态旅游问责主体、构建生态旅游问责体系三个方面推动生态旅游环境问责机制的建设。

首先，完善生态旅游问责法律是建立生态旅游环境问责机制的基础。目前中国与生态环境问责相关的法律，如《环境保护违法违纪行为处分暂行规定》《党政领导干部生态环境损害责任追究办法（试行）》《环境保护法》等，少见有关生态旅游环境问责的法律条例，部分条例，如《环境保护违法违纪行为处分暂行条例》第六条指出“国家行政机关及其工作人员不得未经批准在自然保护区开展参观、旅游活动，不得开设与自然保护区保护方向不一致的参观、旅游项目，不得不按照批准的方案开展参观、旅游活动”，也仅是对相关问责做出了模糊规定。此外，这些法律条文还存在问责主体和问责对象狭窄的问题，主要对政府、企业问责，较少涉及对游客、目的地社区居民的问责。因此，需要对相关的条款作出修订，补充生态旅游问责内容，明确问责和处罚标准，拓宽生态旅游问责的主体和对象。

其次，要明确生态旅游问责的主体，发挥政府、社会公众、第三方组织等不同主体的优势，加强问责的力度。政府主体层面，建议在环境审计中心

---

① 李兆东、李雪颖：《环境治理、信任危机与资源环境审计》，《财会月刊》2021 年第 10 期。

② 刘金科、张璇：《生态问责制度的国际比较与借鉴》，《环境保护》2018 年第 9 期。

设立专门的生态旅游环境审计小组，负责研究编制生态旅游环境审计技术指南，开展生态旅游环境审计、环境损害责任追究等相关工作，统筹生态旅游环境问责体系的建设。社会公众和第三方组织层面，要充分发挥环境团体的作用，对环境团体的活动给予法律认可，促使其发挥外部监督作用。同时要全方位拓宽公众问责渠道，增强环保宣传力度，提升社会公众对生态旅游问责的关注度，构建全社会各阶层、多维度、多方位的问责和监督。

最后，要从环境审计机制、环境影响评价机制、环境诉讼机制和政府生态绩效评估机制等多个方面构建生态旅游环境问责体系。要提高生态旅游环境审计的重要性，研究建立生态旅游环境审计标准，既要对政府、企业进行审计，同时也要加强对旅游者的教育和审计，确定旅游者的环保责任，制定游客环境破坏行为黑名单等。要加强对生态旅游环境影响的评估，把环境影响评估贯彻到旅游建设活动和旅游经营活动的全过程中，注重专家、社会公众在生态旅游环境评估中的作用，定期发布生态旅游环境影响评估报告。要完善生态旅游诉讼机制，拓宽生态旅游诉讼主体，设立专门的生态旅游诉讼渠道，推动生态旅游法庭的建立和发展。要组建专家团队为旅游生态绩效评估提供技术支持，关注旅游保护资金的投入和使用情况，建立起符合中国国情的旅游生态绩效评估指标体系和评估反馈机制。

3. 生态旅游公众参与监督机制

从生态旅游环境问责机制中可以看出，社会公众是生态旅游监督的重要主体，建立生态旅游公众参与监督机制，充分发挥社会公众的外部监督作用，是生态旅游监督管理必不可少的环节。建议从以下三个方面完善现有的机制。

一是要加强宣传教育，提高公众参与生态旅游的意识，提升社会生态认知。相比于外国，中国的生态旅游发展历程较短，很多公众并不了解生态旅游的概念，所以有必要通过网络媒体、社会组织等各种渠道来加强生态保护和生态旅游的科普教育，在日常生活中引导公众关注生态旅游发展，提高公众的参与监督意识，提高游客的生态保护意愿。

二是要信息公开，保障公众的知情权，重点对旅游企业进行监督。知情权是公众参与监督反馈机制的基础，在发展生态旅游的过程中，相关部门应该建立起一套信息公开系统，发布生态旅游和生态保护的相关数据，创造公众参与生态旅游监督的社会氛围。

三是要畅通反馈渠道。在生态旅游发展的过程中，通过公示、听证等方式，听取社会居民和社会公众的意见。除了热线电话、信访这些传统的方式外，还应该积极运用新媒体，灵活地采取微信、微博等新手段，创新公众反馈方式，提供多种反馈渠道。

参考文献

［1］李燕琴：《中国生态旅游发展的本土化与国际化》，《旅游导刊》2020年第5期。

［2］叶文、张玉钧、李洪波：《中国生态旅游发展报告》，科学出版社，2018。

［3］杨彦锋、徐红罡：《对中国生态旅游标准的理论探讨》，《旅游学刊》2007年第4期。

［4］钟林生、王朋薇：《新时代生态文明建设背景下生态旅游研究展望》，《旅游导刊》2019年第1期。

［5］钟林生、郑群明、石强：《中国实施生态旅游认证的机遇与挑战》，《中国人口·资源与环境》2005年第2期。

［6］宋红娟、宋丹瑛：《国际生态旅游认证市场营销策略分析》，《标准科学》2013年第11期。

［7］中华人民共和国国家质量监督检验检疫总局、中国国家标准化管理委员会：《国家生态旅游示范区建设与运营规范（GB/T26362—2010）》，全国标准信息公共服务平台，http://std.samr.gov.cn/gb/search/gbDetailed?id=71F772D76571D3A7E05397BE0A0AB82A，2011年1月14日。

［8］李想、芦惠、邢伟、伍世代：《国家公园语境下生态旅游的概念、定位与实施方案》，《生态经济》2021年第6期。

［9］刘俊清：《生态旅游发展中的社区参与问题研究》，《企业经济》2016年第10期。

［10］崔莉、厉新建、程哲：《自然资源资本化实现机制研究：以南平市“生态银行”为例》，《管理世界》2019年第9期。

［11］张一群、杨桂华：《对旅游生态补偿内涵的思考》，《生态学杂志》2012年第

2 期。

[12] 赵德余、朱勤：《资源 - 资产转换逻辑："绿水青山就是金山银山"的一种理论解释》，《探索与争鸣》2019 年第 6 期。

[13] 操建华、孙若梅：《自然资源资产负债表的编制框架研究》，《生态经济》2015 年第 10 期。

[14] 康爱香、宋旭阳：《自然资源资产负债表研究述评与展望》，《统计与决策》2021 年第 11 期。

[15] 张婕、刘玉洁、潘韬、封志明、杨艳昭、葛全胜：《自然资源资产负债表编制中生态损益核算》，《自然资源学报》2020 年第 4 期。

[16] 马慧敏、刘娜：《基于生态文明视角的自然资源资产负债表编制》，《财会通讯》2020 年第 3 期。

[17] Assessment M. E.,"Millennium ecosystem assessment," 2001.

[18] 李兆东、李雪颖：《环境治理、信任危机与资源环境审计》，《财会月刊》2021 年第 10 期。

[19] 刘金科、张璇：《生态问责制度的国际比较与借鉴》，《环境保护》2018 年第 9 期。

B.11
健全法律法规 推动生态旅游与环境保护协调发展

董一鸣 张伊雪*

摘 要： 本报告立足中国生态文明建设的战略性任务，聚焦生态旅游与环境保护现行法律法规政策，针对生态旅游发展所存在的不合理规划、资源滥用、忽视地区承载力、地区居民参与度低等突出问题，提出建立健全生态旅游法法律体系、完善生态环境损害赔偿制度、强化司法保护和加强行政执法监管等应对措施。

关键词： 生态旅游 环境保护 生态效益

近年来生态旅游不断升温，产生了可观的经济效益，但是由此引发的资源环境问题也日益严峻。本文拟从生态旅游与环境保护现行法律法规政策入手，分析存在的问题，从法治建设方面提出相关建议，以期推动生态旅游与环境保护协调发展。

一 层层递进的顶层设计与推陈出新的环境政策

根据党的第十八届三中全会的精神，生态文明体制改革的深化和生态文

* 董一鸣，博士，众成清泰律师事务所创始合伙人、众成清泰（北京）律师事务所主任、中国国际经济贸易仲裁委员会仲裁员、中华全国律师协会知识产权委员会委员；张伊雪，北京市华夏律师事务所律师。

明制度的建立需要以建设美丽中国为核心。通过健全生态环境保护的体制机制、划定生态保护红线、坚定不移实施主体功能区制度、建立国家公园体制、改革生态环境保护管理体制等举措，推动形成人与自然和谐发展的现代化建设新格局。

“加快生态文明体制改革，建设美丽中国”是国家主席习近平在 2017 年 10 月的中共十九大报告中提到的目标之一。目前，为达成该目标，党和国家要求各主体必须坚持“节约优先、保护优先、自然恢复”为主的方针，形成节约资源和保护环境的空间格局、产业结构、生产方式以及生活方式，还自然以宁静、和谐、美丽。此后，2018 年，全国生态环境保护大会又就生态文明建设提出了六大原则、五个生态文明体系的概念。

2021 年 1 月 21 日，生态环境部在北京召开的全国生态环境保护工作会议上再次强调，当前中国生态文明建设仍处于压力叠加、负重前行的关键期，要抓好八大重点任务，其中包括持续加强生态保护和修复、依法推进生态环境保护督察执法、做好基础支撑保障工作等。2021 年 3 月 5 日，李克强总理在政府工作报告中提出政府 2021 年的工作重点，包括加强污染防治和生态建设、持续改善环境质量等，强调“用正确的办法去做正确的事情”，并将有效性纳为生态环境保护的政策措施的重要导向之一。

随着生态文明建设内涵内容的逐渐明确和深入，层层递进的顶层设计和细化搭建制度框架的各类环境政策共同引领着相关法律法规的完善。生态环境损害赔偿制度、中央生态环境保护督察制度、环境公益诉讼制度、生态环境损害责任终身追究制度等多重制度设计为完成保护生态的战略任务做出了明确指导、提供了初步保障；立法型环境政策、规划发展型环境政策、可持续发展型环境政策、生态旅游从业者人才管理与培养的政策在生态旅游管理中规范了相关工作，为制度与地缘的充分结合创造了更多可能性。

生态旅游中所涉及的兼顾地方经济发展与生态环境保护的相关法律法规亟待完善。在前述政策与制度的指引下，应当依据生态文明建设内涵内容持续推进相关的法律法规建设，完成国家生态文明建设战略的宏伟蓝图。

二　中国现行法律法规

（一）行政法相关法律法规

目前，加强规划环境影响评价，提高规划科学性，落实生态环境污染破坏的源头防治，促进经济社会和自然环境的全面协调和可持续发展等要求均体现在行政法规对生态旅游与环境保护的条例中。例如，根据《中华人民共和国环境影响评价法》制定的《规划环境影响评价条例》，本条例进一步明确了要求，规范了程序，落实了相关方的责任、权利和义务，明确规定了对专项开发旅游的要求及责任，增强该制度的可操作性和实用性，有利于促进制度落实，从而可促进建设资源节约型、环境友好型社会。在对旅游业进行开发规划的方向上，条例要求对其进行严格的程序审查和责任承担，《规划环境影响评价条例》中第二十二条规定了有关机关在审批规划草案时的审查依据以及工作流程，第二十七条规定了规划实施过程中产生重大不良环境影响的处理流程，第三十一条规定了规划编制机关直接负责的主管人员和其他直接责任人员的责任，即上述人员在组织环境影响评价时弄虚作假或者有渎职失职行为，造成环境影响评价严重失实的，应依法给予处分。以上法规分别规定了开发实施前的审查程序和产生不良环境影响时有关部门应当承担的责任。通过如此规定方可切实有效的从源头预防环境污染和生态破坏，为促进旅游业与生态环境和谐共生提供保障。在大方向的基础上衍生出各类专门条例，对生态旅游和环境保护的协调发展给予规范。从而更加全面的对相关制度进行完善，推动生态旅游行业的发展。

《风景名胜区条例》中主要规定了有关风景名胜区开发保护与法律责任的适应规范，风景名胜区顾名思义是具有观赏、文化或科学价值，自然景物、人文景物比较集中，环境优美，具有一定规模和范围，可供人们游览、休息或进行科学、文化活动的地区，这些地区由于活动较多，开发利用的强度相比其他地区更大，更需要有相关的法律依据和规范对其进行有效的监督与限制，保护生态的可持续性和循环性以及资源的完整性。该《条例》中第十三条规定：“风景名胜区总体规划的编制，应当体现人与自然和谐相处、区域协调发展和经济社会全面进步的要求，坚持保护优先、开发服从保护的原则，突出风景名胜资源的自然特性、文化内涵和地方特色。风景名胜区总体规划应当包括下列内容：（1）风景资源评价；（2）生态资源保护措施、重大建设项目布局、开发利用强度；（3）风景名胜区的功能结构和空间布局；（4）禁止开发和限制开发的范围；（5）风景名胜区的游客容量；（6）有关专项规划。以上规定有效的利用和保护了风景名胜区的资源环境，并且通过制度规范明确了开发管理机构的职能与责任。”此外，第四十条规定：“违反本条例的规定，有下列行为之一的，由风景名胜区管理机构责令停止违法行为、恢复原状或者限期拆除，没收违法所得，并处50万元以上100万元以下的罚款：（1）在风景名胜区内进行开山、采石、开矿等破坏景观、植被、地形地貌的活动的；（2）在风景名胜区内修建储存爆炸性、易燃性、放射性、毒害性、腐蚀性物品的设施的；（3）在核心景区内建设宾馆、招待所、培训中心、疗养院以及与风景名胜资源保护无关的其他建筑物的。县级以上地方人民政府及其有关主管部门批准实施本条第一款规定的行为的，对直接负责的主管人员和其他直接责任人员依法给予降级或者撤职的处分；构成犯罪的，依法追究刑事责任。”第四十三条规定：“违反本条例的规定，个人在风景名胜区内进行开荒、修坟立碑等破坏景观、植被、地形地貌的活动的，由风景名胜区管理机构责令停止违法行为、限期恢复原状或者采取其他补救措施，没收违法所得，并处1000元以上1万元以下的罚款。”第四十四条规定：“违反本条例的规定，在景物、设施上刻划、涂污或者在风景名胜区内乱扔垃圾的，由风景名胜区管理机构责令恢复原状或者采取其他补救措施，处50元的罚款；刻划、涂污或者以其他方式故意损坏国家保护的文物、名胜古迹的，按照治安管理处罚法的有关规定予以处罚；构成犯罪的，依法追究刑事责任。”条例明确了旅游者及旅游风景区破坏生态环境所应承担的法律责任，有效约束了行为人破坏生态的行为。风景名胜区具有景观独特性的特征，是自然的鬼斧神工造就的壮丽景观，同样具有不可再生性。在旅游高峰期，景区大容量的承载旅客，观光中的不文明行为可能致使景区污染超标，生态系统发生变化，造成无法挽回的损失。同时，这也加大了风景名胜区的管理难度，在此之前，为了避免发生因人多导致的各种问题，旅游及相关行政部门，投入了大量的物力、人力与财力进行全力协调、监督、检查以确保万无一失。

海洋作为独特的旅游资源，在生态旅游业中具有不可替代的地位。发展海洋生态旅游与环境保护始终是对立统一的，海洋生态旅游与环境保护既相互矛盾又相互促进。政府在利用海洋资源时要学会运用适度原则，在保护的基础上进行开发，实现海洋生态与经济的协调发展。《海洋环境保护法》中对造成海洋环境破坏的行为进行了规制并明确了法律责任，其中第二十四条明确了国家应该建立健全海洋生态保护补偿制度，开发利用海洋资源，应当根据海洋功能区划合理布局，严格遵守生态保护红线，不得造成海洋生态环境的破坏。另外，第二十六条规定："开发海岛及周围海域的资源，应当采取严格的生态保护措施，不得造成海岛地形、岸滩、植被以及海岛周围海域生态环境的破坏。"法律法规不仅对海洋资源给予了充分的重视，在陆地资源开发上，同样重视对生物多样性的保护。《自然保护区条例》与《陆生野生动物保护实施条例》均对旅游资源开发的有关部门和开发责任制度进行了规定，其中《自然保护区条例》第三十五条至第三十八条中明确了有关机构违规开发与自然保护区规划方向不符的旅游项目造成的破坏及不良影响所应当承担的法律责任。

自然保护区旅游具有十分重要的生态效益，基于此，需要对其进行严格的保护，使中国自然保护区旅游资源实现可持续发展。因此以完善法律制度的方式建立有利于中国自然保护区旅游资源可持续发展的管理制度，便成为十分重要的课题。在《陆生野生动物保护实施条例》中同样规定了利用野生动物经营管理的要求及法律责任。在旅游活动中涉及动物表演及动物观赏的部分，需要依据国家明确的驯养猎捕管理标准及审批流程进行登记备案，对违反相关规定的行为应当依据条款的明确规定进行惩处。以虐待野生动物来谋取经济利益是违背和谐社会之义的行为，在条例中对其予以划分并规定了相应的处罚措施。

（二）刑法相关法律法规

从目前中国刑法的规定可以看出，立法者将生态环境法益涵盖于社会法益之中，现行《刑法》第六章为妨害社会管理秩序罪，在此之下的第六节，即破坏环境资源保护罪部分，规定了一系列关于污染或破坏生态环境的犯罪，涵盖第三百三十八条至第三百四十六条，包括污染环境罪、危害珍贵、濒危野生动物罪、破坏自然保护地罪等罪名。其中，《刑法》第三百四十二条中规定的破坏自然保护地罪为2020年《刑法修正案（十一）》的新增内容，明确将该犯罪行为的空间范围划定为“国家公园”和“国家级自然保护区”。自然保护地是生态旅游发展的空间依托，这一新增内容对于保护自然保护地相关法益有着重要的意义。另外，在中国的各项环境保护法中，例如《大气污染防治法》《水污染防治法》等都有比照刑法条文追究刑事责任的规定。

同时，部分地方政府部门也相应订立了地方的相关规范性文件和法规，明确了对破坏或污染生态环境行为的刑事追责以支持当地生态旅游发展。例如《宁夏回族自治区旅游管理条例》中确定了旅游开发导致生态破坏的刑事责任追究，其目的在于强化政府统筹及促进旅游发展的职能，对旅游市场秩序进行全面规范，兼顾旅游资源的保护和开发利用，维护游客和旅游业经营者的合法权益，在此基础上结合宁夏的现状更好地促进宁夏旅游业的可持续发展。该条例通过对旅游资源开发与旅游设施建设、旅游经营与管理、旅游者的权力与义务及法律责任的分别规定，更加细致地进行了有效的统筹规范，使各主体的职能及责任更明确。该条例从完善配套制度、保障措施的政策层面，构建了政策体系保障框架，将进一步推动宁夏旅游业的改革发展。并为新时期旅游业的健康、持续、高效发展规划了蓝图，指明了方向。在开发草原旅游景区的过程中开发商忽略了对草原生态旅游承载力的研究，只注重把草原资源作为草原旅游产业进行深入的开发却没有考虑到资源开发有限性的问题，导致在开发结束后，在运行过程中产生严重的资源破坏，造成先开发、后治理的被动局面。旅游者在游览过程中的行为，破坏了生态平衡，降低了草原生态系统的景观价值，这些问题都需要强有力的治理措施进行改善解决。所幸，在《最高人民法院关于审理破坏草原资源刑事案件应用法律若干问题的解释》中对过度开发草原资源的行为在惩罚制度与责任制度上进行了明确的规定，最大程度的保障了生态平衡，维系了人与自然的和谐关系。

此外，中国正处于经济发展的重要转型期，面临着经济发展和环保诉求提升的双重压力。中国的经济发展模式虽然正在转变，但是重经济发展轻环境保护的发展理念仍然广泛存在，在旅游业尤为显著。这些破坏环境的违法行为极大地损害了人与自然的和谐关系。环境刑事犯罪高发，源于中国对环境刑事犯罪的管控和打击力度不够并且环境行政执法与刑事司法衔接机制失灵导致的环境刑事案件移送率低，大大降低了中国环境保护的质量。

因此，为了进一步健全环境保护行政执法与刑事司法衔接的工作机制，依法惩治环境犯罪行为，推进生态文明建设，环境保护部、公安部和最高人民检察院联合研究制定了《环境保护行政执法与刑事司法衔接工作办法》。在该办法中，由检察机关建议，由环保部门移送涉嫌犯罪案件的程序得以明确，同样明确了行政执法部门收集的证据在刑事诉讼中作为证据使用的范围。这些制度的实施严厉打击了滥用资源造成环境破坏的犯罪行为，为推动旅游相关行业资源合理开发与环境保护提供了制度支持。

（三）民法相关法律法规

旅游开发风景区经营者因旅游生态破坏等问题与其他民事主体发生纠纷主要受民法的调解，在众多的纠纷中经济合同纠纷占比较大。旅游经营者在旅游开发中往往遵循利益最大化原则，通常会忽略景区村民的利益，导致物价上涨甚至是生态破坏。当利益主体之间出现利益冲突时，就要进行利益表达。利益表达是解决农村旅游区旅游经营者与村民之间纠纷的有效方式，也是更有利于村民利益保护的有效手段。针对乡村生态环境开发与保护、乡村人文资源利用补偿机制等问题，暂时并未出台有针对性的法律条文。但《民法典》中有环境污染造成他人损害的相关规定，例如第一千二百二十九条规定："因污染环境、破坏生态造成他人损害的，侵权人应当承担侵权责任。"第一千二百三十条规定："因污染环境、破坏生态发生纠纷，行为人应当就法律规定的不承担责任或者减轻责任的情形及其行为与损害之间不存在因果关系承担举证责任。"第一千二百三十一条规定："两个以上侵权人污染环境、破坏生态的，承担责任的大小，根据污染物的种类、浓度、排放量，破坏生态的方式、范围、程度，以及行为对损害后果所起的作用等因素确定。"第一千二百三十二条规定："侵权人违反法律规定故意污染环境、破坏生态造成严重后果的，被侵权人有权请求相应的惩罚性赔偿。"第一千二百三十三条规定："因第三人的过错污染环境、破坏生态的，被侵权人可以向侵权人请求赔偿，也可以向第三人请求赔偿。侵权人赔偿后，有权向第三人追偿。"以上条文均是对经营者不合理开发行为造成生态破坏侵犯他人合法权益的有关规定，但内容不足以全面覆盖此类侵权行为，因此未来需要更加注重对乡村旅游关系中的利益主体进行法律上的关系及责任的明确，为解决两大利益主体之间的纠纷提供法律依据，推动乡村旅游的可持续发展。

近年来，随着中国环境问题的不断恶化，环境司法的地位和作用日益凸显，社会各界要求建立公益诉讼制度作为补充救济制度的呼声也日趋强烈。《环境保护法》强化了对生态环境的保护力度，明确了环境公益诉讼的主体范围。不仅适当调整了诉讼范围，国家还建立、健全了生态保护补偿制度。《民法典》出台后部分有关环境污染与生态破坏责任的内容相比于旧民法也进行了调整，其中"污染者"改为"行为人"，表述更为规范，并适当扩大了主体范围。这些调整为维护生态环境、为人民群众创造良好生产生活环境提供了制度保障。

三　现存问题

（一）生态旅游中的不合理规划建设、资源过度开发及盲目利用现象

部分地方政府仅仅以经济效益为导向，在开发旅游资源时，并未进行深入调查研究和全面科学评估、论证以及规划，无视资源与环境保护的必要性，盲目地进行探索式、粗放式的开发利用。近年来，不少生态景区人工化、商业化、城市化气息愈发严重，开发者在自然保护区内开山炸石、砍树毁林，严重破坏了自然景观；由于管理不善，不少野生动物遭到乱捕乱杀。同时，由于只注重开发却轻视环保的思想作祟，许多不可再生的贵重自然和人文资源遭到损害与浪费。

（二）旅游经营管理粗放、旺季游客量大大超过旅游地承载力

在已经开展旅游的自然保护区中，不少景区的定期环境监测工作不到位，缺乏必要的对旅游资源承载能力的监测评估，盲目追求游客数量，导致保护区游客人满为患，严重超出了景区的承载能力，部分游客环保意识淡薄，不文明不环保行为时有发生，造成了环境污染和生态破坏。部分自然保护区存在违规在核心区内经营旅游业务的现象，使原来动植物赖以生存的地域减少，导致动植物死亡和生态环境的破坏。

（三）景区居民参与度不足，尚未建立生态旅游资源的长效保护机制

景区居民的生活与旅游资源的开发、规划和经营密切相关。目前多数景区居民对生态旅游资源的参与度不高，参与形式单一，多为家庭接待、出售纪念品等活动，这不足以推动景区与居民形成良性的利益共享机制。引导、激励景区附近和景区内居民自觉自发自愿地参与到生态旅游事业和生态旅游资源的开发、管理和保护中来，使其成为主体之一与景区共建生态旅游事业，成为生态旅游发展的受益者，才能建立生态旅游资源的长效保护机制。

（四）立法执法机制不完善，不能对生态旅游乱象进行有效规制

目前中国尚无生态旅游方面的专门性法律或法规，国家层面的法律规范中《中华人民共和国旅游法》中第四条规定了“旅游业发展应当遵循社会效益、经济效益和生态效益相统一的原则”，并未直接规定生态旅游内容。直接包含“生态旅游”的法律规范性文件仅有部门规章，散见于《湿地保护管理规定》和《国家级森林公园管理办法》中，其他国家层面的法律规范中均无“生态旅游”的说法。地方立法中对于生态旅游发展规划以及关于自然保护区、景区的生态旅游保护条例等同样是以生态保护为重，“旅游”的元素依然很少，致使生态旅游在一定程度上无法可依。

政府各部门管理权限交叉，边界不清，执法能力有待提高。中国目前无专门的生态旅游执法机构和执法队伍，不同类型的生态旅游区由不同的部门负责，一个旅游区往往分属多个部门主管，除地方政府有权外，农业、文物、旅游、林业等多个部门都能插手管理，各部门权责不明确，形成重叠设置、多头管理、权责不明、条块分割的现象，不利于统一执法，同时生态执法部门工作人员生态意识不足，法律知识、环保专业知识不足，削弱了执法效力①。

四　完善建议

针对以上问题，本文拟从立法、司法、行政执法等方面提出几点对策建议。

（一）建立健全法律法规

1. 建立健全以《生态旅游法》为主体的生态旅游法律体系

在生态旅游基本法无法短期出台的情况下，可在生态旅游环保问题突出

① 李晓琪：《生态旅游中的生态法律问题保护——以环境承载能力为视角》，《四川职业技术学院学报》2014 年第 3 期。

的地区，由地方政府牵头，先行制定地方性法规、制度、办法，在条件好的地方先行突破，争取做到在生态旅游活动中的几个主要环节上有“小法”可依，待条件成熟后出台国家层面的生态旅游“大法”，逐步健全生态旅游法律体系。在各级生态旅游法律规范中对生态旅游发展规划、实施、评估、监测、监督管理等进行规定，对生态旅游中旅游开发者、经营者、公民的生态安全保障义务及相关主体违反生态保护的法律责任进行明确。

2. 建立以《自然保护地法》为基本法的自然保护地法律体系

自然保护地是生态旅游建设的重要载体，在维护国家生态安全中居于首要地位。建立自然保护地体系，须以习近平生态文明思想为指引，以建立国家自然公园为主体，同时建议推动制定《自然保护地法》，加快推动出台《湿地保护法》（《湿地保护法》草案正在征求意见），完善修改现有的《自然保护区条例》，突出“国家公园保护”这一重要内容，研究提出各类自然公园的相关管理规定，建立以《自然保护地法》为基本法，以自然保护区、风景名胜区、自然公园等单行法律法规为补充的完备的自然保护地法律体系，实现自然保护的良性发展，推动生态旅游和保护生态环境的协调发展，创造出更多的高质量生态旅游产品。

3. 进一步完善生态环境损害赔偿制度

生态环境损害赔偿制度在全国试行以来，取得了较好成果。实践中，亦存在损害调查启动慢、赔偿磋商效率低、鉴定评估成本高等问题，生态环境损害赔偿制度有待进一步完善。建议建立生态环境损害赔偿信息公开办法，制定统一的生态环境损害赔偿信息发布平台，将生态环境损害赔偿诉讼、相关调查资料、鉴定评估、修复方案等材料在平台统一发布，推进制度公开透明运行。进一步健全生态环境损害鉴定评估体系，尽快出台环境损害司法鉴定收费标准，解决因收费标准不统一导致的市场垄断、恶意抬高价格等问题，更好地发挥生态环境损害赔偿制度在修复生态环境方面的作用。

4. 进一步探索完善预防性环境公益诉讼制度

《中华人民共和国环境保护法》（2015 年 1 月 1 日新修订）施行以来，环境公益诉讼在惩治环境污染方面发挥了积极作用。但是，生态环境损害具有不可逆的特点，现行环境公益诉讼具有明显的事后救济特征，对于被破坏或者被污染的环境，仅依靠环境公益诉讼往往于事无补或者修复成本极高。而预防性环境公益诉讼制度中，诉讼主体可以对破坏生态的行为提起诉讼，将对生态环境的保护由事后救济转为事前防范，突破传统上有损害才有救济的理念，有效防止生态环境的污染破坏，加大生态环境保护力度。建议探索在单行法中先行建立预防性环境公益诉讼制度，明确其起诉主体范围、受案范围、程序规则及责任方式等，明确检察机关提起预防性公益诉讼的资格，拓展预防性环境公益诉讼受案范围，可探索将起诉对象范围放宽至违法违规审批建设项目或未依法报批建设项目环境影响报告书擅自开工的项目等，有效防范环境风险①。

（二）强化司法保护

1. 人民法院要充分发挥环境资源司法审判职能作用，依法公正高效审理涉生态旅游环境与资源的有关纠纷案件②

现如今，以严格公正科学的司法制度为生态文明建设提供法治保障已经成为全社会的共识。加强生态环境司法保护是保护生态环境、维护生态权益的重要手段。以人民法院为例，需要打造专业化的生态旅游环境资源案件审判团队，在审理模式上做到针对生态旅游环境资源有关纠纷案件特点进行创新与发展。在审理民事案件时，坚持民法典规定的绿色原则，积极运用惩罚性赔偿制度，充分发挥其补偿、惩罚与修复功能。在行政案件审理中，坚持以生态保护优先为指引，发挥专业环保公益组织的积极作用，推动司法机关、行政机关、环保组织共同解决环境资源纠纷。在审理刑事案件时，以保护环境公共利益为原则，严厉打击惩治重大环境违法犯罪行为，形成高压震慑，有效遏制破坏生态环境的行为。同时，坚持以生态恢复为主的司法理念和统筹系统保护思维，采用“补种复绿”“增殖放流”“劳务代偿”等裁判

---

① 闫晶晶：《探索开展预防性环境公益诉讼》，《检察日报》2020 年 5 月 26 日。

② 乔文心：《充分发挥审判职能作用 促进长江流域绿色发展》，《人民法院报》2021 年 2 月 26 日。

方式，为落实环境修复责任提供保障。

2. 人民法院要强化内部协同审判机制，构建以自然保护地为单位的环境资源案件集中管辖制度

如今环境污染事件中越来越多地遇到跨域排放、异地倾倒等问题，也面临着环境资源案件裁判尺度、量刑标准不统一的问题。建议人民法院统筹建立涵盖跨域立案、审判、执行于一体的司法协调联动机制，健全人才交叉培养协作机制，完善构建以自然保护地为单位的环境资源案件集中管辖制度，推动解决环境资源案件中生态属性与行政区域相分离的难题，实行自然保护地功能区内的一体化保护，着力实现生态功能区范围内的司法裁量标准一致，为自然保护地生态环境保护提供更加优质高效的司法保障。

3. 人民法院应加强与多部门的协作，形成生态环境资源保护多元治理的工作合力

生态是统一的自然系统，必须重视和遵循生态系统的统一性和体系性，尊重其内在运行规律，从宏观层面加强管控、综合各方面进行治理。人民法院应加强与检察机关、公安机关、司法行政执法部门的配合协作，有效衔接好环境资源案件行政执法与刑事司法工作，强化司法机关与相关生态环境、自然资源、林业、水利等行政部门的联动协调，建立执法协调机制，形成环境资源审判工作合力。通过积极推进构建环境资源保护多元共治机制，推动形成政府负责、社会协同、公众参与、法治保障的现代化环境治理体系，为生态环境保护和推动绿色发展提供司法服务和保障。

4. 充分发挥律师事务所和律师等法律专业机构、专业人员的法律服务作用

在生态文明建设力度加强的大背景下，律师需下大力气研发市场亟须的法律服务产品，为生态文明建设提供综合性的法律服务。律师作为专业人员可协助政府制定涉及生态资源环保、开发利用的政策法规和制度，在各级生态环保部门做出重大执法决定前进行合法合规性审查，协助政府处理相关资源环境群体性事件；协助企业从源头做好生态环境法律风险防控；为环境公

益诉讼提供专业有益的解决思路和方案；为个人责任主体提供环境保护法律风险防控及争议解决服务。

（三）加强行政执法监管

1. 规范生态环境保护综合执法队伍依法统一行使执法职能，建立运转高效的生态环境保护综合行政执法体制

坚持系统治理综合治理的思维，厘清环境保护和其他国土、林业部门的职责边界，整合优化有关部门的执法职责，制定自然保护地生态环境保护综合执法管理办法，统一组建生态环保综合执法队伍，统一协调防治污染、生态保护的行政处罚。加强执法队伍建设，严格实行执法人员持证上岗和资格管理制度，完善队伍培训机制，建设高素质专业化队伍。积极探索实行跨领域跨部门综合执法，建立健全区域联防联控协作机制，探索建立信息共享平台和以大数据为依托的执法监管机制，强化各方主体联合统一监测、协调配合执法，加强执法的协同性，形成强大的执法合力，推动综合治理[①]。

2. 进一步落实中央生态环境保护督察制度

中央生态环境保护督察制度实行以来不仅推动地方解决了一批突出的生态环境问题，也在促进地方树立新发展理念、推动生态环保高质量发展方面发挥了重要作用。建议进一步完善督察制度规范体系，强化依法督察、科学督察、精准督察，聚焦于污染防治攻坚战等任务的完成程度，将生态修复治理、环境风险防控和处理、生态旅游基础设施建设等内容和问题作为督察方向与重点，针对生态环境方面的突出短板、突出问题采取更有力的措施。强化各级政府生态环境保护责任意识，推动各级党委政府进一步落实环保督察党政同责、一岗双责，推动各部门制定明确的生态环境保护责任清单。强化公众参与在督察中的作用，解决群众合理诉求，通过公众监督和公众参与推进督察落实整改工作。进一步加强信息公开，重点督察政府、企业信息公开内容与公开情况。

① 刘志杰：《我国生态旅游开发中的环境保护策略探讨》，《节能环保》2021 年 2 月。

3. 实行严格的自然保护地生态环境保护监管制度

针对现有问题和风险，出台有关自然保护地生态环境监管的法律法规，强化对各类国家级自然保护地各项工作的监督检查，加强对自然保护地设立、晋（降）级、调整、整合和退出的监管。建立自然保护地生态环境问题台账，严格落实整改销号制度，督促重点问题依法查处到位、彻底整改到位。建立国家公园等自然保护地生态环境监测评估制度，建立自然保护地数据库和监管平台，全面监控监测自然保护地范围内的环境基础设施建设情况、资源开发状况、游客承载量等内容，对潜在的生态风险进行科学评估并及时做出预警，常态化地向有关部门和公众发布自然保护地范围内的生态资源及环境状况监测评估报告，有效提升生态公园等自然保护地的规划和管理能力。针对各自然保护地的自身特色，设计并实施具有差异性的管控机制，将国家公园、自然保护区分为一般控制区域和核心保护区域，在前者范围内限制人为活动，在后者范围内禁止人为活动。支持和引导自然保护区的原住居民参与从事环境友好型经营活动，使当地政府按照生态保护需求设置生态管护员、旅游服务员等工作岗位，并优先安排原住居民就近就业，鼓励引导原住居民自觉践行《公民生态环境行为规范》，积极承担生态环保义务，支持构建人地和谐的生态产业模式，建立生态旅游区长效保护机制。

4. 加快构建以信用为基础的生态旅游市场新型监管机制，推动生态旅游与环境保护协调发展

建立健全生态旅游行业社会信用体系建设，坚持信用监管与行为监管并重，通过大力推进信用立法、建设生态旅游黑名单制度、开展信用评价、实施信用分级分类监管等措施，构建生态旅游行业守信激励和失信惩戒机制。依托全国旅游监管服务平台，建设生态旅游信用信息平台，将生产经营者和个人的生态环境守法以及违法信息记入社会诚信档案，对生态旅游中认真履行生态安全保障义务的旅游开发者、经营者、公民予以奖励并向社会公布，倡导绿色环保旅游理念，弘扬诚信正能量，研究制定具有警示性的惩戒措施，加大对没有履行环保义务的企业主体、游客的惩戒力

度，通过诚信正向激励和失信惩戒机制，引导生态旅游各方主体履行生态环保义务。

参考文献

[1] 李晓琪：《生态旅游中的生态法律问题保护——以环境承载能力为视角》，《四川职业技术学院学报》2014 年第 3 期。

[2] 闫晶晶：《探索开展预防性环境公益诉讼》，《检察日报》2020 年 5 月 26 日。

[3] 乔文心：《充分发挥审判职能作用 促进长江流域绿色发展》，《人民法院报》2021 年 2 月 26 日。

[4] 刘志杰：《我国生态旅游开发中的环境保护策略探讨》，《节能环保》2021 年 2 月。

B.12 政府对生态旅游企业和社会资本开展合作的政策扶持

徐海燕*

摘 要： 生态旅游企业的公益性，决定了生态旅游需要政府主导，以维护所有游客都能享有公共利益。2012年旅游业引入社会资本后，政府扶持生态旅游企业与社会资本开展合作取得了较大成就。政府在推广PPP模式的过程中，也存在发展理念不够正确、行政行为与特许经营的边界不够清晰、在项目管理中的运行机制不科学等问题。2018年开始，政府通过制定系列政策、完善系列机制予以规范和优化。目前，已初步建立了系统集成机制，政府间的分工协作机制，覆盖全过程的动态评估调整机制。应当看到，旅游企业和社会资本开展合作模式在推广和运用中出现的问题，是其发展过程中必经的“阵痛”，对此宜提振信心，看到旅游业和社会资本合作所具有的广阔前景。

关键词： 生态旅游 社会资本 政策扶持

一 政府扶持生态旅游企业与社会资本开展合作的初步发展（2014~2017年）

中国地域广袤，自然地理样貌丰富，气候类型多样，生物多样性丰

* 徐海燕，法学博士，主要研究方向为中国政治、比较政治。

富，拥有各类国家级自然保护地3000余处，具有发展生态旅游得天独厚的条件。随着工业化进程加快、城镇化水平提高，人们回归大自然的愿望日益强烈。生态旅游已成为一种增进环保、推崇绿色、倡导人与自然和谐共生的旅游方式，受到市场青睐。但与此同时，中国生态环境仍比较脆弱，生态安全形势依然严峻，生态文明建设，构建生态安全格局是"十八大"后明确推进发展的内容之一。通过发展生态旅游，加快发展环境友好型、非资源消耗型的生态旅游可以提高人们的生态保护意识，使"绿水青山就是金山银山"的发展理念成为共识。2012年开始，我国经济发展进入了新常态，中国的投资总额、进出口总额、财政收入额降低，但旅游业收入却逆势增长。2015年，中国已成为世界第三大国际旅游目的地、全球最大的客源输出国、世界最大的国内旅游市场[①]。旅游产业无疑成为新常态下中国经济增长的新引擎，发展生态旅游也是经济进入新常态的题中之义。

生态旅游企业同时具有公益和商业两种属性。一方面，通过生态旅游可以将更多特色资源和区域文化转化为游客文旅体验，以传承国家的文化和价值观。另一方面，生态旅游企业需要经营与发展。特别是生态资源的开发与利用天然存在范围广、回收期长，风险大、资金耗费大等特点，生态旅游企业的发展离不开充足的资金。解决旅游资源开发建设的资金筹措问题，也是生态旅游业获得发展的关键环节。

在改革开放前，旅游企业属于国营所有制单位，政府作为旅游企业唯一的所有者、经营者和投资者对旅游业进行管理，生态旅游的公益性使政府成为投资者和管理者。虽然单一的融资渠道带来了管理的便利性，但政府在建设公共服务基础设施时却经常面临内源资金有限，融资渠道单一，投资单一等问题，仅仅依靠有限的国家专项基金、政府投资、企业贷款进行十分有限的投入会导致"输血"不足，阻碍旅游结构的转型

① 《国家旅游局在京举办中国旅游产业促进座谈会》，中央政府门户网站，www.gov.cn，2015年5月15日。

升级。特别是在人员成本上升、旅游类支出上升、公共基础设施的数量和服务质量要求不断提高的情况下，政府如何在保持公益性的前提下注重其市场化运营，降低运营成本，弥补资金的不足是亟待解决的难题。

政府资金不足的情况下，社会资本处于被边缘化的地位，无缘参与包括生态旅游在内的公益性行业的运营。通过政府和社会资本合作提升供给质量与效率是发展的必然趋势。自 1978 年进行改革开放、确立社会主义市场经济体制以来，随着社会资本的充裕，民营企业社会地位提升，开始在中国特色社会主义市场经济中发挥更大的作用。为实现更好更快的发展，政府尝试在公共服务领域，通过特许经营、政府购买服务等方式[①]与社会资本合作，既改变了结构单一的投资困局，又提升了公共产品的服务质量和供给效率。2012 年中国共产党第十八次全国代表大会提出“让市场在资源配置中发挥决定性作用”，在公共服务领域向社会资本敞开大门，是党中央、国务院做出的一项重大决策部署。

伴随这一进程，将社会资本引入包括生态旅游行业在内的旅游业从 2012 年初就开始酝酿了。引入社会资本不意味着政府作用的消失，只是政府作为公共部门的角色及其权重，以及发挥作用的方式发生了变化。生态旅游的发展规划是在旅游局的主导下，协调其他部门展开的。但鼓励引导社会资本的参与，需要联合发力。2012 年 2 月颁布的《关于金融支持旅游业加快发展的若干意见》是由人民银行、发展改革委、旅游局、银监会、证监会、保监会、外汇局等七部委联合发布的。这一文件首次提出了“鼓励社会资本支持和参与旅游业发展，全力推动旅游产业投资发展”的指导意见。2012 年 7 月颁布的《关于鼓励和引导民间资本投资旅游业的实施意见》进一步提出，鼓励民间资本投资旅游业。2014 年 8 月国务院颁布的《国务院关于促进旅游业改革发展的若干意见》[②] 提出，建立公开透明的市场准入标准和运行规则，打破行业、地区壁垒，“推动旅游市场向社会资本全面开

① 《国家发展改革委关于印发〈传统基础设施领域实施政府和社会资本合作项目工作导则〉的通知》（发改投资〔2016〕2231 号）。

② 《国务院关于促进旅游业改革发展的若干意见》（国发〔2014〕31 号）。

放”。党的十八届三中全会召开后，财政部全国 PPP 综合信息平台项目管理库正式获批。为了切实扶持生态旅游企业与社会资本开展合作，政府通过建立基金公司鼓励和支持社会资本在旅游业全域拓展业务。2016 年 3 月 4 日，中国政企合作投资基金股份有限公司（简称基金公司）正式成立后，生态旅游作为纳入国民经济和社会发展规划、基础设施和公共服务领域专项规划的项目，受到基金的支持。2017 年 5 月 19 日，中国旅游产业基金管理有限公司正式成立，其投资运作基本采取参股、控股、并购、资产证券化等股权投资方式，并开始鼓励保险资金以类似的方式发行旅游项目资产证券化产品，深入参与旅游项目的开发建设工作。

2015 年 8 月，国务院办公厅印发《关于进一步促进旅游投资和消费的若干意见》（以下简称《意见》）提出“新辟旅游消费市场”，即从休闲度假旅游拓展到邮轮旅游、特色旅游、旅游装备、“互联网 + 旅游”等方面。

2015 年 3 月 18 日，《全国旅游工作会议报告》[①] 中提出与国家开发银行联合推出投资优选项目。国家旅游局首次对民营企业家代表颁发“中国旅游产业杰出贡献奖”。

2015 年 5 月 15 日，国家旅游局在中国旅游产业促进座谈会[②]上提出：“国开行、工行、建行、农行、平安银行、兴业银行等 6 家金融机构将为旅游业提供 1.6 万亿元的信用额度，这将纾解制约旅游业发展的融资之困。”

2016 年 8 月发布的《国家发展改革委、国家旅游局关于印发全国生态旅游发展规划（2016 - 2025 年）的通知》[③] 指出，应当推动多渠道股权融资，鼓励风险投资、创业投资等支持生态旅游项目的运转。

---

① 《全国旅游工作会议报告》，2015 年 3 月 18 日。

② 《国家旅游局在京举办中国旅游产业促进座谈会》，中央政府门户网站，www.gov.cn，2015 年 05 月 15 日。

③ 《国家发展改革委 国家旅游局关于印发全国生态旅游发展规划（2016 - 2025 年）的通知》（发改社会〔2016〕1831 号）。

二　政府政策扶持的问题与机制构建（2018~2019年）

支持社会资本参与到旅游企业经营中，是基础设施和公共服务领域的一种创新模式，是供给侧结构性改革在公共产品供给领域的具体体现。自2014年在全国大力推广后，项目不断增多，PPP项目所覆盖的行业、规模和数量实现了快速发展。政府鼓励性政策的不断出台，切实推进了生态旅游项目的发展。随着项目不断增多，社会资本参与企业的合作已经进入全面发展阶段。财政部公布的PPP示范项目名单中，文化、旅游及体育项目的数量在不断增加，投资额也屡创新高。截至2021年6月初，全国PPP综合信息平台管理库中文化类PPP项目共计200个，总投资1997亿元；其中示范项目29个，总投资404亿元；旅游类PPP项目共计325个，总投资4099亿元。

在快速推广PPP模式的过程中，也存在超出自身能力、固化政府责任、泛化运用范围等问题。PPP市场上出现了不同程度的混乱现象，导致旅游发展质量不高，公平性不足，行业中出现了虚假项目、借PPP项目变相融资等问题。在实施过程中出现项目性质模糊、项目合规性难以判断等难题。具体来说，主要有以下问题。

第一，推进发展旅游的理念不够正确。在旅游领域，单纯把投资额作为标准，存在着简单“一味求大”的惯性思路，习惯于把每年旅游投资额的数量和增长率，作为行业景气的证明。将发展“大众旅游”简单等同于一般旅游产品供给。与新时代实现高质量发展满足美好生活需要的要求不符，不利于旅游产品的结构性转型。

2017年为转折点，政府将工作重点调整到支持大旅游企业培育创新旅游业务上。新时代社会基本矛盾发生变化，人民追求美好生活的愿望变得更为迫切，消费升级供给是必然选择。应把更多精力放在满足中高收入群体旅游消费升级的需求上。

第二，行政行为与特许经营的边界不够清晰。从本质上看，旅游行业和社会资本的合作是以特许经营的方式展开的，特许经营项目本身具有较强的协商性，即项目规划与论证由社会资本方提出，再由政府将基础设施公共服务项目通过与社会资本方签订特许经营协议的形式给予社会资本方，特许经营者与政府方存在谈判环节，双方意愿统一后方可签订特许经营协议。但在实际运行中，政府与社会资本之间存在地位不对等，常常在行政管理上产生“越位”现象，即生态旅游业的特许经营项目通常为政府单方面提出项目，通过市场竞争选取社会资本，在做法上与政府的行政许可方式相类似。由于界定不清，政府习惯以“行政许可”的方式来开展合作扶持项目。

第三，项目管理的运行机制不科学。其中，在项目引入上，由行政行为来推动，这就导致政府在选择社会资本时，往往根据自己的偏好选择项目，或者秉承本地保护主义宗旨和各类隐形门槛，提高准入条件。阻止其他社会资本的进入无法保障各类市场主体平等参与旅游项目合作：政府或者把应由政府提供的完全没有收益的公共项目拿来做 PPP，“甩包袱”项目交给社会资本运营；或者只是考虑盈利，提交“面子工程”。政府要确保公平竞争，推动项目公平、公开、透明化。

项目运行的过程中，对 PPP 项目在各个领域执行的规章不够明确。项目由于其特性在一些层面无法与现存法律完全契合，政府需要对相关法律做出修订或者对 PPP 项目实操流程做出改变。政府方对社会资本项目公司的运营维护具有合同权利之外的行政权力，更多地体现出行政机关单方面的意志，甚至对企业日常经营决策进行过多的干预。

在项目终止阶段，政府公共部门的支持鼓励力度与监管权力并不同步展开。政府对债务的管理不够严格，无法顾及社会效益，甚至在结项时，违规兜底项目建设运营风险。在程序上，社会资本的介入、运行和终止均成为一种依靠行政相对人申请而做出的行为。政府对生态旅游项目的行政干预模糊了项目的商业性质，造成项目其他的介入方对于项目主体的界定模糊，例如金融机构在对项目进行融资操作时，难以对项目主要责任主体做出明确界定，并对其信用情况做出评估。

总之，项目征集、遴选、运转和监管机制不够健全，项目质量和管理水平不高，还存在虚假融资，变相融资、举债等问题。为了规范市场发展，政府进一步增强政府的监管权力。2017 年 5 月初，财政部、国家发改委、司法部、央行、银监会、证监会联合发布了《关于进一步规范地方政府举债融资行为的通知》，严禁地方政府利用 PPP 变相举债。

2018 年 3 月自文化和旅游部成立后，责任主体逐步明晰。有关部门先后颁布了两个政策性文件，即 2018 年 4 月 19 日的《关于在旅游领域推广政府和社会资本合作模式的指导意见》[①] 和 2018 年 11 月 27 日的《关于在文化领域推广政府和社会资本合作模式的指导意见》[②][③]，明确了政府扶持生态旅游企业和社会资本合作的标准及实施细则。

其中，《关于在旅游领域推广政府和社会资本合作模式的指导意见》界定了政府在双方开展合作中的政策扶持目标、扶持标准和扶持途径。即“保障旅游基础设施和公共服务供给，确保公共利益最大化”，“将公共服务产品质量和群众满意度”作为政策扶持的标准。同时，也确定了扶持路径，即“通过鼓励各类市场主体通过公开竞争性方式参与项目合作，依托全国 PPP 综合信息平台，科学论证筛选，明确责权关系和风险分担机制”。

2018 年 11 月 27 日发布的《关于在文化领域推广政府和社会资本合作模式的指导意见》，界定了政府在双方开展合作中的政策扶持项目，即包括“旅游”在内的“社会需求稳定、具有可经营性、能够实现按效付费、公共属性较强”的文化项目。并从“规范项目运作、突出运营核心、优化回报机制、加强全生命周期监管、强化信息公开”等方面，对项目实施细则进行具体的规范。

---

① 文化和旅游部、财政部：《关于在旅游领域推广政府和社会资本合作模式的指导意见》（文旅旅发〔2018〕3 号）。

② 《关于在文化领域推广政府和社会资本合作模式的指导意见》（文旅产业发〔2018〕96 号）。

③ 《文化和旅游部财政部：引导社会资本积极参与文化领域 PPP 项目》，新华网，https://baijiahao.baidu.com/s?id=1618009298639764119&wfr=spider&for=pc，2018 年 11 月24 日。

2019年3月10日，《财政部关于推进政府和社会资本合作规范发展的实施意见》[①] 指出，应当遵循“规范运行、严格监管、公开透明、诚信履约”的原则，切实防控地方政府隐性债务风险，坚决打好防范化解重大风险攻坚战，扎实推进PPP项目规范发展。对实施项目的期限做出了具体的规定：每个省（区、市）报送的符合政府政策扶持的旅游项目一般不超过2个；财政支出责任占比超过5%的地区，不得新上政府付费项目。

总之，在鼓励社会资本参与旅游企业经营的过程中，政府对双方开展合作的过程进行了规范，在一系列密集性监管政策的叠加管制下，项目的各参与方逐渐冷静下来，逐步回归理性。地方政府不再盲目推广项目、社会资本不再盲目拿项目、金融机构也不再盲目放贷。项目数量下降，项目结构更加科学、合理。一些以融资为目的的项目，以及一些通过变相包装获得政策支持的“伪”合作项目得到了清理，在生态旅游领域，符合政府扶持政策内容的绿色环保设施和惠民类公共项目的资本比重明显增加。政府作为旅游企业和社会资本开展合作的政策决策者、主导者、监督者，其所承担的职责得到明晰与确认，政策扶持工作的体制、机制得以进一步完善。

第一，建立资金引导机制规范社会资本参与项目。政府支持社会力量通过兴办实体、资助项目、赞助活动等方式推动旅游领域的公共服务发展。在扶持过程中，发挥政府财政资金的引导撬动作用，通过发挥基金引导作用，提高资本流向生态旅游产业的效率[②]。

第二，建立系统集成机制，强化政府间的分工协作。由地方人民政府将符合政府政策扶持的旅游项目做出重点推荐并进行报送，再由省级旅游部门与省级财政部门协商，向同级的文化和旅游部报送目录。再由文化和旅游部

① 《财政部关于推进政府和社会资本合作规范发展的实施意见》（财金〔2019〕10号）。

② 文化和旅游部、财政部：《关于在旅游领域推广政府和社会资本合作模式的指导意见》（文旅旅发〔2018〕3号）。

门、财政部门组织专家论证后，择优选取并向社会展示[①]。

第三，建立覆盖全过程的动态评估调整机制[②]。政府建立健全发展规划和验收体系。在项目论证阶段，指导各地将运营成本、民众意愿等影响因素纳入论证体系，通过建立科学的补偿机制，上下游联动机制和价格动态调整机制来提高资本预期收益，提高资本参与的积极性。在项目实施阶段，做好项目“全生命周期”信息公开工作，健全财政资金使用全过程绩效管理和监督，防止项目在合作过程中出现“异化”；建立健全生态旅游项目信息数据库，及时公开项目各阶段数据和论证结果，加强公众监督，提高评价结果应用效率和资金使用效益[③]。在项目完成阶段，对实施效果好、社会评价高的项目进行经验总结和案例推广。

三　政府扶持政策的前景与展望（2020年至今）

加大社会资本在基础设施、公共服务领域的投入，是公共服务领域的体制创新，推动生态旅游产业实现提质增效的必要内容。当前，项目入库、退库程序将进一步优化，累计项目数量及投资金额将进一步稳步提高。数量及投资金额平稳有序增加的同时，生态旅游和社会资本的融合业务收缩、参与融资平台路径受限、合格财务投资参与人较少、民企参与 PPP 项目积极性依旧不高的现状，是旅游企业和社会资本开展合作这一模式在推广和运用中出现的问题，是其发展过程中必经的“阵痛”。对此，更宜“风物长宜放眼量”，提振信心。

通过市场化取向的改革，解决各类主体资源配置的效率问题，是贯穿旅游业改革和发展的一条主线。2020 年的到来，为社会资本参与公共服务提

① 文化和旅游部、财政部：《关于在旅游领域推广政府和社会资本合作模式的指导意见》（文旅旅发〔2018〕3 号）。

② 文化和旅游部、财政部：《关于在旅游领域推广政府和社会资本合作模式的指导意见》（文旅旅发〔2018〕3 号）。

③ 《政府和社会资本合作（PPP）综合信息平台信息公开管理暂行办法》（财金〔2017〕1 号）。

供了更为广阔的舞台。2020 年是全面建成小康社会和“十三五”规划收官之年，随着中国经济增长从重视数量和速度转到调结构、补短板和惠民生上，保持经济平稳运行和社会和谐稳定，增加公共设施有效供给，对促进中国经济内循环发展极具现实意义。在机制上需要“充分发挥财政资源的引导撬动作用，有效调动政府和市场两种资源”的主要作用，要保障“生态环保”在内的基础保障性强、外溢性好、社会资本参与性高的项目优先纳入政府政策支持的清单中来①。同时“发挥储备清单作用，加快建立项目协同滚动开发机制”，加快形成“储备一批、开发一批、落地一批”的良性可持续发展局面，遵循“开设绿色通道，急事急办、特事特办”等原则，加快政策扶持的步伐。

2020 年 11 月发布的《中共中央关于制定国民经济和社会发展第十四个五年规划和二〇三五年远景目标的建议》中提出了“双循环”发展思想。就生态旅游而言，出入境旅游在弘扬中国优秀文化，展示国家形象等方面发挥了重要作用。由于旅游业主要是基于人的流动，在新冠肺炎疫情感染人数剧增的背景下，旅游业很难真正复苏。在目前的形势下，旅游服务很难按照货物商品的思路去推进双循环。这就意味着“形成强大国内市场，构建新发展格局”的命题，是以“坚持扩大内需”作为战略基点的。据此，必须以旅游供给侧结构性改革为主线发展生态旅游业。促进旅游业结构升级，提高供给水平，使生态旅游中的资本融合再次迎来国家政策支持的机遇期。

在这一精神指引下，2021 年 6 月 7 日文化和旅游部发布的《“十四五”文化产业发展规划》②（以下简称《规划》）就是以推动文化产业高质量发展为主题，以深化供给侧结构性改革为主线的文件。《规划》再次把社会资本作为提升产业链现代化水平的重要政策工具。在规范有序推进政府和社会资本合作，带动文化产业扩容、提档、升级的同时，进一步提出“探索不

---

① 财政部：《关于加快加强 PPP 项目入库和储备管理工作的通知》（财政企函〔2020〕1 号）。

② 文化和旅游部：《“十四五”文化产业发展规划》。

动产投资信托基金（REITs）试点”、加强“风险补偿机制和融资担保体系的建设”，推动建立“融资风险补偿资金池”。其传达出的正面激励的信号，必将使生态旅游PPP项目迎来新机遇，注入新动力，促进产业高质量发展。

应当看到，经过多年发展，旅游企业与社会资本合作项目将会迎来全新的理性发展新阶段。因此，要真正使社会资本提高基础设施和公共服务领域政府项目的投资效率和运营效率，政府的作用非常重要，这需要政府营造一个健康、有序、可持续的PPP生态环境，公平、有序的市场竞争环境。在项目实施过程中，政府应当坚持公共服务属性，厘清政府责任与市场机制的边界，确保公共服务的属性。政府行为会更为规范，相关政策的出台将更加理性和谨慎，未来，政府的支持政策将持续在以下方面发力：利用熟悉的政策，为企业提供咨询，使用国家支持资金，实现经济和社会效益的统一，鼓励企业充分利用好、使用好国家的金融优惠政策。

出台行业新规，通过法治手段巩固改革成果是必然选择。在PPP的规范化运作会越来越受到社会各界的广泛关注和重视的大趋势下，政府应在扶持政策的规范性上下功夫。政策执行将进入精细化发展阶段，继续探索旅游业项目的核心绩效指标和标准体系，构建科学合理、细化量化、可比可测、动态调整、共建共享的绩效指标库将会成为下一步的目标。经过多年发展，旅游项目的资本融合需要法治来定规矩、划边界，避免出现“拉抽屉”“翻烧饼”现象。将政府过去多年在扶持领域的一些成熟经验和有效政策进行总结并提炼上升为法规，打造健全的法制体系。

PPP模式将愈来愈重视参与各方的信用水平建设，这需要政府方、社会资本方、中介机构等各方共同合作，依法履行责任与义务，通过信用信息平台、信用约束机制等规范相关主体行为，保障PPP项目规范、可持续发展。

旅游业更加重视科技创新的引领作用。自2006年中央提出“建设创新型国家”的目标以来①，创新就成为引领发展的第一动力，创新发展成为社

① 《国家中长期科学和技术发展规划纲要（2006～2020）》。

会主义建设发展的核心理念。创新要实现第一动力，必须“提供高质量的科技供给”，加快科技创新的引领作用，以“支撑现代化经济体系建设”[①]。党的十八大首次确立了“科技创新”在全面创新中的“引领作用”后，党的十九届五中全会进一步提出：坚持创新在中国现代化建设全局中的“核心地位”，把科技自立自强作为国家发展的战略支撑，“面向世界科技前沿，面向国家重大需求，面向国民经济主战场”[②]。中央经济工作会议确定的2021年八项重大任务中，第一项就是“强化国家战略科技力量”。尽管旅游业并非科技的产生地，但是能够集中体现现代科技的优势。比如自动驾驶技术，在社会道路上广泛使用之前，大可在旅游景区提前应用；再比如虚拟现实技术，在大规模进入家庭之前，可以在丰富旅游体验中进行尝试。“十四五”期间旅游业需要重点关注的技术主要有：5G技术、大数据、人工智能、区块链技术；其应用需要聚焦的重点领域主要是：通过科技丰富旅游体验、增加旅游消费、促进文旅融合、提高服务效率、优化旅游治理等。将创新驱动战略引入旅游战略中，引导社会资本聚焦技术开发，丰富旅游体验。

与此同时，发挥创新的“引领作用”，根本源泉在于人才，高水平的人才队伍是实现高水平自立自强的底层逻辑[③]。要实现以创新推动发展的目标，根本上是要“建设一支规模宏大、结构合理、素质优良的创新人才队伍，激发各类人才创新活力和潜力”。实施创新驱动的底层逻辑是人才驱动，人力资本对旅游业高质量发展具有重要作用。专业性的人力资源包括：旅游产品的开发人员、旅游市场的开发人员、旅游娱乐服务人员、旅游商品的开发人员、旅游接待设施服务人员、旅游企业管理人员、旅游行政管理人员及地方上的特殊旅游从业人员。从现实情况看，一方面作为劳动密集型产业，旅游业吸纳了大量就业人口；另一方面旅游从业人员薪酬

---

① 习近平：《努力成为世界主要科学中心和创新高地》，《求是》2021年第6期。

② 《中华人民共和国国民经济和社会发展第十四个五年规划和2035年远景目标纲要》。

③ 《习近平在中国科学院第十九次院士大会、中国工程院第十四次院士大会上的讲话》，中国政府网，http://www.gov.cn/xinwen/2018-05/28/content_5294322.htm，2021年5月28日。

低、增长慢，又不利于吸引高素质人才。在旅游领域与社会资本合作，可以在全国甚至世界范围内选择高水平的专业团队来发展当地的文化产业和旅游业。加强对高素质人才的吸引，夯实发展基础，充分发挥人力资本的支撑作用。

总之，在政府的扶持政策中，只有从政策环境、法律环境、金融环境、信用环境和社会环境等多方面共同发力，才能推动 PPP 项目优良发展的生态环境建设，助推中国 PPP 模式行稳致远、健康发展。

参考文献

[1]《国家旅游局在京举办中国旅游产业促进座谈会》，中央政府门户网站，www. gov. cn，2015 年 5 月 15 日。

[2]《国家发展改革委关于印发〈传统基础设施领域实施政府和社会资本合作项目工作导则〉的通知》（发改投资〔2016〕2231 号）。

[3]《国务院关于促进旅游业改革发展的若干意见》（国发〔2014〕31 号）。

[4]《全国旅游工作会议报告》，2015 年 3 月 18 日。

[5]《国家旅游局在京举办中国旅游产业促进座谈会》，中央政府门户网站，www. gov. cn，2015 年 5 月 15 日。

[6]《国家发展改革委　国家旅游局关于印发全国生态旅游发展规划（2016 – 2025 年）的通知》（发改社会〔2016〕1831 号）。

[7] 文化和旅游部、财政部：《关于在旅游领域推广政府和社会资本合作模式的指导意见》（文旅旅发〔2018〕3 号）。

[8]《关于在文化领域推广政府和社会资本合作模式的指导意见》（文旅产业发［2018］96 号）。

[9]《文化和旅游部财政部：引导社会资本积极参与文化领域 PPP 项目》，新华网，https：//baijiahao. baidu. com/s？ id = 1618009298639764119&wfr = spider&for = pc，2018 年 11 月 24 日。

[10]《财政部关于推进政府和社会资本合作规范发展的实施意见》（财金〔2019〕10 号）。

[11]《政府和社会资本合作（PPP）综合信息平台信息公开管理暂行办法》（财金〔2017〕1 号）。

[12] 财政部：《关于加快加强 PPP 项目入库和储备管理工作的通知》（财政企函

〔2020〕1号)。

[13] 文化和旅游部:《“十四五”文化产业发展规划》。

[14]《国家中长期科学和技术发展规划纲要(2006~2020)》。

[15] 习近平:《努力成为世界主要科学中心和创新高地》,《求是》2021年第6期。

[16]《中华人民共和国国民经济和社会发展第十四个五年规划和2035年远景目标纲要》。

[17]《习近平在中国科学院第十九次院士大会、中国工程院第十四次院士大会上的讲话》,中国政府网,http://www.gov.cn/xinwen/2018-05/28/content_5294322.htm,2021年5月28日。

案 例 篇

Case Topic

B.13

特色生态旅游线路品牌建设研究

——以川西大九寨生态旅游线路为例

王 欣　徐晓文　朱丹梦　胡 娟*

摘　要：　当今旅游业蓬勃发展，旅游品牌效应日益突出，推动旅游品牌化成为旅游业发展的重要目标，生态旅游品牌化对实现“绿水青山”向“金山银山”转化具有重要意义。文章以川西大九寨生态旅游线路为例，在全面了解川西大九寨生态旅游线路资源及产业发展概况的基础上，探索其品牌化发展历程，分析其品牌化战略，辨析川西大九寨生态旅游线路品牌发展中存在的问题，并对打造特色生态旅游线路品牌的相关经验启示进行总结。

关键词：　旅游品牌　生态旅游　旅游线路　川西大九寨

* 王欣，博士，北京第二外国语学院旅游科学学院教授，中国文化和旅游产业研究院副院长，主要研究方向为文化旅游和旅游目的地管理；徐晓文，北京第二外国语学院旅游科学学院在读硕士研究生，主要研究方向为旅游目的地管理与旅游规划；朱丹梦，北京第二外国语学院旅游科学学院在读硕士研究生，主要研究方向为旅游目的地管理与旅游规划；胡娟，北京第二外国语学院旅游科学学院在读硕士研究生，主要研究方向为旅游目的地管理与旅游规划。

一　引言

2016年9月6日，为推进生态文明建设和旅游业发展，落实《国务院关于促进旅游业改革发展的若干意见》要求，推动生态旅游业稳步健康发展，国家发展和改革委员会同原国家旅游局联合发布《全国生态旅游发展规划（2016～2025年）》。该《规划》按照生态要素的线性分布和旅游线路组织的基本原则，提出构建包括川西大九寨生态旅游线路在内的跨省、省域共50条生态旅游线路。以线性生态要素为主轴，打破行政区划限制的生态旅游线路，通过串联旅游节点，整合区域旅游资源，强化生态旅游目的地之间的连接，保证沿线生态旅游资源整体优势有效发挥，促进对沿线地区的辐射带动作用①。

川西大九寨生态旅游线路，川西指成都平原以西的地区，即四川省雅安、阿坝州和甘孜州、凉山等高原藏区。川西大环线是经典自驾游路线之一，汇集了冰川、云海、高原、草甸、湖泊、雪山、林海、河谷、悬崖、寺庙等多种自然人文旅游资源。其主体资源九寨沟，是世界自然遗产、国家5A级旅游景区、国家重点风景名胜区、国家级自然保护区、国家地质公园以及中国第一个以保护自然风景为主要目的的自然保护区；除九寨沟外，川西大九寨生态旅游线路还包含有泸山邛海、草海、黄龙、稻城亚丁等景区，资源禀赋突出。2020年11月20日，在深圳举办的“中国生态旅游产业高峰论坛”中，川西大九寨生态旅游线路被评选为中国生态旅游十条精品线路之一。

二　川西大九寨生态旅游线路建设背景条件

（一）资源概况

川西大九寨生态旅游线路，是全球拥有最多、最集中的自然遗产地和

① 《关于印发全国生态旅游发展规划（2016～2025年）的通知》（发改社会〔2016〕1831号）。

生态保护区的自然生态旅游区，是了解华夏民族历史文化的重要民族走廊，是了解青藏高原形成过程以及现代新构造运动与地震活动的最理想地区①。

1. 阿坝藏族羌族自治州

（1）阿坝州九寨沟县

九寨沟县有着丰富的旅游资源，既有翠海、叠瀑、滩流、彩林和雪峰等构成的原始、自然、古朴的山水景观，又有独特的藏族风情，这样的景观综合体是开展自然生态系统、生物演化、古地理、古气候研究的理想场所。作为国家首批重点风景名胜区的九寨沟，先后被列入“世界自然遗产名录”和“世界人与生物圈保护区”。嫩恩桑措风景区位于县城西南方，既有九寨沟风光之秀美，也有黄龙景色之神奇，是国宝大熊猫的重要栖息地之一；甘海子国家森林公园有“险、秀、雄、奇”的特点及浓厚的原始野趣。省级自然保护区勿角大熊猫自然保护区核心区面积达 36349 公顷，白河金丝猴自然保护区核心区面积达 16 万余公顷。还有国家级非物质文化遗产“南坪曲子”和“登嘎甘”（熊猫舞），省级非物质文化遗产“涂墨节”②。

（2）松潘县

松潘县自然景观复杂多样、门类齐全、数量众多、品位极高，有国家级重点文物保护单位 1 处、省级文物保护单位 5 处、州级文物保护单位 3 处。国家 4A 级旅游景区黄龙包括黄龙沟主景区、丹云峡、红星岩、雪宝鼎以及牟尼沟等景区景点，拥有的彩池、滩流、雪山、峡谷、古寺、民俗被称为“六绝”；大草原、花海子、绿海子、奇峡沟、百花娄等自然风光独具特色；“沙窝会议”“毛儿盖会议”革命遗址保存完好；“中华第一碑”——红军长征纪念总碑碑园，位于川主寺镇，是全国爱国主义教育基地，是 100 个全国红色旅游经典景区之一。松潘县拥有独特而丰富的藏、羌、回民族风情文

---

① 《大九寨》，四川文化旅游网，https：//www.sclyxw.com/contents/20210105/213.html，2021 年 1 月 5 日。

② 四川省文化和旅游厅：《四川文化和旅游年鉴（旅游卷）》，四川科学技术出版社，2020。

化，不仅有羌族的羌历年、白石神、石碉楼、云云鞋和咂酒等，还有与民风民俗自成一体的回族古尔邦节、开斋节、花灯舞。

（3）若尔盖县

若尔盖县民族文化源远流长、底蕴深厚，文化资源极其丰富，有独具民族特色和地方特色的安多藏族文化、悠久的宗教文化以及激励全县各族人民团结拼搏的红军长征文化、农牧文化两种截然不同的区域文化，是全国30条红色旅游精品线路和100个红色经典景区之一。有巴西会议会址、包座战役遗址、达扎寺、苟象寺4处省级文物保护单位，安多藏戏、宗教舞“跄”、民间“锅庄”、壁画、唐卡、民间神话、传说、歌谣、谚语、史诗等民间文艺，具有浓郁的地方特色和民族特色。若尔盖还是“中国最美的六大草原”和“中国最美的六大沼泽湿地”之一，被评为“四川十大最具潜力花卉观赏地”之一，是大九寨国际旅游区的核心区。

（4）红原县

红原县旅游资源丰富，红原大草原国家公园是全国十大最佳自驾（助）游目的地（最佳旅游目的地、最佳旅游景区、最佳体验自驾旅游目的地、自驾游最佳旅游线路）之一，素有“中国最令人向往的地方”“全国最佳自驾游目的地”“中国最佳生态旅游目的地”“中国最佳民俗旅游目的地”“中国经典红色旅游区”等多项称号。红原县有美丽的湿地草原，自然风光广阔秀丽；有闻名世界的长征文化遗产，遗迹悲壮感人；有安多藏族多彩奇特的民族风情；有马背上的部落文化，深厚古老；有藏传佛教文化等文化资源，博大精深。从草原、森林、长江黄河到长征遗址、石刻藏经墙、寺院神山，红原县不仅有多彩多样的自然生态景观，也有独具特色的人文景观。

2. 甘孜藏族自治州

甘孜藏族自治州，是香格里拉生态旅游区的核心区，拥有丰富的旅游资源，同时还是康定情歌的故乡。甘孜神奇壮美的自然景观与底蕴丰富、特色浓郁的康巴文化融为一体，品位高、组合好、综合性强，具有独特性、唯一性和不可替代性。有3处世界自然遗产和世界非物质文化遗产，有1处联合国教科文组织“人与生物圈”保护网络的成员单位，10个国家级重点风景名胜区，4 个国家级自然保护区，5 个国家森林公园，1 个国家 5A 级旅游景区，6 个全国重点文物保护单位，23 个国家级非物质文化遗产，已经有 500 余处伊斯兰教和藏传佛教寺庙、基督教以及天主教等宗教活动场所开放。有世界罕见的低海拔现代冰川奇观以及神秘的大冰瀑布，巍峨的雪峰和壮观的金山，完整古朴的原始森林，绮丽斑斓的草原，清澈如镜的湖泊以及被誉为“温泉之乡”的众多热泉群。丰富多彩的藏乡风情、灿烂的民族文化艺术孕育了极其丰富的人文景观，是旅游观光、休闲度假、宗教朝圣、热泉康复、文艺创作、科研考察和登山、漂流、猎奇、探险的理想之地。主要景区（景点）有贡嘎山、海螺沟、田湾河、木格措、伍须海、二郎山、塔公、泸定桥、德格印经院、塔公寺、白利寺、理塘寺等。东部地区有集雄奇险峻、秀美旖旎于一体，被称为“蜀山之王”的贡嘎山形成的自然景观，其中海螺沟是贡嘎山国家级风景名胜区的核心景区之一，是国家级自然保护区、中国唯一的冰川森林公园、国家 5A 级旅游景区①。

3. 凉山彝族自治州

凉山彝族自治州是通往西南边陲的重要通道，是“古南方丝绸之路”必经之地，也是中国攀西阳光度假旅游核心区。有国家 A 级景区 35 个，其中国家 4A 级景区 11 个，有国家级旅游度假区西昌邛海泸山景区，也有国家级风景名胜区和生态旅游示范区第四纪古冰川天然博物馆螺髻山景区，还有世界母系氏族最后一块领地、摩梭人的家园盐源县泸沽湖景区，“景秀寺灵”的冕宁县灵山景区，国家历史文化名城会理古城景区，蜀西南第一奇洞西昌市安哈彝寨仙人洞景区，水韵越西、文昌故里水观音景区。有梦幻仙境般的恰朗多吉雪山，国家自然保护区大风顶，自然山水盆景小相岭，钟灵毓秀的雷波县马湖。还有金沙江、大渡河、雅砻江流域的众多峡谷险峰，索玛花成片的会理县龙肘山、金阳县百草坡、雷波县龙头山、木里县玛娜茶金，昭觉县悬崖村—古里大峡谷、金阳县天坑群等景区（景点）160 余个。

① 四川省文化和旅游厅：《四川文化和旅游年鉴（旅游卷）》，四川科学技术出版社，2020。

民族风情浓郁，彝族有被誉为“东方情人节”的火把节、有神秘特别的毕摩文化、泸沽湖摩梭人的走婚风俗、木里县藏传佛教、德昌县傈僳族风情、宁南县布依风情等。西昌市航天城、“嫦娥奔月”地西昌卫星发射中心享誉中外，被誉为“东方休斯敦”。国家暗物质研究室，探索宇宙无穷奥秘。还有厚重的红色文化，红军长征经过这里时和彝族人民结盟，还在这里召开了著名的会理会议，形成红色之旅、团结之旅旅游经济带。

4. 精品旅游线路

（1）九环线：成都→都江堰→汶川→茂县→黄龙→九寨沟→平武→江油→成都。

九环线以大九寨为核心，覆盖成都市、德阳市、绵阳市、广元市和阿坝藏族羌族自治州，将都江堰—青城山旅游区、卧龙中华大熊猫生态旅游区、三星堆古遗址文化旅游区等四川省重点打造的国际旅游精品景区串联起来。九环线有童话世界游、人间天堂游、三国文化游、李白故里游、王朗白马风情游、黄河大草原游、古羌文化游等生态旅游产品。

（2）西环线：

①大西环线：成都→都江堰→卧龙→小金→丹巴→康定→泸定→雅安→成都；

②小西环线：成都→都江堰→卧龙→小金→硗碛→宝兴→雅安→成都。

西环线包括大西环线和小西环线，大西环线融合了大熊猫生态游、冰川探险游以及康巴风情游，小西环线以大熊猫生态游为主。西环线涵盖地区为青藏高原南缘和成都平原的连接处，不仅有神奇多彩的自然生态旅游资源，还有绚烂多姿的原生地域人文生态旅游资源。西环线的主导生态旅游产品包括川西自然生态游，大熊猫生态观光游，四姑娘山自然生态观光、度假、登山探险游，海螺沟冰川观光—温泉度假游，雅安蜂桶寨大熊猫生态观光游以及碧峰峡、周公山温泉度假游等。

（二）空间区域分布

川西大九寨生态旅游线路的核心旅游资源由九寨沟、黄龙和川西北大草原等旅游景区构成，涵盖了牟尼沟景区、神仙池景区、勿角民族生态旅游试验区、虎牙大峡谷、达古冰川、红原噶曲国家湿地公园以及若尔盖湿地等资源①。以四川阿坝州九寨沟县为主要依托，涵盖阿坝州松潘县、若尔盖县、红原县、绵阳市平武县等区域，致力打造“一核三区一环”的空间格局。

“一核”：以九寨·黄龙为核心的世界自然遗产旅游片区。

“三区”：西北大草原生态旅游区、藏羌文化风情旅游区、雪宝顶东麓生态体验区。

“一环”：串联成都——都江堰——汶川——茂县——松潘——九寨沟——平武——江油——绵阳——德阳——成都，形成大九寨旅游环线①。

（三）产业发展情况

1. 阿坝藏族羌族自治州

2020 年，阿坝州实施全域旅游示范区、天府旅游名县、A 级景区、旅游度假区等品牌创建行动，共创建国家全域旅游示范区 1 个、省级全域旅游示范区 2 个，天府旅游名县 1 个，有 A 级景区 49 个，其中：5A 级景区 3 个，4A 级景区 22 个。有旅行社 32 家。星级饭店 18 个，其中：五星级 3 个，四星级 7 个。旅游从业人员 6. 6 万人。全年接待游客 3604. 01 万人次，比上年增长 14. 2%，实现旅游总收入 301. 14 亿元，增长 32. 3%。（见图 1）除疫情管控外，九寨沟景区基本实现全年开放，景区全年接待游客 147. 67 万人次，实现门票收入 1. 65 亿元，同比分别增长 209. 8% 和 234. 9%。受其拉动，全州各 A 级景区共接待海内外游客 1882. 79 万人次，实现门票收入 3. 74 亿元，分别增长 40. 4% 和 11. 8%，高速增长态势明显。九黄机场、红原机场进出港航班 2450 架次、运送旅客 16. 97 万人次②。

---

① 《大九寨》，四川文化旅游网，https：//www. sclyxw. com/contents/20210105/213. html，2021 年 1 月 5 日。

② 阿坝藏族羌族自治州统计局：《阿坝藏族羌族自治州 2020 年国民经济和社会发展统计公报》，2020。

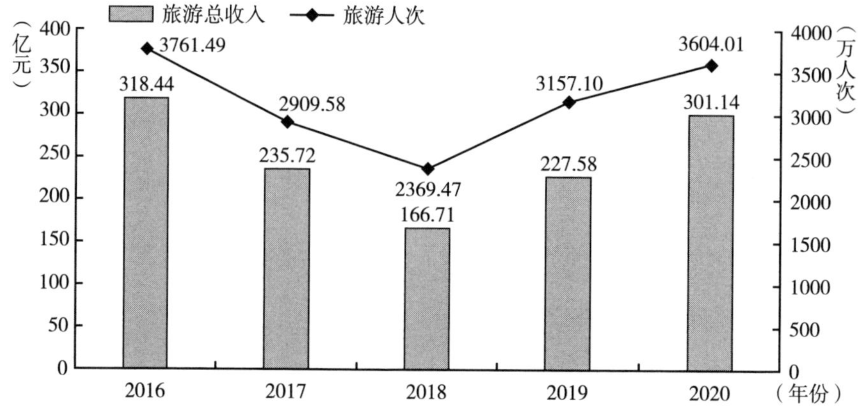

图 1　近五年阿坝旅游总收入、旅游人次

2. 甘孜藏族自治州

甘孜州围绕“三环一带两湿地”发展布局，精心打造 4 条最美景观大道、6 条最美精品线路，聚力打响“五张名片”。2017 年，海螺沟景区成功创建国家 5A 景区，实现 5A 景区零突破。2020 年，稻城亚丁成功创建国家 5A 景区。截至 2020 年底，全州建成国家 5A 景区 2 个，4A 景区 15 个，A 级景区总量达 81 个。2019 年，全年接待游客 3316.69 万人次，实现旅游收入 366.98 亿元。2020 年，因受新冠肺炎疫情影响，接待游客 3102.92 万人次，实现旅游收入 341.28 亿元，均比 2019 年有所减少①。

三　川西大九寨生态旅游线路品牌建设过程与内容

（一）大九寨品牌建设历程

2013 年，大九寨作为四川省重要旅游环线资源被主流媒体宣传，四川省旅游局相关单位组织开展大九寨环线区域旅游营销工作以及招商引资项目引进工作。2017 年 8 月，四川省首次推出大九寨及外围区域八条精品旅游

① 甘孜统计局：《“十三五”时期甘孜州资源优势实效凸显》，甘孜统计局网站，http://tjj.gzz.gov.cn/gzztjj/tjxx/202103/74c7052af9bf4837a4fbbb73adb8a53c.shtml，2021 年 3 月 15 日。

线路，并对覆盖县市推出优惠政策，从景区和旅行社两方面给予补助，初步形成以大九寨环线为核心辐射带动周边区域旅游发展的格局。

2017 年 11 月 7 日，四川省人民政府印发的《8・8 九寨沟灾后恢复重建总体规划》中，首次提出建设大九寨世界旅游目的地，促进大九寨环线旅游串联沿线景点，推动全域旅游发展。2019 年 11 月 7 日，“大九寨”文旅发展联盟成立，《“大九寨”文旅发展联盟宣言》提出与各单位在资源共享、品牌共创、基础共建等方面建立联系，推动大九寨旅游品牌的策划、包装和营销，从而促进环九寨国际生态文化旅游目的地品牌的打造，并推出 5 条“大九寨”冬季精品旅游线路。“大九寨”旅游品牌建设先行、“大九寨”文旅发展联盟先行，为四川省“十大”旅游品牌梯次建设提供了良好的示范引领作用。2021 年 3 月，四川省人民政府正式推出《四川省“十大”文化旅游品牌建设方案（2021 ~2025 年)》，为四川省旅游品牌集群的打造提供了明确的发展目标和方向。

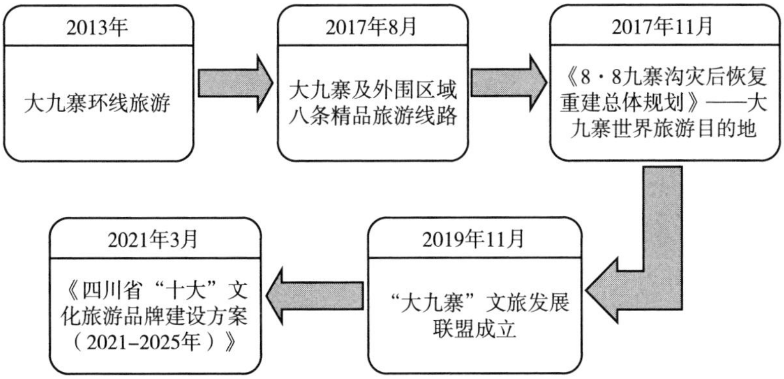

图 2　川西大九寨生态旅游线路品牌建设历程

（二）大九寨品牌构成

1. 品牌目标

大九寨生态旅游线路品牌建设借助九寨沟“8・8”地震灾后重建和区

域文旅产业转型升级发展的契机，充分发挥“九寨·黄龙”强大的国际影响力和品牌号召力，整合大九寨区域丰富多彩的旅游资源，以全域发展深化产业供给侧结构性改革①。

其中，九寨沟以建设川西北阿坝生态示范区为目标，推动景区景点间的串联，推动“全域发展、绿色崛起”总体战略实施，着力构建“一主两核三带”绿色发展新体系，争取将其打造成为“世界只有一个九寨沟、九寨沟不只有九寨沟”的九寨沟全域旅游示范区，打造成为“全域九寨大景区”的新格局，实现“处处都是景区、村村都是景点、人人都是风景”。

2. 品牌形象

大九寨品牌以拥有“世界自然遗产”、“世界生物圈保护区”、国家5A级旅游景区等荣誉的九寨沟、黄龙和获称“世界最大高原泥炭沼泽”、“国家级高寒湿地生物多样性保护区”以及“中国最美湿地”的川西北大草原等旅游景点景区为核心资源，树立“童话世界·人间仙境”的品牌形象，充分融合自然观光遗产、山地休闲度假以及独特的藏文化体验，致力打造推出世界一流的旅游目的地集群，构建“童话世界·人间仙境”的核心品牌形象，树立“童话九寨·瑶池黄龙”“雪山草原”“藏羌探秘”“清凉九寨”等八大旅游产品子品牌。

3. 品牌内涵

大九寨品牌内涵在于深化“童话世界·人间仙境”品牌形象，重点依托九寨沟、黄龙，发展世界遗产观光游、雪山草原生态观光休闲游和藏羌文化体验游等产品，形成“一核两圈一带两环”的发展格局。争取将大九寨建成世界自然遗产保护与开发典范、单一观光景区向全域旅游目的地转变提升样板、全球灾后重建展示窗口。

“一核两圈一带两环”品牌建设布局包括：

“一核”：“九寨·黄龙”世界遗产旅游极核；

---

① 《大九寨》，四川文化旅游网，https://www.sclyxw.com/contents/20210105/213.html，2021年1月5日。

“两圈”：川西北大草原生态旅游圈；环雪宝顶休闲度假旅游圈；

“一带”：藏羌文化旅游产业带；

“两环”：核心旅游环线：成都——都江堰——汶川——茂县——松潘——九寨沟——平武——江油——绵阳——德阳——成都；辐射旅游环线：成都——都江堰——汶川——理县——马尔康——黑水——红原——若尔盖——九寨沟——文县——广元——绵阳——德阳——成都。

（三）川西大九寨生态旅游线路品牌战略

1. 品牌营销

（1）丰富旅游产品。川西大九寨生态旅游线路依托大九寨区域资源分布及特征，集中打造“九·黄”自然遗产观光、西北大草原生态体验、九寨山地避暑度假、藏羌文化探秘、雪宝顶生态科普研学等特色旅游产品。

（2）特色节事活动。节事活动方面，大九寨品牌推出九寨沟冰瀑旅游节、盛夏雅敦节、传统民俗度炯节、安多赛马节、红原大草原夏季雅克音乐季等节庆，以及“九寨千古情”、“藏谜”、“梦幻九寨”、“天地松州”、“高原红”、松潘花灯舞等体验式文旅演艺项目①。

（3）精品旅游线路。“大九寨”品牌先是推出“大九寨世界遗产之旅”“草原国家公园之旅”“藏羌民俗文化体验之旅”“大九寨精品休闲度假之旅”等精品旅游线路。2019 年，“大九寨”又发布了 5 条冬季精品旅游产品线路，包括以生态风光与滑雪温泉结合的大九寨温泉滑雪线路、以长征线路及遗址为主的大九寨红色线路，以藏羌民俗为主的大九寨藏羌民俗文化线路，以博物馆及地震遗址等教育为主的大九寨研学线路，以经典旅游资源九寨沟、熊猫基地、草原为主的大九寨经典线路②。

（4）相关宣传推广。对于大九寨旅游品牌的营销推广主要体现在四川

① 《大九寨》，四川文化旅游网，https：//www. sclyxw. com/contents/20210105/213. html，2021 年 1 月 5 日。

② 四川日报：《“大九寨”文旅发展联盟成立》，四川省人民政府网站，http：//www. sc. gov. cn/10462/10464/10797/2019/11/7/6ac0fa04af834376b18476b2031ad782. shtml，2019 年 11 月 7 日。

省“智游天府”文化和旅游公共服务平台以及全媒体营销两方面。《四川省“十大”文化旅游品牌建设方案（2021～2025年）》中提到在“智游天府”文化和旅游公共服务平台开设“十大”文旅品牌专区，多渠道、全方位、立体化宣传推广“十大”文旅品牌。此外，对大九寨旅游品牌进行全媒体营销推广。通过整合广播、电视、网站、音像、电影、出版、报纸、杂志等各类媒介的宣传优势，利用微博、微信、短视频、网络直播等平台，积极构建多元、立体、精准、高效、全面的品牌宣传营销体系①。

2. 品牌延伸

为对接国家重大战略，满足人们对美好旅游的向往，充分发挥四川旅游资源的优势，推动四川旅游经济发展及生态文明建设，四川省推出“天府三九大·安逸走四川”的文旅总品牌，同时，具体推出了“十大”文旅子品牌，包括大九寨、大峨眉、大熊猫、大香格里拉、大贡嘎、大竹海、大灌区、大蜀道、大遗址以及大草原品牌。

2021年1月22日，四川省政府办公厅印发实施《四川省“十大”文化旅游品牌建设方案》。该《方案》总体目标为，到2022年，基本构建起“4+4+2”的产品体系，即基本建成大九寨、大峨眉、大熊猫、大遗址4个世界级文旅品牌，在国际上拥有较高知名度和市场占有率；基本建成大香格里拉、大贡嘎、大竹海、大蜀道4个国家级文旅品牌，保证在国内市场有较高吸引力和辨识度；建成大灌区、大草原2个区域特色文旅品牌，增强其核心吸引力和竞争力②。到“十四五”时期末，“十大”文旅品牌体系基本完备，在国内外市场具有较高较强的影响力、竞争力和知名度、美誉度，品牌价值得到进一步提升，有力支撑“天府三九大·安逸走四川”文旅总品牌，充分带动全省文化旅游深度融合高质量发展，促进文化强省、旅游强省和世

① 《四川省文化和旅游厅副厅长游勇接受省政府网站专访文字实录》，四川省人民政府网站，http：//www.sc.gov.cn/10462/c105938/2020/12/3/5b039ca3901b4c4ab566d44ee3fa8cb1.shtml，2020年12月03日。

② 中国文化报：《整合提炼21市（州）文旅资源构建“4+4+2”品牌体系——四川谋划建设“十大”文旅品牌》，中国文化报数字报网，https：//epaper.ccdy.cn/zh-CN/？date=2021-01-29，2021年1月29日。

界重要旅游目的地建设[①]。

3. 品牌保护

为保证四川省《关于大力发展文化旅游经济加快建设文化强省旅游强省的意见》的实施，建设核心品牌突出、配套产品拔萃、产业链条完整的高品质旅游产品集聚区，提升川西大九寨环线沿线配套设施的国际化水平，2019 年 11 月 6 日，“大九寨” 文旅发展联盟在九寨沟县成立。“大九寨” 文旅发展联盟确定的第一批成员名单中有九寨沟和黄龙风景名胜区的管理局、四川省旅行社协会、阿坝州旅游协会以及大九旅集团公司，同时覆盖阿坝藏族羌族自治州下辖的九寨沟县、松潘县、若尔盖县、红原县、汶川县、茂县、理县、黑水县，以及平武县、江油市、北川县、绵竹市、都江堰市、舟曲县还有甘肃文县等县级单位[②]。

《“大九寨” 文旅发展联盟宣言》中重点提出建立“大九寨” 文旅品牌服务标准体系、推进区域间旅游市场互惠机制形成、打造资源共享平台与共享机制等规划，推进“大九寨” 品牌联盟内部资源共享、品牌共创、客源共推、市场共治、人才共育、基础共建、区域共治的运行机制。组建大九寨文旅品牌联盟，有助于促进大九寨全域旅游形成一体化发展大格局，助推灾后大九寨区域文化旅游产业从传统观光向观光休闲度假多元发展的转型升级。

四　打造特色生态旅游线路品牌建设的经验与启示

（一）政策先行，明晰发展方向

《全国生态旅游发展规划（2016 ~ 2025 年）》在提出构建生态旅游线

① 到 2022 年基本构建起“4 + 4 + 2” 的品牌体系，四川日报，https://epaper.scdaily.cn/shtml/scrb/20210130/249303.shtml，2021 年 1 月 30 日。

② 四川日报：《“大九寨” 文旅发展联盟成立》，四川省人民政府网站 http://www.sc.gov.cn/10462/10464/10797/2019/11/7/6ac0fa04af834376b18476b2031ad782.shtml，2019 年 11 月 7 日。

路时提到，围绕精品生态旅游线路，统一布局生态旅游公共服务设施，在品牌培育、宣传推广、人才培养等方面加强合作，实现优势互补、互利共赢，将文化旅游、乡村旅游等融合，形成各具特色的生态旅游线路品牌，打造旅游消费新热点，增强对沿线地区的辐射带动作用。川西大九寨生态旅游线路品牌的打造离不开政策的先行指导，大九寨品牌发展进程中，先后有多项政策方案出台支持。

表1　川西大九寨生态旅游线路品牌支持政策汇总

年份	政策名称	颁布单位	政策主题
2016	《全国生态旅游发展规划（2016～2025年）》	国家发展和改革委员会、国家旅游局	生态旅游发展规划
2016	《四川省人民政府关于进一步加快旅游业改革发展的意见》	四川省人民政府	四川省旅游改革发展意见
2020	《四川省文化和旅游品牌激励实施办法》	四川省文化和旅游厅、四川省财政厅	四川省文化和旅游品牌激励
2020	《四川省加快"智游天府"全省文化和旅游公共服务平台建设实施方案》	四川省人民政府	"智游天府"文化和旅游公共服务平台建设
2021	《四川省"十大"文化旅游品牌建设方案（2021～2025年）》	四川省人民政府	"十大"文旅品牌建设
2021	《四川省"十四五"规划和2035年远景目标纲要（全文）》	四川省人民政府	四川省"十四五"规划和远景目标

（二）资源整合，推动品牌集群化发展

旅游品牌是一个综合的概念，其主要内涵为将构成旅游产品的特色、标识、品质以及个性形象等要素充分结合①。朱强华、张振超在《旅游景区品

① 厉建梅：《文旅融合下文化遗产与旅游品牌建设研究——以山东天上王城为个案》，博士学位论文，山东大学，2016。

牌管理模型研究》一文中曾提出旅游景区品牌构建的模型，认为旅游品牌的建设就是“以增强景区竞争力为目的，以旅游景区品牌资产为核心，通过品牌定位、品牌设计、品牌传播、品牌保护、品牌延伸和品牌创新这六位一体的管理体系建立起相对于其他景区的竞争优势”①。

旅游品牌的发展状况主要通过国家旅游目的地或者某类区域旅游的开发能力和发展水平体现，实现旅游发展的主要措施有扩大旅游市场，增强其核心竞争力，塑造旅游形象以及坚持旅游可持续发展。四川省充分考虑整合省内优质旅游资源，推出“十大”旅游品牌，推动品牌集群化发展，充分发挥资源优势带动沿线地区发展的同时，品牌集群化能够提升四川省旅游的影响力、推广提高其知名度、传播增加其美誉度，从而提高游客忠诚度。此外，在品牌发展方案中布局“4 +4 +2”品牌体系，梯次推进旅游品牌发展，以便川西大九寨生态旅游线路品牌发挥示范引领的重要作用。

（三）制订配套措施，保证品牌有效推进

运用文化和旅游资源普查成果，培育一批高品质大景区；加快项目库建设，重点策划包装标志性、引领性的重大文旅项目；积极推动文化旅游公共设施建设，完善基础设施、重点建设博物馆、公园、遗址等项目；完善立体化综合旅游交通网络，推动交通与景区衔接；搭建“智游天府”文化和公共服务平台宣传，并结合其他平台手段实施全媒体营销推广②。以上配套保证措施，是大九寨能够成为四川在全国、全世界最具竞争力、影响力的核心文旅品牌的必要保证。此外，成立“大九寨”文旅发展联盟，除充分发挥联盟优势外，对区域联合推动旅游品牌发展也具有良好的示范作用。

---

① 朱强华、张振超：《旅游景区品牌管理模型研究》，《桂林旅游高等专科学校学报》2004 年第 6 期。

② 《四川省人民政府办公厅关于印发四川省“十大”文化旅游品牌建设方案（2021 ~ 2025 年）的通知》（川办发〔2021〕5 号）。

参考文献

[1]《关于印发全国生态旅游发展规划（2016～2025年）的通知》（发改社会〔2016〕1831号）。

[2]《大九寨》，四川文化旅游网，https://www.sclyxw.com/contents/20210105/213.html，2021年1月5日。

[3] 四川省文化和旅游厅：《四川文化和旅游年鉴（旅游卷）》，四川科学技术出版社，2020。

[4] 阿坝藏族羌族自治州统计局：《阿坝藏族羌族自治州2020年国民经济和社会发展统计公报》，2020。

[5] 甘孜统计局：《"十三五"时期甘孜州资源优势实效凸显》，甘孜统计局网站，http://tjj.gzz.gov.cn/gzztjj/tjxx/202103/74c7052af9bf4837a4fbbb73adb8a53c.shtml，2021年3月15日。

[6] 四川日报：《"大九寨"文旅发展联盟成立》，四川省人民政府网站，http://www.sc.gov.cn/10462/10464/10797/2019/11/7/6ac0fa04af834376b18476b2031ad782.shtml，2019年11月7日。

[7]《四川省文化和旅游厅副厅长游勇接受省政府网站专访文字实录》，四川省人民政府网站，http://www.sc.gov.cn/10462/c105938/2020/12/3/5b039ca3901b4c4ab566d44ee3fa8cb1.shtml，2020年12月03日。

[8] 中国文化报：《整合提炼21市（州）文旅资源构建"4+4+2"品牌体系——四川谋划建设"十大"文旅品牌》，中国文化报数字报网，https://epaper.ccdy.cn/zh-CN/?date=2021-01-29，2021年1月29日。

[9] 厉建梅：《文旅融合下文化遗产与旅游品牌建设研究——以山东天上王城为个案》，博士学位论文，山东大学，2016。

[10] 朱强华、张振超：《旅游景区品牌管理模型研究》，《桂林旅游高等专科学校学报》2004年第6期。

[11]《四川省人民政府办公厅关于印发四川省"十大"文化旅游品牌建设方案（2021～2025年）的通知》（川办发〔2021〕5号）。

借 鉴 篇

Reference Topics

B.14

国际自然保护地生态旅游影响的适应性管理*

冯 凌　郭嘉欣**

摘　要：生态旅游为自然保护地提供了一种可持续的发展方式，但也为保护地带来了环境负担，保护地在推动旅游发展的同时也应积极关注旅游影响管理。适应性管理作为一种持续、动态的学习过程，逐渐被应用在管理、生态、旅游、教育等众多领域，成为国际自然保护地开展生态旅游影响管理的有效手段。文章在回顾适应性管理理论的概念内涵和发展应用的基础上，结合实践经验，总结出了国际自然保护地开展生态旅游适应性管理的原则，即明晰自然保护地的目标和价值，加强旅游和访客管理的前瞻性规划，识别生态旅游需求，衡量自然保护地的资源社

* 本报告综合了作者参与翻译的《保护地旅游和访客管理可持续性指南》中的部分内容。

** 冯凌，博士，教授，主要研究方向为旅游规划与政策、旅游影响与可持续旅游；郭嘉欣，硕士研究生，主要研究方向为生态旅游与生态补偿。

会承载力，加强访客行为管理，以及结合使用直接管理和间接管理。最后，文章从加强保护地生态旅游监测、提升公众参与程度和促进生态旅游传播推广三个方面提出了自然保护地进行生态旅游适应性管理的综合方案。

关键词： 自然保护地 生态旅游 环境影响 适应性管理 访客管理

中国幅员辽阔，各类陆地生态系统齐全，拥有大面积的保护用地。以自然保护地为例，《2020 年中国生态环境状况公报》显示，截至 2020 年底，中国共建有国家级自然保护地 474 处，总面积约 98.34 万平方千米。保护和发展是围绕保护地的两个永恒话题，其中，生态旅游作为一种保护地绿色发展方式脱颖而出，逐渐获得业内认可。目前中国已经有超半数的自然保护地开展了生态旅游活动，游客量持续增加①，生态旅游也逐渐成为保护地合理利用资源、实现可持续发展的新路径。但与此同时，由于中国生态旅游仍处于初级阶段，一些粗暴的旅游开发方式破坏了自然保护地的生态环境，违背了可持续发展理念。在这样的背景下，人们开始关注自然保护地的生态旅游影响，并提出了一系列管理理论和工具，用以指导自然保护地生态旅游的可持续发展。尤其是适应性管理理论，已经成为国际公认的有效的自然保护地生态旅游管理措施。

一 适应性管理理论

（一）适应性管理理论的概念

生态系统的复杂性、动态性和开放性特征导致人们对其认知存在局限性

① 张昊楠、秦卫华、周大庆等：《中国自然保护区生态旅游活动现状》，《生态与农村环境学报》2016 年第 1 期。

和片面性，如何全面认知和管理复杂的生态系统成为摆在生态环境领域的一道难题①，并受到学者的广泛关注。适应性管理理论便在此背景下应运而生。适应性管理又称作“适应性环境评估和管理”，早在20世纪50年代末，自然资源领域就将其运用在渔场管理中，但是此时尚未明确提出“适应性管理”的概念②。1978年，Holling出版了《环境自适应性评估与管理》（*Adaptive Environmental Assessment and Management*）一书，并在弹性理论的基础上首次提出了适应性管理的概念③；随后，Walters在Holling的基础上从数学建模方面进一步发展了适应性管理理论，将管理行为视为降低不确定性的实验④，Holling和Walters也因此被视为适应性管理理论的奠基者。在此之后，Lee⑤、Nyberg⑥等学者进一步阐述了适应性管理理论的框架和含义，使其不断完善并在资源、生态、管理、旅游等多个领域得到广泛应用。

由于学科背景的差异，不同领域适应性管理的含义也不尽相同，但其本质均是通过实践推动学习，再以学习推动实践的迭代过程，强调通过循环的规划、设计、实施、监测、评价及反馈活动，提升管理的有效性⑦。适应性管理改变了以往一成不变的管理观念，将人类对自然的有限认知和人与自然的互动关系具有不确定性作为理论假设，鼓励人类在实践中不断学习改进管理方案⑧。因此，适应性管理具有动态性、关联性、复杂性、差异性等特点，适用于具有不确定性的管理情景，并且能够在管理中克服静态管理与被动管理的局限性⑨。

---

① 王文杰、潘英姿、王明翠、罗海江、张峰、申文明、刘晓曼：《区域生态系统适应性管理概念、理论框架及其应用研究》，《中国环境监测》2007年第2期。

② Beverton R. J. H. , Holt S. J. , On the dynamics of exploited fish populations, 1957.

③ Holling C. S. , Adaptive environmental assessment and management, 1978.

④ Walters C. , Adaptive Management of Renewable Resources, 1986.

⑤ Lee K. N. , Compass and Gyroscope, Iintegrating Science and Politics for the Environment, 1993.

⑥ Nyberg J. B. , Taylor B. , Applying adaptive management in British Columbia's forests, 1996.

⑦ 冯漪、曹银贵、耿冰瑾、张振佳、刘施含、白中科：《生态系统适应性管理：理论内涵与管理应用》，《农业资源与环境学报》2021年第4期。

⑧ 于蓉：《四川省乡村旅游适应性管理问题研究》，《农业经济》2016年第1期。

⑨ 张瑛、赵建峰：《旅游流时空卡口与系统仿真实验预测——一种景区日常环境容量主动适应性管理方法》，《旅游学刊》2020年第9期。

（二）适应性管理理论的发展及应用

1. 国外发展应用情况

自20世纪70年代Holling与Walters提出适应性管理理论后，国外学者对该理论的研究和应用兴趣持续增加，尤其是在自然资源管理方面，适应性管理成为许多地区进行资源保护和可持续利用的最佳管理实践。适应性管理最初应用在北美和澳大利亚的渔业管理中，随后被国际应用系统分析学会（IIASA）采用，并在20世纪90年代和21世纪初得到更广泛的推广[①]。目前，适应性管理在国外被应用于渔业、流域、森林草原、野生动植物等资源管理和自然保护地管理领域中。其中，渔业和野生动物管理方面较为成功的实践有1995年美国鱼类和野生动物管理局实施的“适应性狩猎管理”计划，该方案为管理者如何在不确定情况下实现狩猎收获量最大化提供了指导，提升了人们对生物多样性和濒危物种保护的关注度[②]。林草资源是适应性管理应用较多的领域，美国、加拿大、澳大利亚、印度、芬兰、意大利等林草业较为发达的国家均在积极推行适应性管理模型的应用。其中，美国在1994年实行了西北森林计划，利用适应性管理编制了森林经营管理方案，形成了“适应性管理规划方法”。在西北森林计划中，美国划分了10个适应性森林经营区，通过10多年的监测评估来试验不同管理和采伐方法对森林生态系统的影响，在森林资源保护和环境调节方面取得了显著成效[③]。澳大利亚则将其应用在草原保护中，在不同草原干扰模式的基础上，利用模型工具预测草原生态系统的变化，从而制订针对性的管理方案。自然保护地管理方面，大自然保护协会是适应性管理理念的重要践行者。大自然保护协会作为最大的国际非营利性自然环境保护组织之一，管理着全球1600多个自然保护地，

① 龚志强、王琬萱：《世界文化景观遗产适应性管理模式构建——基于利益相关者理论》，《企业经济》2019年第1期。

② 唐宁：《基于适应性管理理论的北京市自然保护区管理机制研究》，博士学位论文，北京林业大学，2020。

③ 李俊枝：《森林生态功能区适应性管理研究》，博士学位论文，东北林业大学，2016。

其创建的自然保护地适应性管理方法涵盖了项目生命周期管理的全过程，包括计划、实施、监测、评估等各个阶段，形成了有效、清晰的适应性管理框架。目前，大自然保护协会的适应性管理方案已经经过多次实践检验，在全球二十多个国家和地区得到应用①。菲律宾珊瑚礁保护区则把当地社区管理人员的监测工作纳入适应性管理中，鼓励不同利益相关者之间进行合作，激励当地社区的自我监督保护意识，使自然保护地的适应性管理周期更加紧密。除此之外，适应性管理理论在流域治理中也得到了很好的应用，如美国的密苏里河流域生态恢复工程、日本九州岛 Matsuura 流域湿地恢复工程等。

2. 国内发展应用情况

相比于国外，国内对适应性管理理论的关注则相对较晚，2000 年之后一些相关研究才陆续开展。虽然国内的研究体系尚不完善，但仍有部分学者在渔业管理、林草资源、水资源、自然保护地管理等自然资源领域取得了一定的研究成果。例如，杨璐等人在借鉴国内外适应性管理实践的基础上，建立了包含问题识别、目标制定、方案设计与实施、动态监测、绩效评估、反馈与调整等过程在内的水产种质资源适应性管理方案②；李俊枝等人以大小兴安岭森林生态功能区为例，结合森林生态系统服务功能，针对性地提出了森林适应性管理策略③；孙东亚等人聚焦河流领域，论述了适应性管理方法的主要内容和关键环节，提出了河流生态修复适应性管理的对策措施④；王宇飞等人针对中国的自然保护地普遍存在的科学管控难、统一管理难和资金供给难等问题，以钱江源国家公园体制试点区为例，设计了一套基于保护地地役权的自然保护地适应性管理办法⑤。除此之外，国内关于适应性管理的

① 李鑫：《风景名胜区适应性管理模式和路径研究》，硕士学位论文，浙江大学，2018。

② 杨璐、陈明茹、杨圣云等：《水产种质资源保护区适应性管理研究》，《海洋环境科学》2014 年第 1 期。

③ 李俊枝、张滨、吕洁华：《基于适应性管理视域的森林生态系统服务主导因子研究——以大小兴安岭森林生态功能区为例》，《林业经济问题》2015 年第 2 期。

④ 孙东亚、董哲仁、赵进勇：《河流生态修复的适应性管理方法》，《水利水电技术》2007 年第 2 期。

⑤ 王宇飞、苏红巧、赵鑫蕊等：《基于保护地役权的自然保护地适应性管理方法探讨：以钱江源国家公园体制试点区为例》，《生物多样性》2019 年第 1 期。

研究也逐渐从自然资源领域扩展到人文社科领域，特别是旅游管理方面，杨春宇率先将适应性管理引入旅游研究中，认为旅游地要摒弃传统、静态的管理思维，建立根据旅游地博弈主体关系动态演化基础适时调整的旅游地适应性管理模式①。随后，不少学者在乡村旅游、旅游环境容量等方面开展了适应性管理研究②③，这些理念均为旅游业的可持续发展提供了借鉴。

在实践应用方面，目前中国极少将适应性管理理论转化为应用模型，更缺少成熟的实践案例。但是，2020 年 8 月国家自然资源部、财政部、生态环境部联合印发的《山水林田湖草生态保护修复工程指南（试行）》明确指出要开展适应性管理，将适应性管理贯穿到生态保护与修复的各个环节中，通过学习、调整、再学习、再调整实现生态保护与修复的目标。这表明适应性管理将成为中国未来进行生态环境管理的重要理念。

（三）自然保护地生态旅游影响适应性管理的含义

旅游地是一个动态的发展过程，因此对于旅游地而言，不存在固定、单一、静态的管理模式，这一客观现实要求我们必须摒弃传统的管理观念，以动态、演化的思维来适应旅游地的变化与发展④。鉴于此，适应性管理也逐渐被应用在旅游领域，尤其是自然保护地的生态旅游发展过程中。自然保护区的适应性管理是一个重复性的优化决策过程，通过不断调整来实现所确定的管理目标和解决复杂的不确定性管理问题④。在这一过程中，适应性管理作为一种保护地旅游可持续发展的保护方法能够有效处理可持续旅游中的冲突、复杂性和不确定性⑤，并通过评价、计划、实施、监测、评估、调整等

---

① 杨春宇：《旅游地适应性管理模式：一个演化博弈的视角》，《经济管理》2009 年第 8 期。

② 于蓉：《四川省乡村旅游适应性管理问题研究》，《农业经济》2016 年第 1 期。

③ 张瑛、赵建峰：《旅游流时空卡口与系统仿真实验预测——一种景区日常环境容量主动适应性管理方法》，《旅游学刊》2020 年第 9 期。

④ 唐小平：《生物类自然保护区适应性管理关键问题的研究》，博士学位论文，北京林业大学，2012。

⑤ Plummer R., Fennell D. A., "Managing protected areas for sustainable tourism: Prospects for adaptive co-management," *Journal of Sustainable Tourism*, 2019, 2.

一系列管理活动提升自然保护地生态旅游管理的动态性、前瞻性和预测性，从而促进生态旅游的可持续发展。

但是，由于缺乏清晰的定义和方法、成功实践案例数量有限等原因，自然保护地生态旅游影响的适应性管理并不容易实施。文章接下来将在总结国内外保护地管理经验的基础上，归纳自然保护地生态旅游影响适应性管理的原则，提出综合的适应性管理方案，以期为自然保护地生态旅游的发展管理提供借鉴。

二　国际自然保护地生态旅游影响的适应性管理原则

（一）明晰自然保护地的目标和价值

确定清晰的旅游和访客管理目标是保护地旅游业可持续发展的重要基石，而这些目标要和保护地的保护价值密切相连。为了更加清晰的建立管理目标和保护价值之间的关系，建议管理者运用旅游管理模式来指导实践。旅游管理模式可以成为支持和捍卫管理决策的有效工具，其中涉及的一些典型主题包括：与保育目标相一致的旅游策略和规划；在特殊的地区以及不允许开展旅游的地区，应当限制旅游开发的类型和规模（即分区）；管理旅游开发与旅游活动的实际影响和预期影响的措施；监测和报告旅游开发、旅游活动及相关影响；确保遵守允许旅游开发和旅游活动相关协议的措施；与原住民和当地社区分享利益；保育生态系统服务功能的益处。

（二）加强旅游和访客管理的前瞻性规划

保护地需要管理旅游活动的规划、开发、运营和退出，而规划作为旅游管理的首要环节，对保护地旅游后期的开发、运营和退出有着重要影响，积极规划旅游和访客管理能够有效提高保护地的管理效率。与上一原则相同，管理者也可以运用一些旅游管理模式来增强规划的前瞻性。

1. 制定商业化旅游运营操作手册

商业化旅游运营操作手册是指导旅游开发过程的有效工具，能够为旅游开发运营商提供具体的执行指导信息。完善的保护地商业化旅游运营操作手册应包含以下主题：合同条款（包括义务和权利、期限、续订选项、权利转让、风险、冲突解决、知识产权等）；项目生命周期；沟通渠道；环境和保育要求（包括综合环境治理、环境管制人员的设置、文化和自然资源的保育、野生生物栖息地可接受的操作、游猎管控、监测和研究、巡逻、火灾管理、问题动物和外来生物种群的处理、行为准则、安全程序等）；基础设施管理（包括建筑设计、电力、水供给、通信基础设施、废物管理、道路开发等）；环境和技术监测；社会和赋权要求（包括股权、培训和晋升、当地社区的商业机会等）；财务要求（包括特许经营费、最低租金、固定费用、年费）；违反协议规程（包括与财务、赋权和环境方面有关的内容，以及补救行为的规程，如履约保证金、通告和解约）；罚款金额和惩罚；行为守则（包括与特许经营者、常住和暂住居民的工作关系）；背景信息（包括保护地政策和法规、报告模板、应用模板）。

2. 衡量商业旅游的影响

商业旅游基础设施对保护地的影响在很大程度上取决于建设位置和布局方式。解说中心、卫生设施、酒店、小木屋和露营地、餐馆、停车场，登山口，以及其他许多设施都可以归类为旅游基础设施。建设的关键在于确保这些设施的可持续性，使其与当地生态系统和文化保持一致。

进行环境影响评估（Environmental Impact Assessments），是确定设施开发位置和规模时的首要工作。在这一环节中，保护地管理机构、当地社区、开发商以及游客的参与至关重要。可持续设计致力在旅游设施与其所在的生态系统之间建立密切的联系，为旅游开发商提供了解生态系统自然演化过程的机会从而避免后期出现代价高昂的生态系统退化问题，并有利于将重力、风力、水源、植被等自然资源转化为资产。在开发新的旅游服务场所时应考虑的因素包括：景观、自然灾害、传统活动、员工和游客的交通通达性、气候、坡度、自然和文化特色的利用、能源和公用设施、邻近相关商品和服务以及员工的可获得性和住房供给。关注这些因素，不仅能提升旅游设施的美感，加强访客体验，同时也能达到节约成本的效果。

3. 规划可持续的基础设施

保护地可以通过有意将设施限制在最低限度或根本不提供设施来避免访客的过度拥挤，提供高品质体验。例如，在阿帕拉契亚国家风景山道（Appalachian National Scenic Trail，美国）沿线区域，保护地通过关闭和修复平坦区域受影响严重的露营地来调控访客活动，并用侧山地区较小的露营地取而代之。这些露营地提供了更多的隐私，并且不鼓励扩建，减少了保护地环境干扰总面积，提高了访客满意度。阿卡迪亚国家公园（Acadia National Park，美国）则在道路沿线设置象征性的绳索围栏，用来阻止访客走出步游道。实践发现这种方法比信息咨询、教育实践更有效。良好的设施开发、设计和维护可以促成有意义的体验，从而带来访客回访，并且更易形成保护地的积极口碑，提升访客忠诚度。

4. 克服棘手的交通问题

交通方式和基础设施或许是商业旅游管理最重要的内容，因为它们可能对保护地和当地社区造成严重的负面影响。保护地在尽量减少能源消耗、碳排放和基础设施印迹的同时，也要保持高质量的访客体验，这是美国国家公园系统所提出的可持续交通倡议。美国国家公园管理局一直与交通方面的专家团队保持合作，力图通过改善公共交通通道（例如直通式公园电车系统），建造自行车道以及全面安装引导标志来限制汽车使用。此外，美国国家公园管理局拥堵管理工具箱提供了大量工具指导解决交通问题；加蒂诺公园（Gatineau Park，加拿大）和高费吕韦国家公园（De Hoge Veluwe National Park，荷兰）则鼓励访客通过租用自行车的方式穿越保护地。

（三）识别生态旅游需求

不同的保护地，其适合的旅游和游憩类型也会显著不同，更重要的是，适合的类型还可能会随时间而改变。旅游活动的新需求对保护地管理者来说是一个挑战，但也可能是一个培育新型访客体验类型的机会，这种新型的访客体验或许有助于保护地的保育。游憩机会谱这个旅游管理模式可以帮助管理者应对这些新的需求。

游憩机会谱（Recreation Opportunity Spectrum，ROS）是一种广泛应用的管理模式，其通过自然保护地分区方法来促进保护地旅游和户外游憩的多样性。ROS 将质量指标和标准应用到公园和户外游憩的三个组成部分：资源、社会和管理，展示了多种类型的游憩机会。例如，图 1 说明了“野生动物能见度”所代表的户外游憩资源条件的情况，其范围可以从野生动物扩展到驯养动物。同样，“孤寂感程度”代表了户外游憩的社会因素，其范围可以从高扩展到低。设施的“开发程度”代表了户外游憩的管理因素，其范围可以从无开发扩展到高度开发。保护地管理者可以使用这种结构化方法来识别不同的分区，将访客的不同需求和适合区域的保护管理目标、资源和社会条件的游憩机会相匹配。

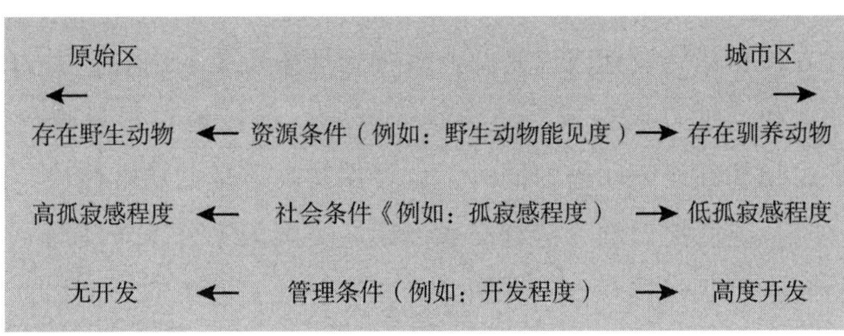

图 1　游憩机会谱示例

（四）衡量自然保护地的资源社会承载能力

1. 承载力

在保护地内开展旅游和访客活动必然会产生某种程度的影响，管理者正是通过不断尝试来最大限度地减少负面影响、发挥积极作用，才使这些活动得以持续进行。关于如何在保护地实现这一目标的大部分研究都考虑了访客承载力这一概念。已有许多文献研究了旅游和游憩对保护地资源和访客体验质量的多种影响。随着访客人数的增加，保护地变得更加拥挤，环境和社会影响日益增加，这可能对保护地的价值构成威胁。一些物理证据和访客对其经历的评估表明，在某些程度上这些影响可能变得不可接受。换句话说，访客的数量可能超过了访客承载力或访客容量。

在旅游业背景下，术语“承载力”指在不造成旅游目的地（这里指保护地）物理、经济和社会文化环境的破坏，以及访客体验质量不可接受的下降的前提下，旅游目的地所能容纳的最大访客数量。该概念于 20 世纪 60 年代首次应用于保护地和户外游憩，最初的重点是研究户外游憩对环境的影响。它被用来回答这一问题：“在自然资源受到不可接受的损害之前，保护地可以容纳多少访客活动?”很明显，保护地的承载力也存在社会或体验因素，即“在访客体验质量下降到不可接受的程度之前，保护地能容纳多少访客活动?”与其相关的概念“访客容量”，通常被用来描述访客管理方面的挑战，其目的是确定一个保护地可接受的访客数量。

同时，确定不同景点的访客容量也是很有必要的（例如，确定任一时刻访客中心的最大人数)，如今应用这一概念主要通过基于标准的管理模式来实现。这些模式受到保护地价值、管理目标及相关指标和标准的影响。近年来，随着“过度旅游”一词的出现，人们又重新审视了这场争论。但是这个问题应该用可接受变化极限（Limits of Acceptable Change，LAC）和游憩机会谱（Recreation Opportunity Spectrum，ROS）方法来解决，并且建立访客使用限制，而不是把承载力这一概念作为解决问题的基础。

2. 可接受变化极限

可接受变化极限（LAC）与游憩机会谱（ROS）一样，是一个成熟的旅游和访客管理框架模型。LAC 为保护地自然环境和社会环境的人为变化建立了可测量的限度，管理者可利用这些限度制定适当的管理战略，以维持或恢复可接受的条件。LAC 将合理规划、质量管理和公众参与相结合，以确定可测量的环境因素的质量，并监测这些质量是否得到保持。这是一种目标管理方法，也被称为“基于指标”或“基于标准”的模式。

LAC 受到人们的价值观、文化以及与访客活动数量和类型相关的其他因素的强烈影响。在保护地应用 LAC 模型时，管理目标是关于保护地和户外游憩的理想条件的陈述，包括资源保护水平和游憩体验的类型和质量，以便使保育始终处于首要地位。

3. 质量指标和质量标准

质量指标反映了管理目标的实质，可以将其视为可量化的管理目标。质量标准定义了指标变量的最小可接受条件。例如，关于孤寂感程度，研究发现荒野游客通常愿意接受每天遇到的团队数量小于 6 的野外小路，他们希望露营地远离其他团队的视线和声音。因此，把“最多五次与其他团队沿野外小路相遇，在其他团队的视线以及听力范围之外露营”作为标准管理一些荒野区。制定管理目标，并用量化指标和质量标准来表达管理目标，这是访客管理的重要组成部分。

（五）加强访客行为管理

1. 访客管理策略

由于保护地边界内的旅游活动会对保护地自然价值产生负面影响，因此为管理者提供了四种基本的管理策略。这四种策略都与供给和需求的概念有关（见图 2）。前两个基本策略通过控制供给与需求，增加游憩机会的供应来适应更多的访客利用或让访客利用更均匀地分散开，或者通过限制或彻底禁止等措施减少对不适当利用的需求。另外两个基本策略将供需视为既定，它们专注于通过改变访客行为来减少访客利用的影响，或者增加保护地敏感功能的耐用性，或者仅限制不适当的访客利用。

策略一是增加旅游机会的供应。旅游机会的供应可以在时间或空间方面增加。在时间维度上，保护地的利用通常集中在所有可用时间中的一小部分。如果一些高峰时期的访客利用可以转移到访客利用较低的时期，那么过度利用的压力可能得到缓解。而增加供应的传统方式是通过空间维度，扩大可供访客活动的物理区域（例如为访客提供更多或更大的保护地，更多或更完善的设施）。

策略二是减少不适当的访客活动需求。这可以通过修正访客利用的特

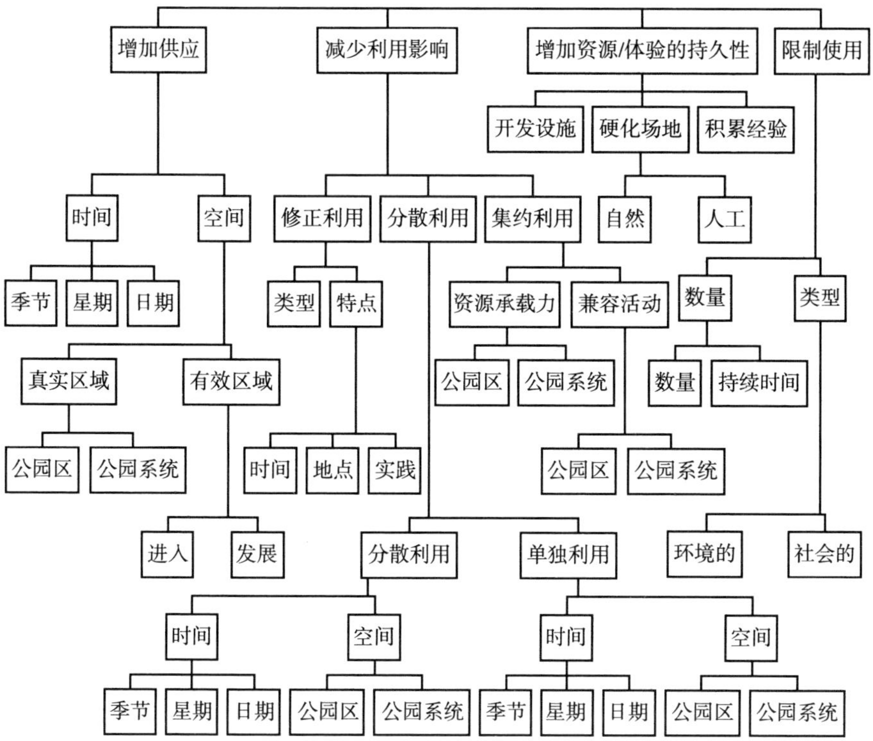

图 2　旅游和访客活动管理策略

性来实现，从而减少其影响。通过这种方式，潜在的破坏性活动可能不必被消除或限制，而是根据其时间（例如，印度的大多数老虎保护地在湿季开始时关闭 1～2 个月），位置（例如对林木线以下的区域进行限制），或方式（例如消除篝火而不是露营本身）进行改变。另一种方法是分散访客利用，使其发生在更广泛的区域，从而“稀释”影响。分散游憩基于以下假设：如果可行的话，将访客利用扩展到更广的区域，或者将其分散，以便在不同的时间为不同的访客团队提供活动。这样做的结果是没有单个区域受到不可接受的影响水平，同时减少或消除访客团队之间的冲突。当然，这种假设并不总是有效的。第三种可能性是采取相反的方法，通过集约利用使其仅影响一小块区域或“牺牲区”。例如，将游憩活动集中在自然资源（如土壤和植被）对影响相对具有抵抗力的区域，或访客中心周围的区域。

策略三是把供需视为是固定的，旨在提高容易受到不恰当访客利用影响的保护地资源的物理耐用性。由于这一策略通常需要铺设坚硬的路面来吸收访客活动的直接性物理影响，例如驾驶、步行和露营，因此也被称为“硬化”。一个非常常见的例子是在穿过脆弱湿地的部分步游道上铺设坚硬的木板路。保护地管理者还可以采用半自然的方式，诸如在容易遭到践踏的地区种植能适应恶劣环境的植物物种。

第四种也许是最常见的策略，是对不适当的访客活动设置强硬限制（包括禁令）。规章制度是一种常见的访客管理实践，常用的规章制度包括团队规模限制、指定的露营地或旅行路线、区域封闭、停留时间限制，以及限制或禁止对资源或体验具有大量影响的游憩活动和行为。规章制度的有效性是保护地管理者需要考虑的重要因素，例如，美国几个保护地进行的一项研究调研了三种针对篝火的监管方法：禁止、将其限制在特定地点以及不予管制。调查结果显示禁止篝火并没有显著降低它们的影响，但没有监管也会导致资源过度退化。该研究结果表明，指定篝火场地，并且禁止使用斧头和锯开拓篝火场地，才是控制篝火影响的最佳方式，同时也保留了访客高度重视的选择权。要想提升规章制度的有效性，管理者需要清楚地传达规章制度，以便访客了解这些制度，制度背后的原因以及违反规章制度时的相关制裁（例如罚款、处罚）。

2. 访客管理工具

自然保护地分区是管理旅游影响最常用的工具之一，是所有旅游和访客管理过程的重要组成部分。比较简单的分区方式如自然保护地将某些游憩活动分配给选定的区域或特定的时间。自然保护地分区也可以用来禁止环境敏感区域中的不适当活动，或分离相互冲突的游憩活动。例如，在乌干达保护地的总体管理规划中，自然保护地分区系统规定了住宿类型、交通和旅游活动，包括团队规模。自然保护地分区还可以用于创造不同类型的旅游和娱乐机会，因此它是前面所提到的游憩机会谱（ROS）的关键概念。

限额分配访客和游憩机会是另一种管理方式，如表 1 所示。例如，通过抽签和拍卖获得游览许可，这是美国国家公园使用的管理方式。使用访客限额、抽签和其他分配做法的关键是确保公正、效率和公平（例如，使用较高的价格来限量供应可能被认为是基于某些群体的社会经济地位而对其进行的歧视）。

表1　访客限额管理类型

访客限额管理类型	特点
预定系统	要求潜在访客在参观之前预定或获得游览机会
抽签	随机分配游览机会
先到先得或排队	要求潜在访客等待可用的游览空间或机会
定价	要求访客支付许可费用,这可能会“过滤掉”那些无法或不愿意支付的人
荣誉奖	要求潜在访客凭借所展示的知识或技能(例如,低影响的游憩行为)获得游览许可

第三种管理工具是强制性的规章制度。在限制访客活动的背后，需要强制执法来维护规章制度。管理者可以使用多种强制执行的策略，但对于任何国家公园或保护地，选择哪种策略由需要解决的违规类型来决定。“柔性”执法是指鼓励人们遵守规则的管理措施，例如，国家公园的标牌和解说信息可以引导访客进行积极和更安全的活动（如在野外环境该如何表现，潜在危险的道路或天气状况的信息）。实践规范也可用于影响访客活动数量、设施开发和建设，并限制某些活动，以最大限度地提高安全性。旅游经营者和特许经营者是这些措施能够成功实施的关键，保护地管理者应该要求他们推行这些措施。在柔性执法无效的情况下，需要“刚性”执法，例如发出传讯和罚款，在最严重的情况下，可能需要逮捕。

3. 访客安全管理

安保和安全是所有保护地访客面临的共同问题，其威胁可能源于其他访客、野生动物、环境灾难和保护地边界内发生的非法活动。从最严重的情况来看，保护地的访客可能受到有组织的偷猎或游击战等活动的威胁，如维龙加国家公园。设置执法官员（护林员、警员等）是减少所有安全问题的一种方法，研究发现设置执法官员会增加访客的安全感，但是这种方法的成本也很高。在发展中国家，与非政府组织和当地人建立伙伴关系来监测和巡逻保护地也是一种可行的解决方案。

保护地还应该为居民、游客和旅游相关企业提供明确的危机应急方案。这应该整合到公园管理方案中，并且必须在内部访客、员工以及外部潜在访客之间进行适当的宣传。例如，克鲁格国家公园（南非）在经历极端洪水灾害后，道路桥梁受损严重，随后南非国家公园利用其网站和社交媒体及时向旅游业和访客传递这种类似的安全隐患信息。

（六）结合使用直接管理和间接管理

限制访客活动被认为是管理旅游活动的基本策略之一，事实上，限制访客活动也是应对许多旅游相关管理问题的第一共同反应。不过，数十年来对访客承载力的研究和实践也使访客和旅游管理决策取得了重大进展。保护地管理者越来越认识到负面影响可能受到多种因素（例如交通方式、团队规模、使用季节）的影响，在许多情况下，简单的对不适当的访客活动施加限制可能无法找到根本原因。其他方法试图通过影响访客的决策，如追求什么活动、何时何地进行，以求达到更好的结果（见表2）。一般来说，间接做法不会对访客体验产生较大影响，但当这些做法无效，或者资源条件允许时，则需要采用直接方法。其中，直接管理强调行为规范、个人选择受限以及高度控制；而间接管理强调影响或改变行为、个人保留选择的自由、不完全控制以及在利用上有更多变化。

表2　直接管理和间接管理实践案例

类型	举例
直接管理	➢ 加分区监控； ➢ 分区在空间或时间使用上不兼容（例如仅限骑自行车的分区，仅限徒步旅行者的日期，禁止使用机动车）； ➢ 部分露营地限制住宿一晚； ➢ 轮流使用（例如开放或封闭道路、景点、步游道、露营地）； ➢ 预定；

续表

类型	举例
直接管理	➢ 为露营组织分配偏远地区的露营地或旅行路线； ➢ 限制访问景点； ➢ 限制团队规模（例如马匹数，车辆数）； ➢ 限制露营到指定的露营地； ➢ 限制在区域内的停留时间（即最大/最小）； ➢ 限制建筑营火； ➢ 限制捕鱼或狩猎； ➢ 要求或鼓励访客租用导游； ➢ 罚款
间接管理	➢ 改善（或不改善）行车通道，步游道； ➢ 改善（或不改善）露营地和其他集约利用区域； ➢ 宣传并鼓励保育该地区的特定属性； ➢ 确定周边地区的游憩机会范围； ➢ 教育访客了解生态和户外道德； ➢ 宣传未充分利用的区域和通常的利用模式； ➢ 收取门票费用； ➢ 收取差异费用（例如按路线、区域、季节）； ➢ 需要生态知识和游憩活动技能的证明

此外，限制使用的一种替代策略是应用定价方案来管理访客量。例如，异质定价法，即按照访客不同年龄、客源地和其他因素设定不同的价格，这有助于激励保护地吸引某种特定类型的访客。差异化定价的特点是根据提供的服务收取不同的价格，例如位于风景秀丽的河流旁边的露营地可能会比位于位置不太理想的露营地更贵；在旺季或者一些热门的景点收取较高的价格则可以减少拥挤。

但是，访客活动的负面影响和管理响应带来的意外后果可能不会在保护地边界内立即显现，或者可能完全发生在保护地外。例如，禁止破坏性的访客活动可以消除保护地边界内的问题，但是访客可能只是到附近的其他地方参与那项活动，因此问题只是转移了，而不是真正解决了。保护地的规划人员需要充分了解利用和影响之间的关系，以预测未来影响的时空范围。因此，旨在规制访客行为的教育服务、信息咨询和法律法规是必不可少的。

三 国际自然保护地生态旅游影响的综合适应性管理方案

（一）加强保护地生态旅游发展监测

保护地适应性管理的一个重要组成部分是进行持续监测，跟踪现状，评价管理行动的效率，并为采取适当补救行动提供基础。持续和有效的监测方案需要良好的方案设计，仔细选择指标和衡量方法，并长期承诺为实施这些方案提供资金、人员、设备和基础设施。然而，许多保护地机构和保护组织未能满足这些要求，于是当资金分配或人员配置发生变动之后，监测方案往往无法持续进行，此时保护地的管理者需要理解监测失败的原因，找到克服失败的方法。鉴于自然保护地生态保育工作中监测和评价工作的重要性，目前已有相关的准则出台，用以提高监测方案的质量、成本效益和可持续性。例如，Groves 和 Game 在 2016 年简明扼要地总结了保护地监测和评估的主要方法和设计考虑，用来帮助管理者确定目标受众，并进行智能监测，以满足他们的信息需求。联合国环境规划署世界保护监测中心和生物多样性指标伙伴关系等全球计划和倡议也促进了保护地监测项目的发展，这些倡议均特别注重指标的制定以及数据的披露和共享。

1. 访客利用方式监测

游憩活动以及访客的数量、类型和分布是自然保护地的基本数据，但是很多保护地都没有定期收集这些数据。一些常见的游客数据包括：访客数，即不论逗留时间长短，进入或离开保护地的访客人数；访客过夜人次，即在保护地内过夜的人数；访客时间，即访客在保护地逗留的总时间，单位为小时；访客天数，即游客在保护地停留的总天数；访客消费，指访客或代表访客在旅游期间以及待在保护地期间所购买的商品和服务的总消费支出。自然保护地的监测程度则可以根据保护地可持续旅游的发展目标以及保护地内工作人员的数量和预算来决定。

此外，区域、国家和国际游客数据可以在保护地规划和政策决策中发挥重要作用。虽然有许多方法可以在保护地收集访问者信息，但是很难将得到的数据跨保护地、机构，甚至国家层面进行对比。建立访客利用方式监测准则有助于确定共同的方法、关键指标和报告标准，以便在不同的空间和时间尺度上比较不同级别的数据。《自然地的访客监测：基于北欧和波罗的海国家经验的手册》是几个国家为制定补充性访客利用数据收集和报告准则而进行的一次协调努力。该手册由北欧部长理事会和瑞典环境保护署资助，详细介绍了景点访客监测的主要指标的通用方法和建议，并规范了北欧（丹麦、芬兰、冰岛、挪威和瑞典）和波罗的海（爱沙尼亚、拉脱维亚和立陶宛）保护地的监测结果报告格式。该手册展示了该地区周围保护地的访客监测数据样本，例如，芬兰国家保护区机构在该国400多个保护地实施了访客监测计划，在60个保护地内（如国家公园、国家游憩区、荒野区）进行了持续的访客数据收集，并使用国家保护机构和监测手册建议的指导方针，每五年进行一次游客调查。

2. 访客活动影响监测

目前国际上已经有了一套完整的访客活动影响监测指标体系，既包括对整个生态系统影响的监测，也包括对单独设施影响的监测，如表3所示。访客活动影响监测可以集中监测娱乐基础设施的状况，随后通过合理设计和管理来稳定访客的活动影响；访客活动影响还可以重点关注生态资源的状况，特别是重点监测敏感的景观、生境或物种。此外，保护地也需要监测访客的游憩行为，评估对环境造成影响的行为，例如在保护地内乱扔垃圾、在规定的步行道外行走等。访客活动影响监测的内容和监测具体指标则在很大程度上取决于保护地的管理目标，但是一些指标，如土壤侵蚀等在区域或生态系统监测中是常见的，而其他指标，如野生动物物种监测、特种旅游设施监测等，则具有区域特性。

表 3　访客活动影响监测指标

监测重点	低成本	中等成本	高成本
娱乐设施（步行道、营地、观景台等）	重复拍摄现状照片	定期取样分析	全面复盘和评估
生态资源（土壤、植被、野生动物、水）	重复拍摄现状照片	定期取样分析；相机陷阱拍摄	详细的生态评估
访客利用行为（利用的类型和分布，违规行为的证据）	访客计数	访客行为观察或访客行踪地图	摄像头/视频监控；访客调查

低成本的访客活动影响监测方式通常是对重点关注的地区进行现状照片重复拍摄，被拍照的地区也被称为“照片点”。通过系列重复照片，保护地管理者可以比较一段时间内保护地资源条件的变化。中等成本和高成本方案则需要配置全球定位系统（GPS）、红外摄影机、测量带、土壤测试工具和植被样方等实地监测设备，同时配备训练有素的工作人员或志愿者进行数据采取，形成丰富的数据集。

其中，对保护地进行生态影响监测就属于高成本监测。例如，要想对保护地河流系统的污水进行影响监测，检测河流生态威胁，监测者需要以年度为周期经常测量物理参数（如浑浊度）、化学参数（如氮、磷）、微生物参数（如粪大肠菌群）以及任何受威胁的鱼类和大型无脊椎动物物种的数量（如小龙虾），并且这些参数需要监测者实地测量。开展这项监测工作的一种方法是把它承包给专家团队，例如中国张家界国家公园与附近的一所大学合作建立并运营一个水质监测实验室，以跟踪公园内游客厕所设施周围上下游的所有参数。

3. 访客体验质量监测

访客体验质量是保护地旅游可持续发展的重要指标。访客在服务反馈卡、访客日志或社交媒体上提供的非正式数据能够为管理者提供一些访客体验信息，但是这些反馈可能会存在偏颇。更系统的访客体验监测方法还包括现场调查（通常在游客中心或主要的游客入口进行）、电子邮件回访以及互联网调查等。

（二）提升保护地生态旅游发展的公众参与度

1. 利益相关者分析

合作关系是保护地可持续旅游的重要组成部分。要使一个合作关系真正成功，管理者必须确保：所有合作伙伴共同决定、理解并同意他们的角色和责任，并将其以书面形式记录下来；所有参与人都平等地承担责任；合作关系是互利的；建立评估合作关系的机制；各主体之间开放和真诚地沟通。保护地机构与非政府组织、土著人民、当地社区和私营部门之间构建合作关系是非常有价值的，但也极具挑战，因为每个利益相关者都有不同的目标，并且实现这些目标的方式各不相同。保护地可以通过与其他主体共同参与规划、制订管理计划的方式在多个利益相关者之间建立有效的合作关系。加拿大旅游委员会曾发布了保护区与旅游经营者合作的最佳实践指导方针，这可以为其他保护地建立合作关系提供借鉴。

此外，保护地旅游业涉及很多利益相关者，每个群体都有自己的“文化”，即自己独特的价值与目标，这种复杂的利益交错关系对保护地的持续管理提出了挑战。这些与保护地旅游管理政策有直接和间接利益的利益相关者包括：保护地规划者与管理者、志愿者、游客、从业人员、当地社区、土著居民、土地所有者、常住居民、政府部门、营利性私营企业、非政府组织、环境保护组织、经济发展组织、特许经营者、服务接待业、旅游经营商、目的地营销组织、教育机构、研究团体、媒体等。在所有的利益相关者中，四类利益群体在保护地旅游管理中特别重要，分别是社会群体，包括当地社区；公园管理者；旅游经营商和游客。

2. 参与式规划和社区参与

可持续旅游和访客管理需要将保护地的利益相关者，如原住民、当地社区等，纳入保护地的规划过程中，即参与式规划。这是一种保护地积极建立社区共识、提升社区参与能力和旅游影响管理能力的方式，是一种重要的社区参与形式。但是，也有不少社区是以被动，甚至是操纵的方式“参与”保护地旅游发展，表 4 为我们提供了不同的社区参与方式。

表 4　社区参与保护地旅游管理的类型

类型	特点
操纵式参与	参与只是一种假象,参与者并没有决策权
被动参与	参与者仅有知情权,能够被告知已经决定或已经发生的事情
协商参与	参与者通过咨询或回答问题的方式参与,但不允许参与到决策流程中,专业人士也无需必须采纳其他参与者的建议
物质激励参与	参与者通过贡献资源(例如劳动力)来换取食物、现金或其他物质奖励;当激励措施结束时,参与者的参与动力也会消失
功能性参与	外部经营商将参与视为实现项目目标的手段,参与方式可能包括共享决策,但也仅是在经营商已做出主要决策之后
互动参与	参与者共同分析和制订行动计划;参与是一种权利,涉及结构化的学习过程
自发参与	参与者独立于外部经营商主动参与,保持对资源使用和决策的控制权

（三）促进保护地生态旅游发展的传播与推广

1. 信息技术

卫星电话、GPS 智能手机和其他导航设备不仅可以协助护林员、猎场警卫和管理员执法，也可以提升保护地偏远地区的可进入性。WebPark 是保护地利用信息技术传播推广的典型例子。WebPark 是在欧洲提供的一种基于位置的服务，允许个人使用其移动设备获取有关保护地的信息，包括徒步条件和雪崩警报，并提供快速访问等紧急服务。然而，研究表明，访客可能会因此愿意冒更大的风险，因为他们错误地认为这种服务可以将荒野旅行的危险降到最低。

此外，在营地和解说中心提供移动电话和无线互联网服务同样利弊共存。一方面，如果保护地内配有互联网和社交媒体，会增加保护地对年轻人的吸引力，使年轻人更倾向于和父母一起参观保护地。另一方面，这种与外界持续联系的信息设备可能会侵蚀大自然的恢复能力，减少人与人之间的社交机会，分散访客在观赏时的注意力。

保护地机构为方便访客游览也在不断更新技术设备，例如用于提升游客体验的 GIS 规划工具，以及具有卫星反馈系统的游客计数器设备，以确保更准确、及时地监测游客。通过互联网，访客可以参与他们最喜欢的保护地的在线博客，通过保护地主办的网络研讨会观察保护行动，并实时预订露营地，360 度预览他们选择的露营地。此外，保护地机构还可以利用 Facebook 和 Twitter 等社交媒体来传播紧急新闻，如发布紧急灾害信息等，通过这种方式来建立一个具有共同利益的保护地支持者社区。

2. 教育解说系统

教育和解说是许多保护地的关键目标。保护地具有巨大的价值，因为人们在这里可以了解自然和文化，培养对保护的积极态度。解说是一个沟通的过程，是在访客和资源之间锻造的情感和智力的联系，当保护地在导游、游客中心或出版媒体方面有所作为时，可以达到非常有效的解说效果。相比之下，教育则更加广泛，教育的过程和个人知识和理解的发展，性格和道德的成长，以及社会品质密切相关。教育是一个能力建设的过程，在这个过程中学习者变得能够将教育主题与先前存在的认知、态度，或者深刻持有的价值观联系起来。因此，保护地的教育有必要根据访客的知识文化水平分类开展。例如，保护地的教育可以分为：基础性教育，帮助访客理解术语的字面意思，如“物种”、“野生动物”和“生物多样性”；文化教育，帮助访客在其文化背景下理解；批判性教育，帮助访客对其意识形态基础进行批判性理解。

3. 市场营销

市场营销是一种创造和传递对消费者、客户和整个社会有价值的信息的专业沟通方式。市场营销理论关注 4P，即产品（product）、定价（price）、促销（promotion）和地点（place）。从事旅游业的保护地管理者既可以集中精力进行市场调查，以了解潜在游客的需求、特征和行为，也可以针对利益相关者群体、保护地工作人员以及其他群体开展市场推广。但实际上，大多数想要进行市场研究的保护地都没有所需的专业营销人员，不得不委托其他外部机构开展营销。总体来看，保护地机构可以从事以下五种类型的营销：

一是社会营销，社会营销优先考虑有利于社会和个人的结果。例如，维多利亚公园与卫生保健专业人员合作，推广他们的“健康公园、健康人民”运动。在这项运动中，医生把参观公园作为一种治疗处方推荐给病人，从而帮助病人改善身体健康状况。

二是关系营销，关系营销是通过保护地机构、权利人和利益相关者群体之间长期、互利的关系开展的，包括在保护地组织内部以及与合作伙伴之间培养的支持性的内部关系。一年一度的义工表彰活动是促进积极关系的一种方式，配合访问记者采访也是一种积极的关系营销。

三是限制性营销，当受保护区域的管理者需要减少访客对特定地点或服务的需求，以削弱对环境的影响或提高游客体验时，就会采用限制性营销策略。限制性营销的方法包括提高价格、建立排队系统、减少日常促销或只针对特定访客促销、推广可能满足相同需求的替代产品，或强调过度访问的问题，如环境退化等。

四是合作营销，合作营销是指保护地的管理机构和特定的合作伙伴（或多个）联合起来推广产品，并共同从中获益。这是一种通过接触合作伙伴不同的受众来扩大交流机会的营销手段。与媒体机构合作是一种非常有效的方法，尤其是与互联网覆盖面极广的媒体机构合作。例如，《国家地理旅行者》和美国国家公园管理局合作，促进了沃特顿冰川国际和平公园世界遗产地和这些公园周围社区旅游业的发展。这次营销被称为“大陆之冠”，有效提高了该地区的旅游业发展和环境管理的意识。

五是体验营销，体验营销是让访客沉浸在保护地体验的创造和传递中，产生令人难忘的经历和回忆，进而产生积极的情感联系、行为改变和对管理的支持。开展体验营销，保护地要特别注意为体验者设置舞台，调动所有感官，开发个性化体验，为特定的客户群体量身定做体验项目，保持体验乐趣，并提供相关纪念服务。

参考文献

[1] 张昊楠、秦卫华、周大庆、范鲁宁、李忠林、蒋明康：《中国自然保护区生态旅游活动现状》，《生态与农村环境学报》2016 年第 1 期。

[2] 王文杰、潘英姿、王明翠、罗海江、张峰、申文明、刘晓曼：《区域生态系统适应性管理概念、理论框架及其应用研究》，《中国环境监测》2007 年第 2 期。

[3] Beverton R. J. H., Holt S. J., On the dynamics of exploited fish populations, 1957.

[4] Holling C. S., Adaptive environmental assessment and management, 1978.

[5] Walters C., Adaptive Management of Renewable Resources, 1986.

[6] Lee K. N., Compass and Gyroscope: Iintegrating Science and Politics for the Environment, 1993.

[7] Nyberg J. B., Taylor B., Applying adaptive management in British Columbia's forests, 1996.

[8] 冯漪、曹银贵、耿冰瑾、张振佳、刘施含、白中科：《生态系统适应性管理：理论内涵与管理应用》，《农业资源与环境学报》2021 年第 4 期。

[9] 于蓉：《四川省乡村旅游适应性管理问题研究》，《农业经济》2016 年第 1 期。

[10] 张瑛、赵建峰：《旅游流时空卡口与系统仿真实验预测——一种景区日常环境容量主动适应性管理方法》，《旅游学刊》2020 年第 9 期。

[11] 龚志强、王琬萱：《世界文化景观遗产适应性管理模式构建——基于利益相关者理论》，《企业经济》2019 年第 1 期。

[12] 唐宁：《基于适应性管理理论的北京市自然保护区管理机制研究》，博士学位论文，北京林业大学，2020。

[13] 李俊枝：《森林生态功能区适应性管理研究》，博士学位论文，东北林业大学，2016。

[14] 李鑫：《风景名胜区适应性管理模式和路径研究》，硕士学位论文，浙江大学，2018。

[15] 杨璐、陈明茹、杨圣云、胡文佳、程建新、叶观琼、纪雅宁、鲍姗姗：《水产种质资源保护区适应性管理研究》，《海洋环境科学》2014 年第 1 期。

[16] 李俊枝、张滨、吕洁华：《基于适应性管理视域的森林生态系统服务主导因子研究——以大小兴安岭森林生态功能区为例》，《林业经济问题》2015 年第 2 期。

[17] 孙东亚、董哲仁、赵进勇：《河流生态修复的适应性管理方法》，《水利水电技术》2007 年第 2 期。

[18] 王宇飞、苏红巧、赵鑫蕊、苏杨、罗敏：《基于保护地役权的自然保护地适应性管理方法探讨：以钱江源国家公园体制试点区为例》，《生物多样性》2019 年第 1 期。

[19] 杨春宇：《旅游地适应性管理模式：一个演化博弈的视角》，《经济管理》2009 年第 8 期。

[20] 唐小平：《生物类自然保护区适应性管理关键问题的研究》，博士学位论文，北京林业大学，2012。

[21] Plummer R. , Fennell D, A. , "Managing protected areas for sustainable tourism: Prospects for adaptive co-management," *Journal of Sustainable Tourism*, 2019, 2.

B.15
美国黄石国家公园生态旅游模式分析

唐承财　杨媛媛　梁文琪　卓玛措*

摘　要： 黄石国家公园是世界上第一个国家公园，有着丰富的生态旅游资源和发展经验，对生态旅游起步较晚的中国而言具有重要的学习价值和意义。本文首先通过梳理黄石国家公园发展脉络，厘清关键节点和重大事件，结合美国国情和历史，从开发者视角分析总结出美国黄石国家公园生态旅游开发管理模式由多方面构成：统一管理，经管分离；教育引导，法律保障；各界合作，科学开发；全民参与，共建共享。其次，以黄石国家公园的生态旅游实践为依据，归纳其生态旅游业态融合的模式有："休闲观光+生态旅游""康养旅游+生态旅游""研学旅游+生态旅游""探险旅游+生态旅游""文化旅游+生态旅游"。最后通过比较，剖析中国生态旅游发展现状，发现存在以下问题：未形成专门性、系统性的生态旅游行业规范；缺乏整体、长期规划，分区治理能力有待提高；生态旅游管理缺乏专业人才。为此，中国生态旅游应从完善立法和政策体系，引导利益相关者参与发展；专家学者分区规划，加强生态旅游的规划管理；多渠道引入、培养专业人才等方

* 唐承财，博士，北京第二外国语学院旅游科学学院教授，区域旅游研究与规划中心主任，青海民族大学旅游学院特聘教授，北京旅游发展研究基地研究员，国家林草局生态旅游标委会委员，主要研究方向为生态旅游、低碳旅游、乡村旅游、文化旅游、冰雪旅游；杨媛媛，北京第二外国语学院旅游科学学院在读硕士研究生，主要研究方向为生态旅游、冰雪旅游、文化旅游；梁文琪，北京第二外国语学院旅游科学学院在读硕士研究生，主要研究方向为生态旅游、国家文化公园与文化旅游；卓玛措，博士，青海民族大学旅游学院教授，博士生导师，主要研究方向为生态旅游、乡村旅游、文化旅游。

面进行全面改善。

关键词： 生态旅游 开发模式 业态融合 黄石国家公园

一 引言

美国的独立战争使其成为一个真正的国家，南北战争促进了美国资本主义经济的快速发展，但也暴露出了自身文化自信不足、民族自卑感流行的问题。一些美国文人提倡以远离城市的荒野环境来改善这一状况[①]。但随后的西进扩张等人类活动却在实现经济发展的同时对原有的文化和野生世界带来了巨大的负面影响，本着“为人们的愉悦和自然保护而建立自然保护地”的初心和理念，1872 年美国国会正式批准成立了世界上第一个国家公园——黄石国家公园。作为全球第一个国家公园，黄石国家公园成立至今在公园管理、生态保护、旅游开发等方面都为后来者提供了较多的借鉴和启示。特别是，依托自身丰富的生态旅游资源，黄石国家公园形成了独具特色的生态旅游模式，并取得了良好的生态旅游效益。中国国家公园的建立和生态旅游的形成都开始得较晚，2006 年我国开始试点建设第一个国家公园——香格里拉普达措国家公园，其开发建设模式不断成熟，形成了“政府 + 经营机构 + 社区”三方共建、股份制运营、旅游政策促进等经验模式[②]，极大地促进了中国国家公园和生态旅游的发展。但近年来在发展迅速的同时也存在一些问题亟待解决。本文将在总结提炼美国黄石国家公园发展历程和实践经验的基础上，归纳其生态旅游的开发管理模式和业态融合模式，并结合中国生态旅游发展现状提出相应的启示建议。

① 王连勇、霍伦贺斯特·斯蒂芬：《创建统一的中华国家公园体系——美国历史经验的启示》，《地理研究》2014 年第 12 期。

② 章忠云：《香格里拉普达措国家公园的发展状况及生态补偿机制》，《西南林业大学学报》（社会科学）2018 年第 2 期。

二　黄石国家公园发展历程

黄石国家公园作为世界第一个国家公园，其发展轨迹显得曲折而艰难，不仅体现在探索初期人们在观念、开发、管理、经营、治理保护等方面与传统经验的冲突上，而且体现在后续的经营管理的瓶颈突破上。本章主要观察黄石国家公园管理部门的更迭及相应的经营管理方式或模式的更新，探寻黄石国家公园的发展过程，并把其分为四个阶段，分别为起步探索阶段、快速发展阶段、规范管理阶段、稳步发展阶段。各阶段及其主要事件如下表所示。

表1　黄石国家公园发展历程

阶段	主要事件
起步探索阶段 1860～1917年	1860～1885年联邦政府管理，铁路公司参与其中的管理模式，旅游开发与环保冲突不断，公园管理方偏向旅游开发； 1886～1917年军队直接管理，强调生态保护，旅游开发未得到重视
快速发展阶段 1918～1963年	1918年起由美国国家公园管理局进行专门统一的全权管理。1918～1963年强调在生态保护的基础上进行旅游开发，对二者的关系有了更加理性的认识和把握，但前期在实践上仍然存在诸多不足亟待完善
规范管理阶段 1964～1984年	1964年后美国环境意识开始觉醒，NPS通过环境立法、规划分区、客流控制、许可证经营等开始做出缓慢调整。但未真正解决旅游和生态之间的矛盾，也未真正触及生态旅游的内涵，仅仅是将人与生态分隔开来
稳步发展阶段 1985年至今	1985年后“生态旅游”观念和业务都有了一定拓展。景区管理上也结合解说系统、检测系统、学术研究等来实现更加精准高效的管理运营。生态和旅游的关系逐渐得到平衡

（一）起步探索阶段

1872年美国国会通过《黄石法案》，由此第一个国家公园黄石国家公园宣告成立，法案明确提出黄石国家公园成立的初衷是保护自然资源，最终目的是“服务于所有美国公民”，这也暗含着黄石国家公园从一开始就身负

"双重使命"。黄石国家公园最初由联邦政府进行管理，而联邦政府与铁路公司之间千丝万缕的关系让美国媒体甚至美国公众认为，这种管理制度方便了铁路公司通过垄断准入和旅游开发直接从地区旅游业中获利。随后，问题也逐渐暴露出来，1860～1890 年美国西部包括黄石国家公园在内的诸多地点采矿业的发展也进一步引发了对改善运输系统的需求[①]。虽然铁路公司在一定程度上对当时的黄石地区起到了积极作用，但过分强调旅游开发带来的经济效益而在园区内外修建不合理的交通路线，再加上不同群体的观念、利益与政治博弈对该时期黄石公园管理与发展的影响，使得早期黄石国家公园的管理十分混乱发展历程曲折[②]。公园的创立是铁路公司和探险队员共同推动的结果，而铁路公司的目的在于追求经济利益[③]，因此从旅游的概念来看最初前往黄石的大多数人算不得真正意义上的旅游者，而只能是旅行者，因此他们进行的活动也不能算是真正的旅游。为缓解矛盾、平息环保主义者的怒火，黄石国家公园于 1886 年开始长达 32 年的军事化管理，军队的管理对实现黄石国家公园的保护使命十分奏效，然而其过于僵硬的管理方式与旅游开发、旅游服务等并不相符，这也导致了这一期间的旅游服务质量过低。

（二）快速发展阶段

在环境保护主义人士等的推动下美国建立了多个国家公园，意识到统一经营管理的重要性，1916 年美国国家公园管理局成立，1918 年美国国家公园管理局顺利接手黄石国家公园，国家公园被纳入统一管理，情况稍有好转。

黄石国家公园内部森林面积占比高达 90% 左右，但其森林权属不清晰，1925 年前后国家公园管理局与国家森林局在黄石国家公园管理权上展开了

① M. A. Russell, J. E. Bradford, L. E. Murphy, "Waters and Development of a Turn-of-the-Century Tourist Economy in Yellowstone National Park," *Historical Archaeology*, 2004, 4.

② 高科、观念：《利益与政治：从黄石公园管理看美国早期国家公园发展的历史困境（1872～1916 年）》，《安徽史学》2020 年第 6 期。

③ 吴保光：《美国国家公园体系的起源及其形成》，硕士学位论文，厦门大学，2009。

激烈的争夺。两个部门在对黄石国家公园的保护与开发上存在明显的分歧，前者强调在保护的基础上开发，而后者则强调在开发的基础上保护。在时任国家公园管理局领导者马瑟的努力下国家公园管理局开始对公园进行全权管理，避免了管理责任的重叠，由此马瑟开始意识到国家公园旅游娱乐项目开发的重要性。然而由于缺乏生态学知识，管理局成立后很长一段时间，包括黄石国家公园在内的美国国家公园在公园的生态保护上都缺乏科学的理论指导。这一时期黄石国家公园的保护行为和理念主要为景观资源保护和荒野理念①。

（三）规范管理阶段

为了弥补工业化时期对环境资源的过度攫取，黄石国家公园开始形成生态旅游这一旅游形式，在进行旅游活动时更加强调旅游和生态的和谐共生②。以公园内道路系统建设情况为参考标准可以发现，在1963年以前，黄石国家公园由于缺乏统一有效管理、以游客好恶为标准而过度开发建设、汽车纵容等原因③，园区的生态保护和旅游开发并未按照最初预想的那样发展。1964年后美国环境意识觉醒，美国国家公园管理局开始做出缓慢的调整，例如环境立法、规划分区、客流控制、许可证经营等④。但这一时期的改革并未真正解决旅游和生态之间的矛盾，也并未真正触及生态旅游的内涵。要成功应对公园的生态旅游和资源管理之间的矛盾带来的压力就有必要进一步研究公众对公园的要求⑤。

---

① 贾静：《全球背景下不同地域国家公园演进比较分析——以美国、英国、法国、日本为例》，《丽水学院学报》2013年第35期。

② 曹进冬：《生态旅游：黄石国家公园》，《青海科技》2013年第3期。

③ 陈战是、孙铁、陈妍：《融于自然，展现风景——美国国家公园道路系统建设历程与经验启示》，《风景园林》2019年第11期。

④ 张宏亮：《20世纪70~90年代美国黄石国家公园改革研究》，硕士学位论文，河北师范大学，2010年。

⑤ Yonk R. M., Lofthouse J. K., "A review on the manufacturing of a national icon: Institutions and incentives in the management of Yellowstone National Park," *International Journal of Geoheritage and Parks*, 2020, 8.

（四）稳步发展阶段

20 世纪 80 年代“生态旅游”概念一经提出便在美国得到了大规模推广，1985 年后公园开始步入稳步发展阶段，公园业务逐步拓展至科普教育、文化历史考察、休闲观光、生态旅游等领域，在保证公园原真性的基础上通过功能分区等措施满足游客的合理需求。如今，黄石国家公园经过 150 余年的探索已经探寻出两大途径来实现公园生态保护和旅游开发的平衡：建立科学监测生态系统进行游客管理、利用解说和教育提高游客生态保护意识。与此同时，公园还积极与生态专家合作，共同探寻生态保护和旅游开发的新路径，促进游客生态旅游的引导和规范。因此，大量研究学者开始从生态学、生物学等角度帮助公园管理者更好地管理公园的生态和旅游活动。例如 Tercek 利用与温度指数相关的雪融化和积累方程以及缩小后的全球气候模型的温度和降水数据预测了在 21 世纪中后期，黄石公路西侧入口道路在未来最不适合过度使用，而南侧入口道路则维持在接近历史的可驾驶水平，为公园客运交通管理提供了重要参考①。公园和公众对生态旅游的认识也逐渐加深，开始意识到环境保护的概念不是把人和生态景观完全分裂开来，而是把人当作生态系统的一部分，达到人和自然环境的和谐才是生态保护的根本目的②。1992 年，学者在对黄石国家公园火灾对旅游的影响进行研究时发现自然火灾对旅游的积极作用远大于消极影响③，这一研究提示公园管理方在应对自然灾害和旅游的关系时不应用过多的人为手段阻止自然现象的发生，尽管其有害，但生态保护应当以自然系统的修复和应对能力来应对，这一研究也与公园一贯践行的“以火管理”政策相呼应。同时研究还证明游客的生态旅游需求只会在短期内受到自然条件限制带来的约束，而后便会迅速恢复

① Tercek M., Rodman A., “Forecasts of 21st Century Snowpack and Implications for Snowmobile and Snowcoach Use in Yellowstone National Park,” *Plos One*, 2016, 11.

② 张宏亮：《20 世纪 70～90 年代美国黄石国家公园改革研究》，硕士学位论文，河北师范大学，2010。

③ Beattie M. A., The effect of natural disasters on tourism a study of Mount Saint Helens and Yellowstone National Park, 1992.

甚至超过灾害以前水平。公园在长期发展和改革中已逐渐摸索出多种适合自身的生态旅游模式，并给予世界其他国家公园的旅游开发和生态保护极大的灵感和指引。

三　黄石国家公园生态旅游开发管理模式

黄石国家公园从1872年获批建立至今已经经过了一个半世纪，关于生态保护与旅游开发这两大命题，公园方不同管理者在不同时间用各自的政策和管理给出了自己的理解。随着时代和科学技术的进步以及人们生态旅游意识的觉醒，黄石国家公园生态旅游的开发管理呈现出欣欣向荣的局面，逐步探索出了适合本土特点的生态旅游开发管理模式，具体看来主要有以下四个方面。

（一）统一管理，经管分离

从美国整体来看，继黄石国家公园之后，美国掀起了一阵国家公园狂潮，虽然在一定程度上带动了当地的生态保护和旅游发展，但缺乏统一规范的标准和保护方法，各公园之间及公园内部都存在诸多矛盾和冲突。1916年美国国会正式批准设立国家公园管理局来对公园进行统一管理，国家公园管理局组织机构相对扁平化，在组织结构上，形成了华盛顿总部国家公园局主任、七大区域管理主任和驻地公园单位管理主任三级主任责任制的管理格局[①]。通过专业管理和“道德伦理+媒体宣传”两种方式直接或间接对公园生态资源和旅游开发进行管理[②]。管理局同时建立国家公园体系，通过对公园相关员工进行统一的知识技能培训、技术共享等实现国家公园之间资源保护和游客服务的相互协调配合。

---

① 王连勇、霍伦贺斯特·斯蒂芬：《创建统一的中华国家公园体系——美国历史经验的启示》，《地理研究》2014年第12期。

② Thomas C.，C.，KoontzL，2016 National Park visitor spending effects，Natural Resource Report NPS/NRSS/EQD/NRR—2016/1200：National Park Service，2017.

由于旅游规模日益扩大，原有的管理经营方式既不利于满足游客需求，又无法保障生态资源的保护和合理利用，1965 年《国家公园管理局特许事业决议法案》首次提出实行特许经营制度，实现管理者和商业经营者的分离，避免了追求经济效益而轻视遗产、生态保护带来的弊端。

（二）教育引导，法律保障

黄石国家公园成立初衷之一是促进人与自然的和谐共生，这并不只是公园内部工作人员、志愿者的责任，而是需要每个人的共同努力，尤其是前往公园旅游的游客。因此为了增强游客的生态保护意识、普及生态保护知识、提高生态保护能力、促进生态旅游合理开展，公园内多处设置有宣传册、解说牌、温馨提示等。结合新兴技术更新完善旅游解说系统，例如对公园内限制或禁止游客进入的区域，利用显示屏、动画、展览馆等多种方式让游客能够体验。除了教育引导，更有法律保障为公园保驾护航。1964 年，美国颁布《荒野法案》，但由于“荒野”涵盖范围过于宽泛，加上法案本身尚不成熟等，偷猎等现象依旧盛行。以狼群为例，1967 年，不仅公园内部，甚至整个黄石地区狼群几乎灭绝。1973 年，美国颁布《濒危物种法案》[①]，对濒危植物划分濒危等级，进行分级保护，进一步加强针对性。黄石国家公园依法治园还体现在立法、执法、司法各个环节。立法完善，例如《国家公园服务局管理条例》包括公园系统规划、自然资源管理、教育项目及游客服务等十个具体部分，可操作性很强。执法严明，清晰明确执法主体保障行政执法效率，避免了联邦与州之间、部门之间相互推诿，严格执行园区行为规范保障公园运行及游客安全。公正司法，建立专门的内部巡查机制、若干巡回法庭。为保证相关法律法规的有效执行，执法监督组织或机构也应运而生。例如 1983 年，国家公园管理局与各州野生动物管理机构共同组成跨机构灰熊委员会。

① 杨锐：《美国国家公园的立法和执法》，《中国园林》2003 年第 5 期。

（三）各界合作，科学开发

除了黄石国家公园内部员工外，公园方还与研究机构、科技公司等加强合作，对公园内的各种可能影响因素进行针对性、专业化的研究，配合监测记录功能实现生态灾害的预警、生态旅游的承载力分析等。例如国家公园管理局的黄石监测记录网络同落基山和哥伦比亚盆地网络合作实施“高海拔气候变化响应战略”，科研人员研究雪橇对园区的影响并借助数字模型算出冰雪天公园内雪橇的合理使用限度。多领域、多学科的合作，更有利于管理方制定科学的园区规划，促进经营业主做出针对性改善，更换、调整旅游体验项目和产品，从旅游供给侧角度促进和规范生态旅游。而从旅游监管角度来看，黄石国家公园也充分利用政府职能为生态旅游的发展提供保障，例如针对屡禁不止的偷猎等生态破坏行为，政府部门联合出台相关政策法规，为黄石国家公园的开发提供法律保障；借助国家公园体系对公园相关员工进行统一的知识技能培训、技术共享等，为黄石国家公园的开发提供技术保障；黄石国家公园的资金大部分由国会从税收中划拨，为黄石国家公园的开发提供资金保障。除了国会批准的部分（包括基本资金、项目拨款、建设项目资金）外，黄石国家公园还通过特殊项目、展示项目、私人捐赠等渠道获取建设和运转资金。

（四）全民参与，外化于行

黄石国家公园有来自全国各地的支持者，除了资金支持外，诸如分享经验、介绍新来者和生态教育是常有的支持活动。1990 年黄石国家公园周围的 35 个地方保护区组成了大黄石保护区协会，该协会打算将相互竞争的利益体聚集在一起，以寻求解决资源冲突的方案[①]。历史上的黄石国家公园曾免费对游客开放，尽管后来由于各党派利益之争，园内部分旅游项目只针

---

① Clark T. W., Amato E. D., "Whittemore D G, et al. Policy and Programs for Ecosystem Management in the Greater Yellowstone Ecosystem: An Analysis," *Conservation Biology*, 2010, 5.

对精英人士开放，但整体看来黄石国家公园一直在践行全民所有的理念。除此以外，1969 年国会通过《公园志愿者法》，鼓励普通民众参与国家公园的部分管理事务，包括保护公园的资源及其价值，改善公共服务，优化公共关系，为游客提供公园的学习与体验机会。这种“授权”增强了游客和公众的责任感和使命感，也赋予其改善生态的行为权利，结合前述的宣传教育，旅游者的生态旅游即是内化于心外化于行的了。此外，黄石国家公园的志愿者并不限于美国公民，只要有心护卫公园价值，国际游客也可申请加入国家公园志愿者队伍，公园也积极与国际公园志愿者计划（International Volunteers in Parks Program，IVIP）对接，利用国际志愿者的知识、技能以及更广泛的传播范围进行生态保护和旅游宣传。最后，黄石国家公园通过发展旅游促进当地经济发展，解决当地人的就业问题。Loomis 研究发现以到公园来旅游为目的带来的旅游收入和就业岗位数都远高于非旅游目的的如本地居民的日常活动[①]，由此公园的生态旅游开发赢得了本地及周边居民的大力支持和热情参与。

四　黄石国家公园生态旅游业态融合模式

黄石国家公园从设立国家公园管理局到步入生态旅游快速发展阶段以来已过去百余年，在挖掘利用公园内原有自然和人文资源的同时，也创造了新的自然和文化资源，成为旅游产品价值链延伸和融合的基础[②]。在旅游业态的更迭过程中，产业融合促进了新业态的产生[③]，传统业态打破原有业态壁垒成为业态创新的理想途径之一，诸如生态旅游、文化旅游、探险旅游、研学旅游、康养旅游、休闲旅游，业态呈现多元化的创新发展趋势。查阅文献

① Loomis J.，Caughlan L.，“The importance of adjusting for trip purpose in regional economic analyses of tourist destinations，” *Tourism Economics the Business & Finance of Tourism & Recreation*，2006，1.

② 张文建：《市场变化格局下的旅游业态转型与创新》，《社会科学》2011 年第 10 期。

③ 郭为、许珂：《旅游产业融合与新业态形成》，《旅游论坛》2013 年第 6 期。

发现，目前对于黄石国家公园的生态旅游业态融合的研究相对缺乏，本部分将以黄石国家公园生态旅游实践为依据，分析总结提炼其生态旅游业态融合的模式。

（一）“文化旅游 + 生态旅游”

《有机物法案》表明美国国家公园管理局成立的使命在于保护国家公园系统的自然和文化资源，为美国人民的需求服务。黄石国家公园作为大黄石生态系统的核心组成部分，其生态、美学和文化的重要性不可小觑[①]，因此黄石国家公园文化元素在生态旅游活动中占据着十分重要的位置。追根溯源，黄石国家公园起源于11000年前的克洛维斯文化，古印第安人一直是黄石国家公园地区最早的居民。从1834年第一个以非本地居民身份参观黄石地区的沃伦·安格斯·费里斯（Warren Angus Ferris）开始，越来越多的人进入公园探险。直到美国内战期间，由于政府与印第安人冲突不断，政府首次进入黄石地区。18世纪末，殖民扩张及随后的科考队、淘金者、传教士以及移民等先后进入黄石地区，印第安人逐渐退出黄石历史舞台[②]，后来者在战后及工业文明下创造了新的历史文化。但由于缺乏环保意识，他们的活动给生态环境造成了一定影响，也留下了本不属于公园的建筑物或其他物品等，例如黄石湖上的游艇等，这些已然成为供游客参观的工业文化遗迹[③]。美国独特的荒野历史文化和民族自信的积淀、象征和承载[④]，塑造了黄石国家公园的国家文化象征。黄石国家公园内的文化旅游挖掘和利用了生态旅游背后的文化资源，在探索当代生态旅游发展的同时结合文化旅游追溯历史，以史为鉴为生态旅游提供了启发和灵感，二者相互融合吸引着越来越多游客参与体验。

① Lynch H. J., Hodge S., Dunham A. M., “The Greater Yellowstone Ecosystem: Challenges for Regional Ecosystem Management,” *Environmental Management*, 2008.

② 吴保光：《美国国家公园体系的起源及其形成》，硕士学位论文，厦门大学，2009。

③ M. A. Russell, J. E. Bradford, L. E. Murphy, “Waters and Development of a Turn-of-the-Century Tourist Economy in Yellowstone National Park,” *Historical Archaeology*, 2004, 4.

④ 吴保光：《美国国家公园体系的起源及其形成》，硕士学位论文，厦门大学，2009。

（二）"探险旅游 + 生态旅游"

国家公园管理局刚诞生不久为寻求支持便组织推广面向精英的国家公园探险活动，成为一种扩大国家公园影响力的普遍模式①。目前园区内交通方便，环山公路长达五百多公里，而徒步路径长达一千五百多公里，园区内人迹罕至的步道中偶遇野生动物的惊险刺激每年都吸引着无数徒步旅游、探险爱好者前来旅行。黄石国家公园的徒步探险旅游可选择的活动路线有很多，由于海拔、距离和险峻程度不同，徒步旅行的难度也从轻松到艰险不等。同时园区针对不同年龄段游客提供不同难度的探险活动，例如针对中青年的徒步探险，针对学生儿童的野生动物教育及探险等。黄石国家公园的探险旅游并非纯粹满足人类无止境的猎奇需求，而是借助旅游探索未知的自然，增强对自然生态的敬畏心，从而实现人与自然的和谐共处，因此生态旅游与探险旅游的融合在黄石国家公园并不显得突兀和生硬，相反，从一开始二者就已经是彼此包含的关系。园区还建立长期生态系统研究点，极大促进了对公园的有效管理，并且还可以提供与管理政策对地方经济影响有关的分析①，帮助公园在生态保护基础上进行科学决策，规划旅游功能区域。

（三）"研学旅游 + 生态旅游"

1916 年《国家公园管理局法》明确要求满足包括学者、自然研究者在内的公众需求。黄石国家公园管理者们为孩子们安排自然环游活动，在护林员的帮助指导下宿营并进行自然保护教育。1920 年公园管理局建立了公园博物馆并制订了讲解计划。园区内旅游解说系统构建完善，设立了写有请勿给任何黄石公园的野生动物喂食等警示的旅游指示牌等。公园的教育功能在 1985 年以后得到了进一步强化，在教育硬件设施方面进行了较大规模的建设，在人员配备、资金安排等方面优先考虑，使得国家公园体系成为进行科

① Lynch H. J., Hodge S., Dunham A. M., "The Greater Yellowstone Ecosystem: Challenges for Regional Ecosystem Management," *Environmental Management*, 2008.

学、历史、环境和爱国主义教育的重要场所[①]。1991 年起，黄石公园还开设了一系列的论坛和科学研究项目。最初只是一些专业人士参与，如今无论是青年和老人、男人和女人、长期从事科研工作的学者还是初来黄石公园的游人都成为该活动的积极参与者。1992 年，公园当局就出版了自己的半学术性杂志《黄石公园科学》（季刊），其上刊载各种主题的文章，还刊登了公园的特色文化资源和文化事件。除此以外公园还与学校等教育团体建立起直接联系，工作人员在周边地区的中小学举办科普活动，与学校及老师一起制定不同科普主题的实地考察活动，对参与活动的班级的老师开设专业培训课程等[②]。黄石国家公园幅员辽阔，历史文化悠久，为了更好地向游客展示黄石的美和历史文化底蕴，黄石国家公园除使用手册、海报、书籍等印刷品外，还利用光盘地图、屏幕收藏品、互动式地图、短视频、网上虚拟旅行等多媒体方式增强游客体验。同时园区内还利用系统整齐的旅游解说系统展示生态景观、科普生态知识、引导游客注意生态保护等。

（四）“康养旅游 + 生态旅游”

黄石公园的热喷泉是世界之最，共有 1 万多处温泉、泥泉和 300 多个定时喷发的间歇泉，其中 3000 多处温泉对游客开放，能够极大满足人们休息疗养的出游需求[③]。温泉通常含有多种微量元素，有一定的矿质，对改善体质，增强抵抗力和预防疾病有一定的作用。近年来“天然氧吧”“人间仙境”“深呼吸”“日光浴”等词语的流行反映了人们对康养的需求日益强烈。黄石国家公园内森林覆盖率高达 80%，草地面积广阔，满足了游客的康养需要。游客在园内可以呼吸新鲜空气、沐浴阳光、放松心情。同时

---

① 杨锐：《美国国家公园体系的发展历程及其经验教训》，《中国园林》2001 年第 1 期。

② 杨桂芳、陈正洪：《美国国家公园科普理论与实践探索——以美国黄石公园为例》，《中国地质学会旅游地学与地质公园研究分会、甘肃省国土资源厅、张掖市人民政府、中国地质学会旅游地学与地质公园研究分会第 27 届年会暨张掖丹霞国家地质公园建设与旅游发展研讨会论文集》，2012 年。

③ 圣隆佐：《提高自然保护区管理水平加强生物多样性保护——从美国黄石国家公园管理谈起》，《环境教育》2006 年第 11 期。

公园为促进生态保护，多设计为徒步景区，公园内的住宿设施也本着天然的原则进行规划设计，例如小木屋、帐篷酒店等，尽可能减少现代化建筑材料的使用，降低对环境的干扰。黄石国家公园内的康养旅游以生态旅游为基础，二者旅游资源大体相近，区别在于彼此的利用方式有所不同。康养旅游一般以优越的自然环境资源促进旅游者在身体、心灵和精神上的和谐发展①，黄石国家公园内自然环境的优越性是毋庸置疑的，其中以森林为主的旅游资源为园内康养旅游的开展提供了良好的基础和条件。康养旅游需要坚持保护、绿色、融入自然的开发原则②，这与生态旅游的观念不谋而合。由此可见生态旅游在一定程度上包含了康养旅游的构成元素，内涵要求趋于一致，二者相互融合可以说是天时地利人和的共同成就。

（五）"休闲旅游 + 生态旅游"

这一旅游模式可追溯至 1915 年，即国家公园管理局成立前夕，新上任的国家森林局局长格里夫斯转换管理模式，开始了"保护——休闲服务模式"，建设避暑地、旅馆以及其他公众休闲所需要的设施，由此自然爱好者和短期度假者逐渐增多③。公园内几乎没有信号，直接为游客提供了远离手机等干扰完全投入自然生态环境中的条件。黄石国家公园内有很多户外休闲的活动，包括摄影、露营、徒步、钓鱼、骑自行车、马车游览和温泉。游客如需划船和钓鱼则必须购买许可证，所有的船只和浮标管都需要获得许可。黄石公园的水域较冷而湍急且为纯天然，许多区域的安全性未知，因此湖内游泳是被禁止的。针对自行车骑行，园区规定在黄石公园骑自行车要排成一纵队行驶，司机应保持车辆与自行车和路边行人之间的距离在一米以上，尤其是带有大型分拆式侧视镜的车辆。虽然公园近九成为森林，但公园内仍旧

① 李鹏、赵永明、叶卉悦：《康养旅游相关概念辨析与国际研究进展》，《旅游论坛》2020 年第 6 期。

② 陈晓丽：《森林康养旅游研究及开发探析》，《黑龙江生态工程职业学院学报》2016 年第 5 期。

③ 章忠云：《香格里拉普达措国家公园的发展状况及生态补偿机制》，《西南林业大学学报》（社会科学）2018 年第 3 期。

提供有篝火活动，但是假如要点篝火，只能在营地指定的地方（就是营地里的那种专门的篝火架子）点火。20 世纪中期以来，冬季黄石国家公园还开辟出雪地车体验活动以降低公园旅游的季节性影响，但由于管理、技术、观念、政治博弈等原因，园区的雪地车休闲体验经历了较曲折的发展。1999 年，学者研究发现雪地车（摩托车）的频繁使用会导致积雪中氨、硝酸盐等化学物质的含量显著增高①，2005 年黄石国家公园的雪地车便都配备了便携式排放检测系统，既降低了汽车等交通工具对环境的污染，避免因冰面摩擦小而导致的交通事故，又增强了游客的体验感。Mansfield 通过研究发现乘雪地车乘客的福利损失可以被非雪地车乘客的福利收益所抵消②，说明通过雪地车项目黄石国家公园既能保护生态环境又能给游客带来休闲福利，促进生态旅游的发展。黄石国家公园是世界上第一个国家公园，也是美国国家公园里景观组合最丰富的国家公园，公园内有雪山、森林、峡谷、湖泊、河流、温泉等景色以及各种动植物。据统计公园内大概有 70 种哺乳动物物种、1700 多种树木以及数以万亿计的细菌，可谓“四时之景不同而乐亦无穷”，其中大棱镜温泉则被视为黄石国家公园的标志及象征，也由此黄石国家公园被誉为“地球最美丽的表面”，堪称摄影爱好者的摄影天堂，在公园内随意的取景都仿佛明信片一般。但园区也对游客做出明确规定，例如不能用聚光灯照麋鹿或其他动物，不能随意鸣喇叭等。人们在摄影时更加注重生态保护，秉持“可远观而不可亵玩焉”的原则。黄石国家公园多样化的休闲观光及体验活动为休闲度假旅游提供了丰富而极具特色的旅游吸引物，相关研究和内部管理又严格以生态旅游、生态保护等的要求和标准对休闲度假开发建设加以限制和约束，最终实现了生态旅游与休闲度假的完美融合和共同发展。

---

① Yochim M. J. , “Development of snowmobile policy in Yellowstone National Park,” University of Montana, 1998.

② Mansfield C. , Phaneuf D, J. , Johnson F. R. , “Preferences for Public Lands Management under Competing Uses: The Case of Yellowstone National Park,” *Land economics*, 2008, 2.

五 黄石国家公园对中国生态旅游的启示

社会经济发展的过程中，中国的旅游业也在不断向前发展，并且在国民经济中占的分量越来越重。尤其是受到近年来人们生活压力的加重、返璞归真旅游思想的深化等因素的影响，远离都市的生态旅游也逐渐得到人们的青睐。生态旅游模式也逐渐从国外优秀经验的借鉴模仿到如今的自主创新，从开始的单一刻板到如今的多元化个性化，中国生态旅游模式不断与时俱进。但总体上看，由于中国生态旅游发展相对较晚，在发展模式上仍旧不够成熟、系统。美国黄石国家公园生态旅游发展的成功经验给予中国如下启示。

（一）完善立法和政策体系

目前中国存在生态旅游相关立法位阶较低、尚未建立完善的法规体系、缺乏社会公众的广泛参与等问题①。中国对生态保护的相关法律法规与旅游的结合度低，并未对生态保护和旅游之间的具体关系、规范做出明确具体的规定，因此有必要早日建设符合中国国情的生态旅游法律保障体系。首先，从国家层面制定政策、法律法规保障旅游目的地生态旅游的开发、经营、管理，从宏观层面上促进和保障旅游目的地的生态旅游开发。其次，中国生态旅游起步晚，目的地独立管理经营，国家的宏观政策在很大程度上不能完全照顾到每个生态旅游目的地的具体情况。各景区管理方需要在结合自身资源特点、发展现状、景区规划等的基础上，制定具体的、针对性的政策、法规等。

（二）分区规划，统一标准，加强生态旅游的规划管理

中国国土面积广阔，已有或潜在的生态旅游地多且分散。中国与美国相比，在土地和人口上的巨大区别在于，美国地广人稀，中国相对而言人多地

① 邱敏：《论我国国家公园立法存在的问题与完善建议》，《法制与经济》2020 年第 11 期。

少，且土地归属也存在较大差异[①]。因此不能直接照搬美国模式，来建立中国生态旅游的开发管理模式。应当根据各生态旅游目的地的自然资源状况、人文社会背景进行分区规划，严格以目的地生态环境的脆弱性为依据划定生态旅游开展的范围，并尽可能将旅游资源进行合理分配、布局，科学设置功能分区，针对某些具体的生物、景观等，设置特殊的区域，以便使旅游对生态的影响降至最低的同时保障游客在各区域内的高质量旅游体验。与此同时，国家宏观层面应建立健全统一的生态旅游评价标准、监督体系、惩戒措施、管理审批机制等将各地生态旅游的发展统一联系起来，做到生态旅游规划服从于保护区的总体规划，地区生态旅游规划管理服从于国家生态旅游总体规划管理。

（三）多渠道引入和培养专业人才

生态旅游目的地管理者要把自己定位于管家或者服务员的角色，而不是业主的角色，改善机构之间的关系，与旅游经营者、规划者、志愿者、研究机构等建立旅游合作伙伴关系，多渠道引入专业人才。同时生态旅游目的地也应当加强对内部员工的专业培训和素质教育。而中国旅游人才还存在较大缺口，生态旅游专门人才更是缺乏，人才培养上存在教学内容实用性、合理性较差等问题，无法满足市场需求[②]，因此需要从学校和专业教育角度出发，开设生态旅游学习课程，加大生态旅游科研力度。同时生态旅游本身涉及范围广、专业性强等特点也对学科交叉提出了较高要求，因此旅游院校应当开发设计相关学科融合的专业培养计划，培养高素质的生态旅游人才队伍。

（四）拓宽生态旅游宣传教育渠道

作为消费者的游客，对生态旅游发展的重要性不言而喻，整体来看中国

---

① 马有明、马雁、陈娟：《国外国家公园生态旅游开发比较研究——美国黄石、新西兰峡湾及加拿大班夫国家公园为例》，《昆明大学学报》2008 年第 2 期。

② 熊元斌：《旅游业、政府主导与公共营销》，武汉大学出版社，2008。

游客素质有待提高，亟须进一步拓宽宣传渠道、加强宣传力度，提高生态旅游在游客中的普及度。首先，生态旅游景区尤其是国家公园，应当形成统一的设计思路，更新或再设计网站、App、小程序等平台，从内容丰富性、公众参与度、宣传推广能力等多方面入手加以改善[①]。其次，结合短视频、微电影、公益广告、动漫等形式，宣传生态旅游理念、目标、方式及相关产品等，引导游客的消费行为和方式。再次，充分鼓励生态旅游者进行旅游传记分享和口碑宣传，站在旅游者的角度宣传生态旅游、呼吁生态保护。最后，可以联合学校、政府等组织或部门，提高游客和社区居民的生态保护意识、旅游经营者的生态保护能力。

（五）引导利益相关者共同参与

生态旅游不同于一般的大众旅游，其更强调社会、经济、生态效益的统一，利益相关者也不仅仅是园区内的旅游经营者、管理方，还包括周边游客、社区居民等群体。游客的旅游动机可能会拒绝给其带来不便的事物和过多的干预，从而影响游客对目的地管理、生态保护的支持，导致游客对生态旅游产生偏见和误解。由此，首先，管理人员需要更好地传达自身管理的基本目标、生态旅游的思想，加强旅游者和管理者之间的信任和相互支持[②]。其次，黄石国家公园 1990 年愿景文件最终失败的原因恰恰在于在实施过程中疏远了许多利益相关者[③]。因此中国生态旅游景区应当正确定位，增强全民所有的公益理念，鼓励和引导游客相互监督、自我管理，突出游客作为生态旅游利益相关者之一的角色，多途径、多形式加强软性约束，合理开展生态旅游。例如，黄石国家公园门票价格亲民，能够吸引人们进入公园旅游和开展生态保护活动（例如研学教育等）。再次，游客的积极经历会带来对自

① 毛丽君：《美国黄石国家公园网站服务研究及启示》，《环境科学与管理》2020 年第 5 期。

② Davenport M. A., Borrie W. T., Freimund W. A., "Assessing the Relationship Between Desired Experiences and Support for Management Actions at Yellowstone National Park Using Multiple Methods," *Journal of Park & Recreation Administration*, 2002, 3.

③ Lynch H. J., Hodge S., Dunham A. M., "The Greater Yellowstone Ecosystem: Challenges for Regional Ecosystem Management," *Environmental Management*, 2008.

身态度的管理，从而加强对自身行为的管理约束。因此目的地内部旅游经营者应当以身作则，不断创新，以本地资源和特色为基础，以生态保护为原则，开发设计出独特性强、体验度高的生态旅游项目。最后，社区居民作为生态旅游目的地的见证者和亲历者，对生态环境、社会文化等的形成产生着重大影响，因此鼓励和支持社区居民参与生态旅游，不仅有利于促进生态旅游与当地社会、文化、风俗等巧妙结合创新旅游模式，更有利于缓解地方就业、人才流失等问题。

（六）创新生态旅游模式

近年来，旅游市场日益细分，意味着旅游模式也需要不断根据市场需求进行调整和创新。在中国提出将“碳达峰、碳中和”等纳入“十四五”规划和2035远景目标的背景下，生态旅游模式的创新需要引起业界和研究人员的重视。创新生态旅游模式，首先需要挖掘、研究生态资源，按照一定的标准就其是否适合、多大程度上适合用作旅游开发做出可行性研究分析。其次，园区借助多种音频和视频程序在公园网站等多种媒体为游客提供有关历史、自然、环境相关的问题的解释性播客，利用声音给游客带来良好的旅游体验并唤起人们对公园的兴趣。再次，通过游客意见征集、生态旅游设计大赛等途径，拓宽生态旅游创新灵感的来源渠道。鼓励社区参与生态旅游开发、建设，促进生态旅游目的地社区历史文化等旅游元素与生态旅游的有机融合，创新出有情感、有温度、有新意的生态旅游新模式。最后，从生态旅游宣传路径出发创新生态旅游模式，例如通过摄影比赛、视频传播赛等形式激励游客主动分享生态旅游经历、感悟，传播生态旅游理念。

六　结语

生态旅游畅通了生态自然与旅游者之间的联系桥梁，在旅游业的发展和生态环境的保护中都发挥了重要作用。本文借鉴美国成熟、知名的生态旅游目的地——黄石国家公园生态旅游的建设发展历程和经验，总结美国黄石国家公园生态旅游开发模式。通过搜集整理黄石国家公园的实践案例，可以发现其旅游开发和生态保护两者相得益彰的一个秘诀在于不局限于生态旅游，而是在生态旅游可承受范围内，加大多业态的融合发展，不仅促使生态旅游与其他旅游业态相互促进，而且做到了对旅游资源的充分挖掘和合理利用。在此基础上结合中国当前生态旅游发展面临的挑战从建立规范、规划分区、人才培养等方面获得启示并提出相应建议，对中国生态旅游模式的研究和建设提供帮助，为生态旅游的可持续发展提供有益参考。

参考文献

[1] 王连勇、霍伦贺斯特·斯蒂芬：《创建统一的中华国家公园体系——美国历史经验的启示》，《地理研究》2014 年第 12 期。

[2] 章忠云：《香格里拉普达措国家公园的发展状况及生态补偿机制》，《西南林业大学学报》（社会科学）2018 年第 2 期。

[3] 高科：《观念、利益与政治：从黄石公园管理看美国早期国家公园发展的历史困境（1872～1916 年）》，《安徽史学》2020 年第 6 期。

[5] 曹进冬：《生态旅游：黄石国家公园》，《青海科技》2013 年第 3 期。

[6] 陈战是、孙铁、陈妍：《融于自然，展现风景——美国国家公园道路系统建设历程与经验启示》，《风景园林》2019 年第 11 期。

B.16

日本生态旅游发展模式及其对中国的启示

唐承财　徐诗怡　刘亚茹　卓玛措*

摘　要：中国地貌广阔，自然资源、人文资源丰富，生态系统多样，具备发展生态旅游的良好基础条件，总体发展方兴未艾，然而存在监管不力、标准不清、人才不足、意识不强等问题。日本生态旅游具有法律法规健全、社区居民参与、组织分工明确、产品形式多样等多种优势，其生态旅游发展对我国具有一定的借鉴意义。因此，在查阅相关文献及资料的基础上，本文梳理了日本生态旅游的发展历程，从经营管理模式、业态融合模式两个方面对日本生态旅游发展模式进行分析，并结合当前中国生态旅游发展现状及不足之处，提出日本生态旅游经验对中国生态旅游发展的启示，以期促进中国生态旅游的高质量发展。

关键词：生态旅游　日本　业态融合

* 唐承财，博士，北京第二外国语学院旅游科学学院教授，区域旅游研究与规划中心主任，青海民族大学旅游学院特聘教授，北京旅游发展研究基地研究员，国家林草局生态旅游标委会委员。主要研究方向为生态旅游、低碳旅游、乡村旅游、文化旅游、冰雪旅游；徐诗怡，北京第二外国语学院旅游科学学院在读硕士研究生，主要研究方向为生态旅游、冰雪旅游、文化旅游；刘亚茹，北京第二外国语学院旅游科学学院在读硕士研究生，主要研究方向为生态旅游、冰雪旅游、文化旅游；卓玛措，博士，青海民族大学旅游学院教授，博士生导师，主要研究方向为生态旅游、乡村旅游、文化旅游。

一 引言

伴随着旅游产业在我国的迅猛发展，旅游需求与生态环境保护之间的矛盾日渐突出。20 世纪 70 年代起，旅游产业发展初步引进可持续理念，并于 20 世纪 90 年代初期正式引入“生态旅游”一词，国家发展和改革委员会与原国家旅游局将其概念界定为：以可持续发展为理念，以实现人与自然和谐共生为准则，以保护生态环境为前提，依托良好的自然生态环境和与之共生的人文生态，开展生态体验、生态认知、生态教育并获得身心愉悦的旅游方式。经过三十多年的发展，生态旅游理念被大众广泛接受，生态旅游已成为我国生态文明建设的重要抓手。虽然我国已经初步建立了以自然公园和生态景区为载体的生态旅游目的地体系①，但仍面临着监管不力、标准不清、体制不顺等困境。目前，国外对于生态旅游的研究主要集中在生态旅游可持续性研究②③、生态旅游价值研究④、生态旅游满意度研究⑤，以及生态旅游社区参与⑥⑦⑧等方面。日本拥有良好的生态基础、完善的生态旅游制度以及较高的社区生态保护意识，它的生态旅游产业发展一直在亚洲名列前茅。日本生态旅游发展模式较为鲜明，经营管理模式和业态融合模式也相对成熟，对

① 中华人民共和国文化和旅游部：《中国生态旅游高质量发展意见》（文化和旅游智库要报第 74 期）。

② Wall G.，“Is ecotourism sustainable?”，*Environmental management*，1997，21.

③ Gale T.，Hill J.，“Ecotourism and environmental sustainability：An introduction，” *Ecotourism and Environmental Sustainability*，2016.

④ Das M.，Chatterjee B.，“Ecotourism：A panacea or a predicament?”，*Tourism management perspectives*，2015，14.

⑤ Kim K. H.，Park D. B.，“Relationships among perceived value，satisfaction，and loyalty：Community-based ecotourism in Korea，” *Journal of Travel & Tourism Marketing*，2017，2.

⑥ Doronkina I. G.，Borisova O. N.，Malyutin G. V.，et al.，“Ecotourism in community environment，” *World Applied Sciences Journal*，2014.

⑦ Stone M. T.，“Community-based ecotourism：A collaborative partnerships perspective，” *Journal of Ecotourism*，2011.

⑧ Wondirad A.，Tolkach D.，King B.，“Stakeholder collaboration as a major factor for sustainable ecotourism development in developing countries，” *Tourism Management*，2020.

于中国发展生态旅游具有一定的借鉴意义。然而我国学者对日本生态旅游的研究较为局限，鲜少对日本生态旅游发展模式进行比较全面的分析。因此，本文在阅读大量日本生态旅游相关文献的基础上，整理归纳出日本生态旅游的发展历程、经营管理模式和业态融合模式，并且结合中国生态旅游发展的实际情况与自身特点，对中国生态旅游发展提出具有针对性的建议，以期促进中国生态旅游的高质量发展。

二　日本生态旅游发展历程

日本生态旅游发展至今已有近 40 年的历史，回顾梳理其发展的主要事件，可以将日本生态旅游发展历程划分为 3 个阶段：萌芽阶段、发展阶段和巩固阶段。1983 年自然基金保护联盟（IUCN）首次提出“生态旅游”这一概念，正好弥补了日本旅游产业发展过程中环境保护的缺失，从此日本开始进入生态旅游探索阶段；20 世纪 90 年代的这 10 年，日本深入发展生态旅游模式，其间不断成立各种生态旅游研究会和促进委员会；进入 21 世纪后，日本将推进生态旅游作为国家战略，生态旅游相关法律文献愈加齐全、完整，日本生态旅游进入巩固阶段。

表 1　日本生态旅游发展历程

阶段	年份	事件
萌芽阶段： 20 世纪 80 年代	1983	自然基金保护联盟(IUCN)首次提出“生态旅游”的概念
	1987	成立日本环境教育论坛(JEEF)
	1989	设立小笠原观鲸协会
发展阶段： 20 世纪 90 年代	1992	成立日本环境教育生态旅游研究会
	1994	编辑出版《生态旅游指南》
	1996	成立了早期的生态旅游协会
	1998	正式成立日本生态旅游促进委员会
巩固阶段： 21 世纪至今	2003	日本将推进生态旅游作为国家战略
	2006	全面修改《旅游基本法》,通过了《旅游立国推进基本法》
	2008	开始实施《生态旅游推进法》

（一）萌芽阶段——20世纪80年代后半期

日本生态旅游的启蒙主要受到欧美国家的影响。1983 年自然基金保护联盟（IUCN）首次提出“生态旅游”这一概念。日本在 20 世纪 70 年代迎来大众旅游时代①，旅游产业短时间的迅猛发展导致大众旅游与生态环境保护之间的矛盾日益凸显，日本对“生态旅游”的需求日益旺盛，但是对生态旅游本身还没有非常确切的认识。1987 年日本环境教育论坛（JEEF）成立，1989 年小笠原观鲸协会成立，该协会也成为日本第一个生态旅游推进团体②，并提出了正确观鲸旅游的规定。自此，生态旅游概念逐渐出现在日本大众视野，相关研究也愈加丰富。

（二）初步探索阶段——20世纪90年代前半叶

20 世纪 90 年代初，日本面临着本土游客不断增多、外来游客大量涌入的局面，经济效益和环境效益矛盾激化，生态旅游成为旅游可持续发展的应有之义。于是有关机构开始着手对生态旅游进行调研，目的是探究有效的生态旅游发展模式。为了探索国立公园的利用方式，环境部开始了为期三年的“环境保护型自然体验活动推进方策检讨调查”调研活动，对日本屋久岛、西表岛等五个地区开展调研②。1992 年，日本环境教育生态旅游研究会成立。同年日本加入《保护世界文化与自然遗产公约》的缔约国行列，此后生态旅游活动开始在日本全国范围内缓慢展开③。1994 年，日本自然保护协会在对地区旅游企业和游客指导方针进行研究的基础上，编辑出版了《生态旅游指南》，该《指南》对旅游者、旅行社、饭店等各方利益相关者提出了发展生态旅游的方针②。

1996 年，当地企业家、运输行业和公民团体在日本冲绳县成立了早期

① 郑国全：《日本生态旅游研究综述》，《浙江林学院学报》2005 年第 4 期。

② 郭步尧：《日本生态旅游推进法及其对我国的启示》，《中国经贸导刊》2013 年第 11 期。

③ 时临云、张宏武：《日本的生态旅游管理及其对我国的启示》，《科学经济社会》2008 年第 26 期。

的生态旅游协会，旨在促进生态旅游发展，将其作为一种新的旅游发展形式。此后，日本陆续出现生态旅游协会及生态旅游促进会等多个生态旅游组织。1998 年，日本生态旅游促进委员会（现日本生态旅游协会）正式成立，该协会的成立推动了屋久岛、冲绳等地促进组织的建立[①]，拉开了日本生态旅游快速发展的序幕。

（三）规范发展阶段——21 世纪初至今

2003 年，日本把推进生态旅游作为国家战略，并提出生态旅游的三个主要目标，即帮助保护自然环境和文化、促进旅游业发展和促进当地社区发展。日本国内愈发关注生态旅游，对生态旅游的认知也较为全面深入。2004 年 3 月和 2004 年 6 月，生态旅游推进会议又分别召开了第二次和第三次全体会议，进一步讨论了发展生态旅游的相关政策以及国家、地方自治体、旅游事业者和当地居民间的相互协调问题。为了表彰从事生态旅游的地区和企业在环境保护和社区发展等方面所做出的贡献，2005 年开始（除 2006 年外）日本每年都会颁发生态旅游奖。2006 年 12 月，日本全面修改《旅游基本法》，通过了《旅游立国推进基本法》，2008 年开始实行《生态旅游推进法》，将生态旅游定义为“游客从了解自然旅游资源的导游那里获得解释和建议，并以保护这些资源的方式接触自然旅游资源的活动”[②]。这一定义增加了四项原则：保护自然旅游资源、促进旅游、社会、经济协同发展以及环境教育[③]。在政府的鼎力支持与高效推动下，生态旅游在日本得到了迅猛发展。2009 年至今，日本环境部以普及生态旅游知识为目的，相继发布生态旅游促进基本方针（2009 年）、生态旅游推广指南（2010 年）、让我们开始生态旅游吧（2010 年）等 8 本宣传册。2014 年 9 ~ 12 月日本环境

---

① Bolanle A. I. , Carolin F. , Ecotourism in Yakushima: Perception of the people involved in tourism busines, 2016.

② エコツーリズムの歴史, http://www.env.go.jp/nature/ecotourism/try-ecotourism/about/history.html.

③ Hauteserre A. M. , Funck C. , “Innovation in island ecotourism in different contexts: Yakushima (Japan) and Tahiti and its Islands,” *Island Studies Journal*, 2016.

部召开了四次学习会，梳理生态旅游的现状和问题，明确今后必要的促进措施，并将结果汇编成报告。2004 年至今，日本环境部已经成功设立 13 个生态旅游示范区，并在环境部管辖下的生态旅游官网进行公示以供学习。

三 日本生态旅游发展模式

经过近 40 年的发展，日本生态旅游历经初步探索、快速发展、稳步运行三个阶段，法律法规健全、社区居民参与、组织分工明确、产品形式多样等特点日益凸显，已经取得了世界瞩目的成就，同时也为康养旅游、遗产旅游、绿色旅游等新的生态旅游形式创造了发展空间。本节从其经营管理模式、业态融合模式两个方面入手，分析各模式的发展过程、发展特点及经典案例。

（一）经营管理模式

1. 内生发展模式

内生发展理念最初由日本学者鹤见和子于 1969 年指出，具体含义指：以区域内的环境和文化资源为基础，强调人是活动主体，而不过度依赖外界，最终达到激活内部潜能、实现经济效益目标的理念。该理论一经提出就在日本广泛应用，并取得“一村一品”“社区营造”“造町运动”等显著成就[①]。内生式发展常常需要依赖于科学的制度和较强的群众意识[②]，该模式下的开发主体和受益主体都是当地居民[③]。

以日本中部的山地区域山口县阿东町为例，村民自发成立了农民合作组

① 潘梦琳：《基于内生式发展模式的乡村振兴途径研究》，《中国名城》2018 年第 4 期。

② 张秋菊、张超锋：《农村内生式发展的理论和政策实践：以日本中山间地区等直接补助制度为例》，《世界农业》2020 年第 11 期。

③ 王帆、梁向明：《乡土文化自觉与内生式社区旅游发展——基于宁夏泾源县冶家村的个案研究》，《广西民族研究》2020 年第 6 期。

织，通过养花育牛成立了“船方综合农场”。农场采用内生式发展理念，联合居民把握城乡互助节奏，共同排除外来资本的侵蚀，逐步发展乡村产业，从单一产业发展成为农业农村一体化休闲开发模式，并带动村庄共同发展，最终成为“山口瑞士村”①。

2. 协同参与模式

协同参与模式是指地方政府、旅游企业、居民、民间团体以及研究人员等利益相关者共同参与生态旅游经营与管理。以日本山原国立公园为例，冲绳县政府不直接参与国立公园的运营管理，主要起到宏观调控的作用，承担资源保护、政策制定以及导游培养等工作；以当地居民为主体，由村委会定期开展研讨会，讨论村内自然和文化资源保护宣传活动以及具体的开展方式。同时当地居民和村委会一起成立民间团体，主要负责提供旅游服务、参与环境保护和维护工作，旅游企业承担产品开发的责任。相关学者、保护中心的官员则作为“智囊团”，为政策制定和旅游开发等提供科学指导②。

（二）业态融合模式

1. “生态旅游 + 农业”

21 世纪以来，日本政府提出了绿色旅游休闲农业发展计划，把生态旅游的保护作为一个重要方面纳入农村旅游的发展规划和政府支持政策当中，使得农村生态旅游得到正式承认并向更高级的阶段全面发展③。日本农村生态旅游主要分为三个类型：观光型农业生态旅游、设施型农业生态旅游、特色型农业生态旅游。观光型农业生态旅游主要依靠构建多类型的蔬菜、水果等农业园区吸引游客，并使游客体验采摘、种植等农业生态活动；设

---

① 潘梦琳：《乡村振兴背景下社区（生态）博物馆本土化路径初探——日本内生式乡村创生的启示》，《中国名城》2020 年第 4 期。

② 马嘉、小堀贵子：《基于生态旅游与生物保护的日本山原国立公园环境教育》，《风景园林》2019 年第 10 期。

③ 傅琴琴：《日本农村生态旅游发展研究》，《世界农业》2013 年第 1 期。

施型农业生态旅游主要是向游客展示现代农业科技、农艺技术，尤其是无公害农作物的种植与生产；特色型农业生态旅游主要由资金与技术实力雄厚的农业集团主导，创建农产品生产基地，形成特色鲜明的特色农业示范区①。

日本农村生态旅游发展存在以下几个特点：一是旅游项目多样、内容丰富，不仅包含综合性观光农场、民宿农庄及观光花园等，还包括农村修学旅游、亲水公园等多种形式和种类；二是主体责任明确，其中，中央政府起促进与主导作用，旅行社和当地居民承担参与责任，各主体之间责任明确；三是健全的农村生态旅游法律法规，日本相对更加注重法律法规的制定，主要以《观光立国推进基本法》《粮食、农村、农业基本法》为依据，制定实施了《山村振兴法》《农山渔村余暇法》等一系列与农村生态旅游相关的法律法规。

以饭山市生态观光旅游农业为例，饭山市一直受到长年累月的大雪影响。饭山居民和当地政府不断调整产业结构，从滑雪场、民宿、造纸业再到农业，一直致力寻求化害为利的办法。最终饭山市聚焦于观光农业的发展，打造出“一村一品”的独特模式。饭山市生态观光旅游农业主要分为生态观光旅游农业、生态体验农业、观光游乐农业和民俗体验娱乐农业，每个类型都存在大量的旅游项目。饭山市农业发展积极响应生态保护号召，采用无公害种植技术。此外，饭山市始终坚持高品质发展，由政府牵线带头，成立财团法人，进行股权分配②。

2. “生态旅游＋民宿”

日本是亚洲最早发展民宿产业的国家，政府放宽“农家民宿”管制是“日式生态游”得以发展的主要原因。在相关法律中，农家民宿被认为是“建议旅居营业场所”，这在一定程度上降低了开设农家民宿的门槛。需要注意的是，生态旅游民宿的发展模式与普通宾馆的发展模式不同，其以农村

① 韩冰、刘浩、田小燕：《发达国家农业生态旅游与经济协调发展研究》，《世界农业》2016年第3期。

② 韩景荣：《日本长野县饭山市的生态观光旅游农业》，《世界农业》2002年第4期。

民宿为主体，以发挥各自农业资源的优势为基础，形成各具特色的生态旅游民宿①。

日本生态民宿发展有以下几个特点：一是由房舍主人本人进行经营和服务，在减少人员流动的同时，可以减少经营投入，增强生态民宿发展的可持续性；二是合法经营和组织机构帮扶，满足严格的经营条件才能获取营业执照，同时民宿主人还会加入相关协会，协会为民宿提供技术支持和指导，并能帮助民宿进行宣传；三是拥有人文或自然核心资源，能够帮助游客体验不同的民宿文化；四是民宿氛围的营造，民宿主人通过分享自家腌制的菜品、表演当地民间舞蹈的形式，让游客体验家的温馨②。

3. “生态旅游 + 遗产文化”

“生态旅游 + 遗产文化”，即在振兴旅游的同时，通过保护文化、宣传文化、体验文化来达到保护生态环境、传承遗产文化的目的。以农业文化遗产为例，随着现代科学的应用和机械化的发展，传统农耕文化不断受到侵蚀。但随着生态旅游的蓬勃发展，农业遗产保护出现一丝生机。日本在农业文化遗产保护方面的起步虽晚于中国，但是在认识到该项目具有促进生态旅游环境保护，推动农业可持续发展等作用后，日本各地开始了申报全球重要文化遗产的热潮。

例如，静冈茶文化生态旅游。静冈县是日本面积最大的茶乡，静冈县在茶叶栽培种植、生产加工、产品开发、销售等各方面都名列前茅。在此背景下，静冈县充分挖掘茶文化，如“茶草场农法”的古耕文化、茶道文化、本土特色的茶艺文化。政府机关以此为中心，努力构建了以“茶都”为核心的旅游项目，推出深度农耕式休闲体验游，游客可以品茶、采茶、制茶，还建造了以茶文化为特色的工厂、庄园、茶吧等供游客休闲娱乐的场所。为了保护和宣传静冈茶文化，静冈县设立了茶博物馆，向游客科普茶文化。自

① 井原满明、田乃鲁、李京生：《生态旅游与生态博物馆：日本的经验》，《小城镇建设》2018 年第 4 期。

② 范丽娟：《日本乡村民宿旅游特色经营对中国民宿发展的启示》，《河南机电高等专科学校学报》2016 年第 24 期。

2009 年起，静冈会议艺术中心每年都会举办“世界茶节”，吸引了来自世界各地的游客和专业茶客①。

除了产品开发，销售等方面的优势，日本在农业遗产文化管理制度上也独具匠心。以日本佐渡岛——朱鹮共生系统的保护为例，政府、农户、市民、志愿者、企业、社会团体、科研机构各司其职，积极参与。具体来说，政府对有益于生态保护的农业生产行为进行补贴，以此鼓励农户优化农产技术与方法；通过实施“与朱鹮共生的家乡”稻米“认证制度”，提高农户种植稻米的积极性；以“认养”的方式，优化农村劳动力结构；深入学校和社区招募志愿者进行生物多样性调查，既可以宣传生态保护知识，又具备教育功能；企业则致力于产品开发和品牌创建；社会团体深度挖掘传统文化，同时提供资金支持；科研机构为政策的制定提供专业指导，以此实现保护生态环境的目的②。如此一来，既能提高生态保护的效率，也能提高社会各界的生态旅游参与度。

4. “生态旅游 + 教育”

“生态旅游 + 教育”模式下的对象不仅限于传统“旅行教育”，如“研学旅行”中的学生，而是对所有进行参观的旅客进行生态教育。

以冲绳县的山原国立公园为代表，山原地区居民团体联合企业在政府的支持和保护下，依托山林和地质资源形成了山原雨林、庆佐次湾红树林、海岸森林等区域，开展了野生动物观察、红树林皮划艇等一系列的体验活动，覆盖了各年龄阶层。在公园保护区内，游客可以参加野生动物观察等自然体验活动。在游览过程中，能够学习动植物习性和栖息地保护的相关知识，并在周边区域参加浮潜、皮划艇等对生态环境影响较大的活动，同时学习海水污染，动植物生态环境保护等知识。民间团体和企业组织生态旅游项目，通过科普知识解说来进行以娱乐为核心的生态知识普及。保护中心以自然生态知识、生物多样性保护和研究调查信息为主，偶

① 陈鸿业：《武当道茶与日本静冈茶发展对比研究》，《牡丹江大学学报》2017 年第 26 期。

② 张灿强、陈良彪、张永勋：《日本农业文化遗产保护的多方参与机制及其政策启示》，《世界农业》2015 年第 12 期。

尔举办野外观察和文化体验活动。地方自治体则辅助保护中心进行生态保护工作，支持引导民间组织开展活动。游客和居民在参与生态旅游的过程中，以大自然为书本，吸收生态旅游知识，感受生态旅游价值，提升生态保护意识。

5. “生态旅游 + 康养”

依托于生态旅游高质量的生态要求，伴随着大众日益高涨的养生需求，“生态旅游 + 康养”模式发展得如火如荼，森林养生、温泉疗养、田园养生、矿物质养生、湖泊养生等多种“生态旅游 + 康养”模式各具特色。以下将以森林康养为例，探索日本森林康养旅游的发展模式。

森林康养又称森林疗养、森林浴。日本早在 1982 年，就开始了森林浴的研究，并于 2004 年成立森林养生学会，于 2007 年成立日本森林医学研究会，建立了世界上第一个森林养生基地认证体系，于 2008 年成立日本森林疗法协会，此后日本森林疗法产业进入成熟期，至 2016 年，共有 62 个森林区获疗法基地资格认证①。

“入森林、浴精气、锻炼身心”是日本森林浴的口号，由此形成了与众不同的发展模式②。日本森林浴发展模式有以下几个特点：一是项目多样，有步行浴、坐浴、睡浴和运动浴四种③。游客可以根据自己的身体状况和需求，选择不同的疗养方式。二是多样化发展的疗养基地，根据森林区自然资源的不同，侧重点也不同。例如“赤泽自然休养林”便是生态观光与疗养并重，熊本县的水上村森林疗养基地，则是一个集旅游、康养、研学和农乐为一体的多样化发展基地。三是人才队伍的专业化建设，有专门的森林疗养导游和疗养师资格认证考试，这些专业人才可以为游客提供专业化的旅游服务④。

---

① 杨利萍、孙浩捷、黄力平、高亚琪、胡东宇：《森林康养研究概况》，《林业调查规划》2018 年第 43 期。

② 杜雷军：《森林康养发展模式及康养关键点分析》，《花卉》2018 年第 12 期。

③ 高胜琦、韩薇：《日本森林旅游养生项目》，《旅游纵览（下半月）》2017 年第 16 期。

④ 杜玲莉：《从日本经验看四川省森林康养旅游发展》，《当代旅游》2021 年第 19 期。

四　日本生态旅游经验对中国的启示

（一）建立健全生态旅游法制保障体系

生态旅游法制保障体系要求在法律制定、实施和监督的全过程中形成结构完整、机制健全、资源充分、富有成效的保障要素系统。生态旅游法制保障体系是规范生态旅游健康、可持续发展的关键。但是我国生态旅游相关政策法规不晰、种类不全、标准不清等问题较为显著，责任不明确，监督不到位等问题仍旧存在。中央层面上，要保证生态旅游相关的立法型环境政策、规划发展型环境政策、可持续发展政策、人才培养政策、生态补偿政策等各方政策协调发展[①]；地方层面上，应当根据各地生态旅游的发展阶段和类型，结合当地政治、经济环境制定切实有效的法规条例。明确生态旅游景区建设、政策实施过程中的责任主体，健全责任倒查机制。

（二）加强生态旅游宣传，强化大众生态保护意识

游客作为生态旅游的直接参与者，其行为与感知对生态旅游的发展起重要作用。但是目前中国游客生态保护意识相对薄弱，践踏草坪、乱丢垃圾、乱涂乱画现象仍然普遍存在，对生态旅游可持续发展造成了一定的打击。因此，加强生态旅游宣传，强化游客生态旅游意识刻不容缓。一方面，当前不文明游客行为没有统一的标准，惩罚力度不一致，对游客的威慑作用一般。针对这种情况，要加大惩罚力度，统一惩罚标准，细化惩戒规则，强化法制观念。另一方面，要通过学校的基础教育、研学旅行、社区宣传、拍摄生态旅游纪录片等方式，促使各年龄层对生态旅游有清晰的认识和了解，从而加强自我道德约束，使游客自觉遵守生态旅游规范，强化生态保护意识。

① 侯江鹏：《新形势下环境政策在生态旅游管理中的应用探究》，《西部旅游》2020 年第 10 期。

（三）大力培养生态旅游专业人才队伍

人才队伍是助推生态旅游发展的重要力量，旅游企业经营管理人才、生态旅游专业技术人才、学术研究型人才等都发挥着不容小觑的作用。要从高校科研院所、文化和旅游等行业单位遴选人才和组建生态旅游发展专家库，对生态旅游发展、宣传、管理、法制等方面进行深入研究。要鼓励学者参与生态旅游调研，在放宽基金发放要求的同时，严格把控生态旅游研究质量。目前，中国旅游从业人员素质参差不齐，生态旅游作为一个专业性更强的旅游模式，对专业人员的素质要求也更高。因此，在生态旅游发展过程中，需要形成一套成熟的生态旅游从业人员培训体系，帮助从业人员加强对生态旅游的全面认识，掌握基本的操作规范。景区也要有针对性地对导游人员进行景区知识培训，对生态旅游活动过程中的不文明行为进行监督和教育。积极培养生态旅游后备力量，编制生态旅游书籍，开设生态旅游相关课程，联合高校制订配套的生态旅游高知人才培养计划，培养复合型旅游人才。

（四）贯彻生态化建设与生态化管理，践行绿色发展理念

生态旅游以保护生态环境为出发点，首先要做到生态旅游建设不对环境造成额外负担：生态旅游设施应当积极运用绿色生态低碳技术，加大绿色材料在生态旅游过程中的应用，譬如免水冲生态厕所、用轻钢结构代替传统建设体系等。提倡“垃圾带回”等行动，减少不必要的建设浪费。除生态景区本身的建设以外，交通、酒店等配套设施建设也应积极响应绿色发展理念。譬如日本尾濑旅馆内不允许使用洗发水、牙膏等化学产品，以免造成水污染。

生态化建设是生态旅游的第一步，如何强化生态化管理，是实现生态旅游可持续发展的关键一步。严格控制私家车进入景区，少设甚至不设机动车道，以步行道为主。成立生态景区管理小组，负责维护景区环境，监督游客行为。

（五）促进当地居民参与生态旅游景区管理

生态旅游目的地是当地居民生活的地方，他们对当地生态环境的变化感受最为明显，对于保护当地生态环境的要求也最为急切[①]。因此，需要做如下工作：构建完善的生态旅游目的地居民参与制度。明确当地居民参与的权利与义务，让当地居民直接参与到景区的开发、管理和服务中，不仅可以帮助解决生态旅游景区居民的就业问题、提高当地的财政收入，也可以增强当地居民对景区的自豪感与认同感，此外真挚的感情能增强生态旅游景区的吸引力，也有利于当地居民监督旅游资源的开发利用，保护当地生态环境。加强对社区居民的生态旅游知识教育和技能培训，提高居民生态保护能力和服务水平。创新居民参与模式。做到因地制宜，根据当地社区发展水平、政府支持力度、资金投入程度等选择合适的居民进行生态旅游景区管理。

（六）助力生态旅游智慧化进程

互联网技术的发展和计算机应用的普及，为旅游业智慧化进程打下了坚实的基础。智慧化对于生态旅游来说，不仅可以优化生态旅游知识普及路径，还可以助力高质量生态旅游景区建设，同时可以提升生态旅游营销精准度。为此，我们可以采取以下措施：建立健全生态旅游景区信息化网络。建设统一的生态旅游门户网站，包括官微、官博等在线平台的运营，普及生态旅游概念，如生态旅游在中国的发展历史、发展特点、相关政策等，帮助游客甚至是全部网民对生态旅游有全面深入的了解。加快生态旅游目的地智慧景区建设。建立全国林业旅游基础数据库，制定统一的数据采集流程及标准，建立公开透明的生态旅游目的地生态安全监管体系，全方位提高生态安全的预警能力，加强对景区内土壤、空气、水、植被等的实时监控水平。持续完善非人员讲解设施的功能，积极使用3D可视化技术，深度还原生态景

---

① 潘梦琳：《乡村振兴背景下社区（生态）博物馆本土化路径初探——日本内生式乡村创生的启示》，《中国名城》2020年第4期。

观、讲授生态旅游知识。提升生态旅游电子营销水平，提高市场动态监控分析能力，及时评估重点景区、重点旅游产品的市场能力，有针对性地调整产品结构。

（七）响应生态文明建设总目标，探索生态旅游新模式

近年来，伴随着生态保护理念的不断深化，国家明确提出了“碳中和”“碳达峰”等系列要求，对生态保护做出了新的指示。党的十九届五中全会把“碳中和”“碳达峰”作为“十四五”规划和2035年远景目标。2021年3月15日中央财经委员会第九次会议进一步强调，把“碳中和”“碳达峰”纳入生态文明建设整体布局。在此背景下，也为生态旅游的发展提出了新要求，提供了新思路。生态旅游作为旅游业可持续发展的产物，是响应生态文明建设的积极举措，生态旅游应处理好保护和利用的关系，积极盘活生态存量资源，如废弃矿山、工业遗址、古旧村落等，全面释放旅游价值，打造生态旅游新模式。例如山东省菏泽市巨野县核桃园镇曾经是菏泽最大的山石开采基地，后来封山进行了转型，在废弃的矿坑上栽种了上万棵树苗，同时结合当地古村落资源，全力打造了金山景区、青龙山旅游度假区、白虎山天池风景区、前王庄石头寨民俗文化区等，把废弃的矿山变成了“绿水青山”①。

五　结语

生态旅游最开始是一种旅游产品，发展到现在已经成为一种主流的旅游模式，其对于旅游业可持续发展具有不可磨灭的作用。中国幅员辽阔、生态环境多样、旅游需求较大，具备发展生态旅游的良好条件和基础。本文通过分析日本生态旅游的发展模式，结合中国国情，借鉴日本经验，提出建立健全生态旅游法制保障体系；加大生态旅游宣传，加强居民生态旅游意识；培

① 李志刚、任丽、孟萍、边锋：《把握绿色转型新机遇　探索生态旅游新模式》，《中国旅游报》2021年5月31日。

育生态旅游高质量人才，为生态旅游增添活力；贯彻生态化建设与管理，践行绿色发展理念；促进当地居民参与生态旅游的开发、管理、监督、服务；加快生态旅游智慧化进程；紧跟社会发展新要求，探索生态旅游发展新方式等多角度发展生态旅游的优化路径，以期拓展生态旅游发展思路，提高生态旅游发展质量。

参考文献

[1] 中华人民共和国文化和旅游部：《中国生态旅游高质量发展意见》（文化和旅游智库要报第74期）。

[2] 郑国全：《日本生态旅游研究综述》，《浙江林学院学报》2005年第4期。

[3] 郭步尧：《日本生态旅游推进法及其对我国的启示》，《中国经贸导刊》2013年第11期。

[4] 时临云、张宏武：《日本的生态旅游管理及其对我国的启示》，《科学经济社会》2008年第26期。

[5] 潘梦琳：《基于内生式发展模式的乡村振兴途径研究》，《中国名城》2018年第4期。

B.17

泰国生态旅游发展经验研究

王欣　黄迪　李莹　周琳*

摘　要：伴随着人们环保理念的加深，在中国，生态旅游也成为一种流行的旅游方式，在可持续发展理念指导下，生态旅游实现了发展旅游业与保护生态环境的双重目的。为加快中国发展生态旅游的步伐，保证其顺利开展，汲取国际生态旅游发展经验就显得尤为重要。泰国自然条件优越，是发展旅游业的“天才选手”，同时也是亚洲排名靠前的重要旅游国家之一。早在1992年，泰国国家社会发展委员会就提出发展“生态旅游”是泰国保护旅游资源，提高旅游产品质量和满足旅游者多种需要的必要选择。随着生态旅游的推进，泰国在生态旅游发展方面已经先行迈步，形成了以清迈、夜丰颂为代表的北部民族生态游，以曼谷为代表的中部综合生态游以及以普吉岛为代表的南部滨海生态游的生态旅游发展格局。并以独特的绿色发展概念引领泰国生态旅游建设，将文化、动物等特色旅游资源融入生态旅游建设中以打造独特的生态旅游品牌，以缜密的生态旅游政策、体制机制以及法律保障生态旅游发展，在全世界范围内打造出了独具泰国风情的生态旅游品牌，其经验与教

* 王欣，博士，北京第二外国语学院教授，主要研究方向为文化旅游与旅游地理；黄迪，北京第二外国语学院在读硕士研究生，主要研究方向为旅游目的地管理与旅游规划；李莹，北京第二外国语学院在读硕士研究生，主要研究方向为旅游目的地管理与旅游规划；周琳，硕士，北京第二外国语学院在读硕士研究生，主要研究方向为旅游目的地管理与旅游规划。

训值得我们探讨与汲取。

关键词： 泰国 生态旅游 三大发展格局 七大绿色概念

一 泰国生态旅游发展背景

泰国旅游业于20世纪60年代初起步发展，同步实现了飞速增长，经过20年的发展，旅游业成为泰国创汇最多的行业之一。到20世纪90年代，泰国从事旅游业的人口达到了其总人口的27%①。进入90年代后，旅游业正式成为泰国最大的外汇收入来源，也成为泰国经济的重要支柱之一。旅游业快速发展的同时也给泰国带来了伤害：只关注经济效应忽视生态效应导致景区可持续发展受限；环境污染导致居民生活环境恶劣；受益不平衡使真正受益的是经销商；等等。泰国政府也逐渐发现了这些问题，提出“旅游业可持续发展”战略，通过大力发展生态旅游，以节约能源与资源利用最大化来降低对生态环境的伤害，维护自然环境与生态的平衡。

（一）国际背景

1. 可持续发展理念日益受到各国重视

可持续发展这一概念在1992年成为里约热内卢世界环境与发展会议的主题。这一概念提出后就在世界各国旅游学界产生了重大影响，“可持续旅游”“生态旅游”等也逐渐受到重视，各国相继提出了各自的旅游可持续发展策略。

2. 国际旅游市场出现对生态旅游的需求，生态旅游成为旅游业发展的新趋势

生态旅游以可持续发展为目标，是实现旅游可持续发展的方式和手段。随着环保意识的增强和可持续发展旅游观念的形成，传统的休闲旅游方式已

① 爱丽：《泰国旅游业对泰国经济发展的影响》，《商场现代化》2013年第14期。

经无法满足不同游客的需求。20 世纪 80 年代中后期，生态旅游逐渐成为国际市场上的新兴旅游项目，市场发展潜力巨大。泰国作为亚洲乃至世界重要的旅游胜地，当然不能错过这种国际旅游发展潮流。1995～1996 年，泰国国家旅游局开始着手制定生态旅游政策和规划。在《1997～2003 年促进旅游业发展的政策》中，泰国国家旅游局强调要促进生态旅游的发展并制定了相关内容。

（二）泰国国内背景

1. 泰国旅游业发展对生态环境和文物资源的破坏现象日益严重

泰国旅游发展初期，在尝到了旅游业发展带来的甜头之后，泰国政府与一些旅游开发商投入了大量的人力、财力、物力进行旅游开发，优先考虑的是经济效应却没有思考过对环境的保护。于是“竭泽而渔”式的旅游开发导致山川、岛屿、河流、海滩和森林资源被粗暴的占用，对当地生态环境造成了严重的破坏，旅游地城市化严重，也使得景区的可持续发展受到了极大的限制。曾经的“黄金海岸”帕塔亚自 1950 年开始旅游开发以来，以其优美的环境与优质的沙滩，吸引了大量游客，当地的旅游业也因此得到了飞速发展。但 30 余年下来，游客的大量涌入，当地基础设施的大量修建，以及污水、废弃物的随意排放使得当地的海洋生态环境遭到了不同程度的破坏。泰国国家环境委员会（ONEB）提供的水质报告指出，帕塔亚的海水水质自 1976 年就开始不断恶化，到 1986 年，当地的海水已经不适合游泳①。

此外，泰国的文物保护也受到了忽视。泰国部分区域为了招揽游客获取所谓的旅游经济效益而将文物作为招揽游客的手段，草率的将其修复后便“开门迎客”，此举使得文物古迹遭受到了修复性破坏。除此之外，一些与旅游配套的建筑也修建在文物古迹的附近，超负荷的游客接待以及游客对文物古迹的破坏，使文物遗产保护工作困难重重。著名的泰国文物古迹阿瑜陀耶寺周边修建了大量建筑物，小摊设点众多，现在已被亚洲文物保护组织指定为重点保护对象。

① 陈莹：《泰国发展生态旅游及对中国的启示》，《东南亚》2002 年第 2 期。

2. 泰国旅游业发展出现“瓶颈”现象

泰国旅游业发展初期是靠更多景点的开发与更多设施的修建来推动的。到了20世纪90年代，部分旅游景点老化，新景点发展缓慢，旅游业整体后劲不足，游客数量的增长速度与旅游业收入的增长幅度都在下降。1997年亚洲金融危机的爆发使得泰国旅游业当时的主要客源国——东南亚邻国的游客量锐减，对新兴旅游项目的开发工作势在必行。

3. 泰国旅游业发展引发了诸多社会文化问题

由于旅游业的发达，一些文化传统被当作商品和经济来源，导致社会整体道德意识降低，从而引发诸如吸毒、赌博以及卖淫等犯罪行为，在一些经济不发达的地区，这些社会问题更甚。泰国的色情娱乐业作为旅游业的伴生物，其发展速度异乎寻常。大量旅游地区都设有情色按摩室、男女共浴的澡堂，芭提雅、普吉岛的脱衣舞会、人妖表演秀更是成了招牌项目。20世纪80年代初，据泰国学者蓬派集估计，泰国色情行业从业总人数在50万左右，其中14～24岁的女性占了10%①。色情行业的泛滥也导致艾滋病在泰国大肆传播，使得泰国大量青壮年劳动力减少，危及泰国下一代，也使得泰国花大力气树立起来的良好形象因旅游业的负面影响而大打折扣。因此，泰国旅游业的发展不仅没有达到促进当地社会和谐发展的目的，反而在一定程度上加剧了旅游业所带来的诸多社会问题。

二　泰国生态旅游发展现状

（一）泰国生态旅游发展格局

泰国全称泰王国，位于东南亚地区中南半岛中部，总面积51.3万平方公里，全国分中部、南部、东部、北部和东北部五个地区，共有77个府②。

① 刘金源：《论泰国旅游业中的色情问题及其危害》，《东南亚研究》1998年第5期。

② 《泰国国家概况》，中华人民共和国外交部官网，https：//www.fmprc.gov.cn/web/gjhdq_676201/gj_676203/yz_676205/1206_676932/1206x0_676934/。

泰国的地形多样，既有山岭、峡谷、高原地区，也有平原、洼地和海洋地区。北部遍布高山与峡谷，平均海拔 1600 米；东北部为高原地区，是泰国主要河流如蒙河和栖河的发源地；中部大部分为平原地区，上方为从北部地区延伸下来的山脉，下方为湄南河三角洲，这里河流纵横交错，土地肥沃，是泰国的鱼米之乡；东部地区是土地肥沃的平原，中间为高山，南边为沿海平原，近海有大量的半岛、海湾和各种石滩；泰国南部地区是伸入海洋的半岛，东边紧邻泰国湾，为沿海平原，使得这片地区拥有广阔的沙滩，适合作为日光浴场所；西边紧靠印度洋，被称为“安达曼海边”，为山峦地区，风景秀美奇特。根据不同的地形，泰国的生态旅游形成了北部民族生态旅游、中部综合生态游以及南部滨海生态游三大生态旅游发展格局。

1. 北部民族生态旅游

泰国北部、东北部地区群山起伏，丛林密布，高原地势突出，少数民族众多，传统文化氛围浓厚。优秀的先天条件，使得泰国北部在几十年的发展过程中形成了以清迈与夜丰颂为核心的一大批民族生态旅游村[①]。

清迈是泰国第二大城市，是泰国北部片区的政治、经济中心和疗养、旅游胜地。这里的清迈大象自然保护公园始建于 20 世纪 90 年代，为全国受虐待的大象提供了庇护所，拯救了无数的大象，其成功运营为随后的普吉岛、苏梅岛甚至柬埔寨的大象自然保护公园提供了宝贵的经验。

夜丰颂则是泰国北部的一个府，毗邻缅甸，除春季以外皆被云雾缭绕，因此也有“云雾之都”的称号，整体充满缅甸气氛。

泰国能够做到旅游开发与保护民族生态资源并进，很大程度上得益于将生态旅游划分了层次。

部落村庄游：一是乡镇游，主要是到离清迈比较近的几个村庄观光，可通过汽车到达；二是远足游，多是在大城市之间来往，相对较远。且由于部落村庄游客接待过多势必会对当地生态环境造成一定破坏，因此部落村庄游

① 本报告中的“泰国北部”是泰国北部地区与东北部地区的统称。

的目标人群精准定位为沉稳型大众，如中年人、中产阶级等。此外，这类人群大多也都是为了舒缓情绪，愿意花钱通过快捷舒适的方式体验旅游项目，也多以一日游的方式为主，少有留宿。因此也能做到有效保护当地生态环境与原始部落文化不被破坏。

丛林游：一是标准型丛林游，主要包括的村庄有卡仁族村、傈僳族村、阿卡村、国民党村（美斯乐）、拉祜族村等，一般要经过 3 天左右的路程才能到达。二是特殊型丛林游，则是以其他旅游者能进入的高地为主。丛林游的难度要高于部落村庄游，因为丛林游的村庄部落相对难以进入，几乎无法通过现代交通工具到达。因此，丛林旅游需要长时间的跋涉，且持续时间可能更长，这些村庄的位置也相对较偏远，包括傈僳三骚（Lisu Sam Sao）、傈僳班迈（Lisu Ban Mai）以及多唐（Doi Tung）地区的阿卡（Akha）村与拉祜村。针对的多为年轻、富有冒险精神的游客，这类游客更希望看到原始的部落，体验原始生活方式，关心所参观村庄的生态环境与物质文化。长此以往，原著居民也会逐渐意识到什么样的物品、风俗习惯会是游客们感兴趣的，从而驱使他们保护这种文化与资源，实现民族文化的传承与发展。

2. 中部综合生态游

大城，位于湄南河东岸，曼谷北方约 100 公里处，在公元 1350 ~ 1767 年期间为泰国第二个首都，是泰国存在时间最长的首都，四百年的历史使得大城在东南亚地区首屈一指。大城的 33 位统治者接连吸收高棉天授神权的观念，糅合婆罗门教的仪式，促使泰国的佛教文化在这里达到巅峰，兴建了大量壮观的宫殿与寺庙。1991 年 12 月 31 日，大城被联合国教科文组织（Unesco）评定为世界级保护古迹之一。

曼谷，现在是泰国的首都，是泰国的政治、商业与文化中心，面积为 1568 平方公里，总人口约 700 万人。整个城市被湄南河贯穿，正是因为这个特殊的风貌，当地人形成了特殊的风俗习惯，加上曼谷的地理位置优越，为曼谷赢得了“东方威尼斯”的称号，是泰国旅游观光的重点地区。当地特色水上市场的出现进一步带动了当地旅游业的发展，管理部门根据不同区域的特点发展特色旅游，水岸社区的居民主营水上观光游，同时带动社区居民经营其他旅游项目，于是又衍生出了手工作坊、传统按摩、农家乐美食、扎染工坊等，收入汇总到社区发展基金里，按照资源共享的原则进行再分配，保证社区居民都能从中获益。

3. 南部滨海生态游

泰国南部沿海平原每年都吸引着大批包括中国游客在内的国际游客，这里最受欢迎的旅游项目就是潜入海底，观赏绚丽的珊瑚礁。

普吉岛，位于马来半岛旁，是泰国最大的岛屿。普吉岛拥有极为丰富的海滩类型，有干净悠闲的海滩，但也有豪华和私人的海滩，有以海上运动为亮点的海滩，也有夜间休闲活动丰富的海滩。大多数游客都集中在芭东海滩或普格镇。

甲米岛，位于曼谷以南约 814 公里的南部沿海地带，毗邻安达曼海（Andaman），占地约 4407 平方公里。美丽动人的景致是甲米岛的天然财产，美丽的热带岛屿宛如天堂，美丽的沙漠中有棕榈树，狂野的瀑布和山岩，强调生态保护的国家公园。所有丰富的旅游资源，使甲米岛成为美丽迷人的府城①。

（二）泰国发展生态旅游的特色做法

1. 以7大绿色概念推进生态旅游建设

随着全球温室效应的增加，人类活动对自然生态系统的危害越来越大，生态旅游业的发展仍将面临许多挑战。泰国国家旅游局意识到后，不断推出生态旅游项目、绿色主题产品，以对抗全球温室效应，促进生态保护。因此，泰国国家旅游局以 7 大绿色概念推进生态旅游建设。

（1）绿色之心（Green Heart）

对应环境问题需要良好的态度与正确的意识，并且在环境保护过程中，政府、开发者、经营商、游客都必须意识到保护环境是每个部门每个人的责任，缺失了任何一方都不利于环境保护工作的开展。

---

① 泰国国家旅游局中文官方网站，http：//amazingthailand. org. cn/。

（2）绿色物流（Green Logistics）

绿色出行是每个人都应该做到的。虽然抵达旅游目的地游玩很重要，但如何抵达，采取什么样的方式抵达同样很重要。不论是生态旅游的目的地还是游客，都应该采取节能或者新能源的交通工具，避免产生温室气体。

（3）绿色景点（Green Attraction）

风景优美、趣味十足的景区景点固然重要，向游客宣扬环境保护、具有科普教育意义的景点同样重要。通过推广生态旅游，唤醒游客对于环境保护的责任心，能够反哺生态旅游，促进环境保护。

（4）绿色社区（Green Community）

环境保护从来不是仅靠一方努力，各方合作共赢才是最重要的。无论是城市还是郊区，都应当在发展生态旅游的过程中保护自身传统生活方式。

（5）绿色活动（Green Activity）

旅游地举办的活动应该是具有科普意义的，不仅要有娱乐性质，还应当使游客通过参与活动了解当地的文化底蕴与生态体系，学习如何保护生态环境。

（6）绿色服务（Green Service）

旅游服务是旅游业中非常重要的一环，优秀的服务可以对当地的旅游锦上添花，且优秀的服务必须基于对环境和社区的爱和尊重。绿色服务应该基于生态环境的保护、生态多样性的保护以及文化多样性的保护。

（7）更多绿色（Green Plus）

目前有很多形式的支持环境社区，企业家们建立了一个稳定、可持续发展的社区。生产者和不同的组织可以努力开发一种使人类与自然和谐相处的方法。游客可以带着责任感旅行，所有各方都可以为泰国的绿色过渡做出贡献①。

2. 以国家公园开发模式引领全国生态旅游建设

泰国对国家文化公园的开发已经开展了 59 年。截至 2018 年中，泰国已

① 泰国国家旅游局中文官方网站，http：//amazingthailand. org. cn/。

经建设有 128 个陆地国家公园、26 个海洋国家公园以及各类保护区，约占泰国国土面积的 1/4①。依托健全的立法和严格的执法，泰国国家公园经历了资源研究、小规模发展、扩大国际旅游业等阶段，目前正在进行智能化管理。

（1）秉持三项宗旨，确立长远有序的发展目标

“保护野生动植物、提供旅游休闲场所和作为自然资源保护教育基地”是建设泰国国家公园的三项宗旨。

泰国第一座国家公园是成立于 1962 年的考艾国家公园，占地 2168 平方公里，是泰国第二大国家公园。这里有广阔的热带原始森林，还有大量的野生动物，已知的有 3000 种植物，320 种鸟类和 67 种动物。2005 年，它被列入世界自然遗产名录。公园里的两条双车道在山坡上蜿蜒曲折，周边都是茂密的森林和草地，中间或有三两头驯鹿和猴子觅食。游客可以直接与动植物接触，公园的帐篷租一天也才 220 泰铢，通过在森林中露营，孩子们可以近距离接触大自然，加深他们的环境保护意识。泰国国家公园管理办公室也表示，未来的泰国国家公园会将高质量景点作为发展目标，从长远出发，实现可持续发展。

（2）协调多机构力量，充分调动当地民众积极性

泰国国家公园的发展经历了四个阶段。第一阶段主要是探索全国整体的自然资源，并建立 36 个以林业与农业保育为主的国家公园。第二阶段是发展阶段，通过与政府协作，逐步开放小型旅游业，促进环境保护，并宣传自然资源保护知识。随着泰国旅游业的发展，国际化旅游在第三阶段开始发力。泰国目前提出了“泰国经济战略 4.0”，国家公园的发展更加注重智能化的管理。

1961 年，泰国通过了《国家公园管理条例》，明确规定了如何管理国家公园和保护自然资源。此外，泰国积极动员众多机构参与，不仅有泰国国家

---

① 孙广勇、俞懿春：《环保与旅游并重　泰国推进绿色国家公园建设》，人民网，http://travel.people.com.cn/n1/2018/0504/c41570-29964387.html，2018 年 05 月 04 日。

公园和野生动植物保护厅，而且还有自然资源和环境部、国家旅游局、警方、港务局等以及社区居民、非政府组织、研究人员等。

为了更好地保护国家公园的自然资源，除大量巡逻人员外，政府也积极发动附近居民，鼓励大家提供关于野生动植物以及自然灾害的信息。附近的居民也切身参与到国家公园的保护与管理发展中，并从中获得相应的收益，从而促使他们参与其中。此外，居民有了稳定的工作收入，盗砍、盗伐、盗猎等行为也会减少。

（3）平衡经济与环保，推动自然生态资源可持续发展

在充分保护自然生态环境的基础上，泰国国家公园积极开展旅游开发，也有了颇多成效。2016 年，泰国的 154 个国家公园共接待游客 1290 万人次，收入达 22.4 亿泰铢。不过，如其他景区一样，大量的游客输入对国家公园造成了一定的伤害，也给国家公园和野生动植物保护厅的工作带来了新挑战。

对游客增多超过国家公园承受能力的公园，泰国政府会选择限流甚至是直接关园的措施。比如玛雅湾浅海区的珊瑚因大量游客的输入以及海水变暖而退化和死亡，泰国政府从 2018 年开始实施闭湾政策，每年 6 月起，关闭玛雅湾 4 个月，以保证生态恢复。在闭湾之前，每天也只会允许 2000 人上岛①。

对于旅游垃圾问题，泰国国家公园与野生动植物保护厅发布相关文件，划拨每座公园年收入的 5% 用于支持当地行政与社区建设。此外，也制订了具体垃圾清理的措施以减少国家公园内的垃圾。目前，泰国也在积极推动绿色国家公园的建设，通过大量使用风力、水力、太阳能等新能源，减少垃圾与碳排放。

3. 打造以家庭寄宿模式为代表的社会多元参与格局

从泰国北部的农庄到南部的沙滩，环境保护理念在游客与当地居民的思

① 孙广勇、俞懿春：《环保与旅游并重　泰国推进绿色国家公园建设》，人民网，http://travel.people.com.cn/n1/2018/0504/c41570-29964387.html，2018 年 5 月 4 日。

想中扎根，并逐渐成了一种潮流趋势。以家庭寄宿制为代表的旅游方式越来越受到大众的欢迎，并以泰国北部的民族生态游最具代表性。一些极具特色的例如漂流、山地车、越野车、徒步远足的项目越来越多，自行车一类的代步工具已是随处可见。这种方式既能让游客体验最真实的泰国风情，吸引大量的游客，又能帮助当地创收，减少旅游开发的成本，降低对环境的伤害。

（1）以深度体验吸引游客参与，以经济创收推动村民参与

对于游客而言，家庭寄宿制可以让他们住在当地人家里，四处参观村庄风貌，欣赏村民表演当地特色节目，还可以体验骑大象，穿当地的服饰，更加真实地体验当地的生活方式、风俗习惯。对于当地居民而言，除去游客付给他们的食宿报酬外，游客体验的活动也是他们收入的来源。此外，游客一般会购买一些纪念品或者手工艺品，村民们也可以从中获取收益。当村民们意识到手工艺品能够给自己带来收入时，他们便会大量地制作这些手工艺品，还会创意性地开发新手工艺品。这也使得当地的传统文化得以传承与发扬，甚至使一些濒临消失的手艺得以传承。泰国的帽汕村，是远近闻名的雨伞村。这里的制伞业发展时间悠久，是泰国政府重点保护的民间手工业之一，每一个制伞厂都有独特的工艺与特色，每年都能为当地政府增加大量经济收入。

（2）减少开发成本，促进文化交流

一般景点的开发总是从容纳更多的游客出发，因此为了提高可进入性，当地政府、开发商都会费大力气修建宽敞的公路与相关基础设施。虽然也能促进当地旅游业的发展，但都会在一定程度上破坏当地生态环境，使景区失去可持续发展性。寄宿制旅游让游客吃住都在村民家里，一方面避免了大规模宾馆、饭店的修建，一方面提高了绿色出行的效率。因为到达村庄除了乘坐汽车以外，更多是靠大象以及步行的方式，这样既提高了旅游路途的情趣，也避免了大量公路的修建。

在文化方面，旅游业对当地部落的影响也相对较小。乍一看，在村舍里吃饭和旅行的游客似乎会影响村民的生活。由于游客和村民在生活方

式、习俗、信仰等方面存在差异，这种密切的接触可能导致双方的冲突或民族文化的丧失。然而，事实并非如此：游客住在村民家里，即使他们住在一起，也很少干涉居民的家庭事务，他们与家庭成员吃饭和睡觉都是分开的。此外，游客和村民之间没有太多的交流，阻碍交流的主要原因是缺乏对语言的理解，因为很少有居民能够说任何一种欧洲语言或其他语言。自带向导的游客与村民交谈，主要是为了获得对所发现事实的更全面的解释。没有向导的游客，虽然可以通过手势与居民交流，但只是为了满足最基本的需求，如食物和住宿。因此，即使游客和当地居民的文化背景非常不同，这种关系也会改善。

4. 在保护生态环境与传统文化的同时，打造特色旅游与品牌旅游

（1）打造以佛教文化为代表的文化旅游品牌

泰国是一个“佛教王国”，号称“黄袍佛国”，佛教作为该国的国教，在泰国有着悠久的历史。几个世纪以来，佛教对泰国的政治制度、民族文化、生产生活等方面产生了极深远的影响，成为泰国普遍道德修养和社会凝聚的标准。泰国的法律也对泰国人民设定了修行的要求，泰国的宪法规定，泰国国王必须是佛教的信徒，泰国的成年男子必须剃度出家，时间一般为七天到三个月。泰国的僧侣也拥有极为崇高的地位，不论是政府还是民间的大型活动，都会邀请僧侣前往现场诵经。泰国宗教局于 2017 年发布的调查结果显示，泰国 77 个府共有 41142 座佛教寺庙，仅曼谷就有 456 座[①]。在这个小乘佛教的国度里，佛寺、佛塔错落有致地林立其间，僧侣随处可见，宗教氛围笼罩全国。浓厚的佛教文化是泰国旅游业中极具代表性的特色，吸引着众多国内外的游客。泰国政府也十分重视佛教文化的保护与传承，擅长将佛教文化与自然风光、民族文化相结合，让游客体验泰国浓厚的文化氛围。此外，泰国极具风情与地域特色的民族文化也是泰国文化旅游的一大亮点。泰国少数民族众多，30 多个少数民族都有不同的传统文化、生活习惯，也形成了多种多样的传统节日，诸如宋干节、大象节等，还有别具一格的传统活

① 陈丽亮：《泰国佛教的历史与概况》，《法音》2018 年第 12 期。

动，诸如赛象、观鱼等[1]。

（2）打造以清迈大象旅游产品为代表的大象特色旅游产品

泰国的大象具有至高无上的地位，自古以来便是泰国的吉祥物，被泰国人钟爱。人们对于大象也有着与其他动物不一样的复杂的情感，泰国人喜爱大象更崇拜大象，对待大象也像亲人朋友般。清迈的大象旅游不仅是清迈的品牌性旅游产品，更是泰国大象旅游产品的代表。清迈的班昌大象乐园由一个保护大象的非营利组织建立和运营，其致力大象的保护与宣传，为大象提供安全自在的环境，收取的外界捐款与乐园收入也全部用于大象本身。在这里，游客既可以近距离接触大象，还能够在工作人员的引导下深入学习大象的生活习性，例如如何喂养、保护、救援大象。此外，游客也能在专职饲养员的带领下，以“义工”的身份亲身参与到大象的喂养中去，为大象准备食物、药物，和大象一起在林中漫步，给大象洗澡。清迈的大象便便乐园是一家以大象粪便造纸出名的公园，其主要目的在于宣传生态保护，减少森林砍伐，减缓全球变暖，通过可再生资源，也就是大象的粪便造纸，并做成各种手工艺品出售，同时也会邀请游客参与造纸过程[2]。

（3）设计多元文化融合发展的精品旅游线路

泰国的旅游线路设计注重自然风光与民族文化的结合，如曼谷——芭堤雅旅游线路。曼谷是现代的更是传统的，这里不仅有高楼大厦，更有泰国传统文化。在川流不息的车流之间仍有金碧辉煌的寺庙，在鳞次栉比的高楼之间也有水泥桩上的高脚屋。大王宫、云石寺、四面佛、镂金镶玉的尖塔、玉佛寺等极具东方色彩的传统建筑能够让游客更好地体验泰国的佛教文化与民族风情，其内部馆藏的民族雕塑、绘画等作品则是最好的文化输出。芭提雅历来便是度假天堂，海滩与夜生活令世界无数游客为之着迷，是极具现代风情的城市。这条线路将现代文化、佛教文化与民族文化融合在一起，

---

① 李瑞霞：《再谈泰国旅游业的发展与启示》，《东南亚》2006 年第 1 期。

② 孙璐、杨琳曦：《基于旅游可持续发展理念的泰国大象旅游产品开发研究——以清迈为例》，《中国集体经济》2021 年第 19 期。

不仅展示了寺庙、宝塔，佛像、绘画，也展现了泰国现代风情，通过这一条线路就能领略泰国的过去与现在，了解泰国历史文化、风俗习惯，秀美风光①。

5. 以宏观调控为发展手段，以政策制定为发展保障

泰国旅游局通过制定《1997～2003 年促进旅游业发展的政策》以有效推进旅游业的可持续发展。

第一，加强环境的保护与管理。（1）突出艺术与文化复兴，并将其与保护环境资源作为旅游业可持续发展的首要目标，满足长期增长的游客量需求的同时保持国家原有风貌；（2）强调政府与非政府组织的合作，由当地政府与各社会组织共同承担当地旅游业的相关责任，加强旅游管理的同时保护旅游资源，促进旅游可持续发展；（3）强调现代科技技术的使用，在支持基础设施建设、旅游营销推广以及产品打造等各方面充分运用科技手段；（4）控制景区景点的游客容量，通过限制游客人数、采取不同门票价格体系等经济手段对旅游景点加以控制，保证游客数量不超过景区的承受范围，降低对景区自然环境的影响；（5）持续开发新产品，扩展新市场。

第二，强调旅游人才培养，提高服务质量。泰国的著名大学都设有旅游专业的课程，此外还有很多专业的旅游学校，培养高质量导游、旅游管理与规划方面的人才。对于旅游从业人员也有不同的标准，在泰国从事旅游服务的人员必须有高中或职高的学历，还需接受不同程度的培训。

第三，提升旅游业在国民经济中的地位。《1997～2003 年促进旅游业发展的政策》要求旅游业不仅要吸引外来投资，提供大量就业机会，还要带动其他如建筑业、交通运输业、园艺业等相关行业的发展。

第四，加强区域旅游业的合作，主要是与东盟各国的合作②。

---

① 李文标：《泰国旅游可持续发展对策研究》，硕士学位论文，云南师范大学，2009。

② 王育谦：《泰国可持续旅游发展战略及借鉴》，《东南亚纵横》2006 年第 10 期。

三　泰国生态旅游发展经验与启示

（一）泰国生态旅游发展经验

1. 以完善法制体系保障旅游可持续发展

为了更好地保障旅游业的发展，泰国更新了环境法规与政策对相关行为提供更好的指导。1975 年，泰国制定了《国家环境质量法》，并在 1992 年进行全面修改，强化了违反规定的处罚措施：增加刑事处罚规定，设立环境基金，强化环境执法监管。1992 年，泰国出台了《国家环境保护与改善法》和《旅游和导游执业法》。前者要求对环境影响进行评价，并对居民参与机制做了相关规定。《旅游和导游执业法》规定了景区景点开发的过渡阶段，对于旅游基础设施不完善而旅游活动不断增加的区域，要根据《国家环境保护与改善法》的标准确定"环境保护区"和"污染控制区"。此外，泰国的宪法也对环境法规进行了约束以保证其更有力的执行。泰国宪法规定"国家必须保护自然，保持自然资源和替代品之间的平衡，防止和消除污染，制定适当的土地与水源利用计划"。

2001 年，泰国颁布了《可持续旅游国家议程》对可持续旅游开发的规划进行了规定，以进一步促进可持续旅游法律的实施。《可持续旅游国家议程》的政策包括：一，旅游是泰国公民的基本权利；二，对旅游进行综合统一的管理；三，重视旅游的教育性质，通过旅游加强年轻人与泰国人民对泰国传统文化、自然资源的学习；四，规定旅游业应提供更多的就业机会，增加居民收入，赋予当地居民更多的权力；五，利用现代技术手段提高泰国旅游业的竞争力，提高服务质量与管理标准①。

2. 以文化教育提升泰国旅游从业者的素质与能力

泰国的师范教育始于公元 1867 年，通过对内改革教育制度，对外吸收

① 余俊：《泰国可持续旅游法对中国的启示——以发展漓江生态旅游为例》，《东南亚纵横》2009 年第 9 期。

优秀文化，提升整体教育质量。完善幼儿教育、普通教育、高等教育体系，增加职业教育、社会教育、继续教育和特殊教育等部门，形成全民教育体系；针对性地改革课程设置，强调实操性教育内容，保证与经济发展相符合。加大财政投入力度，早在1983年，泰国的教育经费就已经占当年国家财政预算的22%。

泰国对于教育事业的高投入，也得到了高质量的反馈。一方面，泰国旅游业的从业人员整体素质得到了提高，对于商贸、管理、沟通交流以及文化涵养等方面有好的理解，使得泰国旅游经济得以兴盛；另一方面，泰国的年轻人经过专项培养，也逐渐加入旅游市场，在国内与国际市场中扮演着重要角色，逐渐成为泰国旅游业的中坚力量①。

3. 以信息技术手段的开发促进生态旅游高质量发展

通过设立生态旅游发展信息中心，收集政府机构以及在生态旅游相关领域工作的其他研究人员的工作内容与相关信息。并将所有的信息存放在电子数据库中，方便需要时随时调取。同时，编写《生态旅游景点名录》，记录全国各地关于生态旅游活动的信息，包括景区景点位置，旅游基础设施现状、可达性、发展特点、面临的问题等。整体建立了一个关于泰国全国的生态旅游开发与管理的数据库。

此外，泰国还建立了旅游资源监测系统，将在监测过程中发现的严重环境问题的资料提供给国家旅游发展促进委员会。与此同时，与当地环境团体建立网络，通过媒体传播这些信息，从而产生社会压力，要求有关各方在保护国家旅游资源方面承担更大的责任。

（二）泰国生态旅游发展对中国的启示

1. 各级政府是生态旅游发展的重要领导角色

在泰国第九个国家经济和社会发展计划期间，财政和管理职能将下放给地方当局。权力下放还将导致旅游管理职能移交给地方当局，即省级和区级

---

① 吴蓓：《当今泰国旅游经济持续发展因素初探》，《物流工程与管理》2014年第10期。

的管理组织。这些地方政府管理人员有更大的管理权利与更积极的主动性，通过学习更新的旅游知识，了解行业标准与所辖地区的现状及未来发展趋势，做出有效的长期保护措施。

与此同时，泰国旅游管理与研究机构为可持续旅游制定了正确和全面的发展战略和目标，制定了适当的政策和标准，以避免盲目和无限制地发展生态旅游。政府对自然保护区的范围以及生态旅游的功能和生态旅游活动的范围进行了规定与限制，并对可持续旅游的发展进行了科学规划。

因此，我国在发展生态旅游的过程中，也应该做好科学的规划，对景点的环境设施、承载能力等做好科学的规划控制，以实现景区环境和景点的可持续发展。

2. 法律法规的制定是生态旅游发展的重要保障

为了促进生态旅游的发展，仅有政府的领导和科学的规划是不够的。确保强有力的体制、法律和条例能够执行，旅游业才能具有可持续发展的自然资本。泰国以完备的旅游法律法规明确了旅游中不同主体的责任与义务，《旅游法》《全国环境质量提高与保护法》《旅馆法》《旅游行业与旅游导游法》等分别对政府部门、旅游企业、地方社区和旅游者在旅游中的责任与义务作了相关规定。

因此，我国还必须通过必要的法律文书来促进生态旅游的发展。首先，必须重视保护自然资源的立法。由于自然界是一个整体的生态系统，对生态资源要素的片面保护是不够的，需要建立统一的《自然资源保护法》；其次是改善环境保护的执法。由于我国政府部门各司其职，需要相互配合，因此，要实现旅游业的可持续发展就必须协调各执法部门之间的关系，克服多头管理的问题。

泰国《可持续旅游国家议程》要求政府在旅游管理上要有统一的方针，重视政府对生态旅游的管理功能，特别是对名胜景点的管理，最后是对旅游景区文化多样性的法律保护。一方水土养一方人，不同地区的老百姓都在长时间的发展过程形成了适合当地生态环境的生活生产方式。所以，要实现旅游的可持续发展也必须重视对当地非物质文化以及自然环境的保护。

3. 加强宣传和教育是生态旅游发展的必然要求

生态旅游涵盖了经济、文化、环境等多方面的因素，且具有一定的专业性，因此，对生态旅游的科普教育必不可少。近年来，由于泰国加大了对生态旅游的宣传教育，低碳思想、环保理论、可持续发展的理念在泰国人心中已大大加强。此外，借助发达的网络信息技术，越来越多的人能够更轻松地了解生态旅游的发展，提高旅游者的生态保护意识能够推进生态旅游的发展。

生态旅游的发展更重要的是靠当地居民的维护。对于游客而言，居民是当地生态旅游的组成部分；对于居民而言，当地的生态环境与文化传统是其赖以生存的依靠。因此，对生态旅游地的居民进行生态旅游的教育与法律法规的科普也尤为重要。为了协调国家环境管理权限和地域居民的关系，政府还需要对居民进行环境教育，积极倡导有利于生态旅游发展的生产生活方式，促进生态旅游决策的实施，建立绿色消费体系，引导广大公民和世界各地游客建立科学的生活习惯和消费行为。

4. 生态旅游发展的最终目的是发展经济

生态旅游作为自然文化与人类生存之间的一种旅游形式，已经成为自然与人类和谐发展的一种形式。作为推动国民经济和地方经济发展的一种旅游形式，继续提高当地居民的生活水平也是生态旅游的发展重点。生态旅游只是减少了旅游业在环境、文化等方面的破坏。政府、旅游企业和旅游者都应该基于这样的认识：旅游业的可持续发展促使人们能够保护生态环境和文化资源等，从而更好地促进生态旅游发展，二者形成良性循环，是旅游业真正实现可持续发展的基础。

参考文献

［1］爱丽：《泰国旅游业对泰国经济发展的影响》，《商场现代化》2013 年第 14 期。

［2］陈莹：《泰国发展生态旅游及对中国的启示》，《东南亚》2002 年第 2 期。

[3] 刘金源:《论泰国旅游业中的色情问题及其危害》,《东南亚研究》1998 年第 5 期。

[4]《泰国国家概况》,中华人民共和国外交部官网,https://www.fmprc.gov.cn/web/gjhdq_676201/gj_676203/yz_676205/1206_676932/1206x0_676934/。

[5] 泰国国家旅游局中文官方网站,http://amazingthailand.org.cn/。

[6] 孙广勇、俞懿春:《环保与旅游并重　泰国推进绿色国家公园建设》,人民网,http://travel.people.com.cn/n1/2018/0504/c41570-29964387.html,2018 年 5 月 4 日。

[7] 陈丽亮:《泰国佛教的历史与概况》,《法音》2018 年第 12 期。

[8] 李瑞霞:《再谈泰国旅游业的发展与启示》,《东南亚》2006 年第 1 期。

[9] 孙璐、杨琳曦:《基于旅游可持续发展理念的泰国大象旅游产品开发研究——以清迈为例》,《中国集体经济》2021 年第 19 期。

[10] 李文标:《泰国旅游可持续发展对策研究》,硕士学位论文,云南师范大学,2009。

[11] 王育谦:《泰国可持续旅游发展战略及借鉴》,《东南亚纵横》2006 年第 10 期。

[12] 余俊:《泰国可持续旅游法对中国的启示——以发展漓江生态旅游为例》,《东南亚纵横》2009 年第 9 期。

[13] 吴蓓:《当今泰国旅游经济持续发展因素初探》,《物流工程与管理》2014 年第 10 期。

Abstract

China's unique geographical location, complex topography, diverse climate types and rich biodiversity have laid a solid resource foundation for the development of ecotourism. In the national ecotourism development plan (2016 - 2025), combined with the characteristics of local ecotourism resources, the national ecotourism development is divided into eight areas. Under the guidance of the new concept of building "Green China" and "beautiful China", building a scientific and reasonable ecotourism development index system and comprehensively evaluating the development of areas is to promote the development of ecotourism industry Strong guarantee for policy formulation.

In the main report, based on the new development stage, new development concept, new development pattern and high - quality development, starting from the overall layout of "five in one", the concept of ecotourism system is defined, and the reasons for the rise of ecotourism and the development process of ecotourism at home and abroad are summarized. At the same time, according to the latest statistical data, the development of "eight areas" of ecotourism is comprehensively evaluated. Through the construction of China's ecotourism development index system, the national average index value is calculated to be 0.0723, including the ecotourism area in the eastern plains and hills, the ecotourism area in the middle and lower reaches of the Yellow River, the ecotourism area in the upper and middle reaches of the Yangtze River The eco - tourism area in the Pearl River Basin exceeds the national average; According to the ranking of all provinces (autonomous regions and cities), only Beijing, Shanghai, Chongqing, Tianjin and Jiangsu have ecotourism development higher than the overall average value of 0.1269. It is found that the difference of ecotourism development degree among regions tends to expand, and the regions with unique ecotourism resources have stronger development power. It is advocated to solve the prominent problems of large differences in regional ecotourism development and low stages of regional ecotourism development by improving laws and regulations, improving ecotourism development planning, developing the uniqueness of regional ecotourism culture and increasing publicity and education.

This book is divided into four parts. In the index part, it systematically analyzes the current situation of China's ecotourism development from the perspective of big data, and makes an in – depth study on the inter city agglomeration benefits of China's ecotourism resources, the agglomeration effect of ecotourism industry and the agglomeration effect of ecotourism communication. The calculation results show that the economically developed provinces (cities and autonomous regions) in the eastern region have a significant lead in the development of ecotourism. We should pay more attention to the balanced development of the eastern, central and western provinces (cities and autonomous regions) themselves and each other, give full play to the leading role of municipalities directly under the central government and some advanced provinces (cities and autonomous regions), and fully mobilize the available resources of ecotourism in the eastern, central and western regions The exploitable, sustainable and coordinated scientific development will further reduce the development gap between regions in ecotourism infrastructure and public service capacity.

In the regional part, by studying the development process of ecotourism in Yanqing, the Pearl River Basin, the Yangtze River Basin, the Qinghai Tibet Plateau and Shandong Province, it is concluded that the establishment of ecotourism compensation mechanism and coordination model, the construction of long – term talent training mechanism and the improvement of ecotourism public service system can effectively promote the upgrading of regional ecotourism industry and economic development.

In the special topic, the evaluation standard system and acceptance system of China's ecotourism development planning are discussed, and the needs under the new pattern of China's ecotourism development are discussed. The research shows that the "double system" should accurately grasp the balance between absolute quantity and relative quantity, maintain the dynamic and stability of the system, and should take tourist satisfaction as an important reference for the acceptance results; By summarizing the development process of ecotourism in Huangshan, Guilin and Mount Emei, it is found that having certain monopoly scenic spot resources can bring stable income growth, but some dispensable supporting facilities can not bring profit growth.

In the chapter of policy and supervision, it discriminates and summarizes the current situation, problems and Countermeasures of China's ecotourism laws and regulations, the contradictions between domestic ecotourism supply and demand, development and protection, material and spirit, rights and responsibilities, and the "labor pains" in the promotion and application of the cooperation mode between tourism enterprises and social capital, It also gives policy suggestions on compiling ecotourism balance sheet, establishing ecotourism supervision and management mechanism, perfecting ecotourism legal system and strengthening the construction of credit level system.

In the case part, taking dajiuzhai ecotourism route in Western Sichuan as an example, based on the general situation of resources and industrial development, this paper explores its branding development process and analyzes its branding strategy. The success of dajiuzhai ecotourism line brand in Western Sichuan shows that relying on policies, clarifying the development direction of brand construction, resource integration, brand cluster development and strengthening the construction of supporting measures are effective ways to build ecotourism line brand.

In the reference part, it analyzes the successful ecotourism development models such as Yellowstone National Park in the United States, Japan's "ecotourism +", Thailand's "seven green concepts" and international nature reserves, summarizes the models, practices and achievements, and gives ecotourism development suggestions from the aspects of industry supervision and planning, departmental cooperation, community participation, talent training and business model.

In general, the book summarizes the overall layout and key tasks of industrial planning, environmental protection and supporting system around the national ecotourism development plan (2016 – 2025), and implements a comprehensive evaluation. It provides a reference basis for experts, scholars, management departments, enterprises and institutions to study and formulate ecotourism development planning.

Keywords: Ecotourism; Ecological civilization construction; Ecotourism development planning

Contents

I General Report

Abstract: 2021 is the first year of the 14th five years plan and a new stage of China's ecological construction and economic development turning to high-quality development. The report summarizes the development process of ecotourism at home and abroad, and defines the concept of ecotourism around the overall layout of "five in one". Through the construction of China's ecotourism development index system, the ecotourism areas divided by the national ecotourism development plan (2016 –2025) are comprehensively evaluated. Among them, the ecotourism areas in the eastern plains and hills, the upper and middle reaches of the Yangtze River, the middle and lower reaches of the Yellow River and the Pearl River basin exceed the national average value of 0.0723; According to the ranking of all provinces (autonomous regions and cities), only Beijing, Shanghai, Chongqing, Tianjin and Jiangsu have ecotourism development higher than the overall average value of 0.1269. It is found that the difference of ecotourism development degree among regions tends to expand, and the regions with unique ecotourism resources have stronger development power. At present, China's ecotourism still suffers from serious environmental pollution, destruction of resources and low development stage of ecotourism. In view of the above problems, the report believes that we should timely grasp the opportunities of the enhancement of social ecological awareness, the rise of ecotourism market and the vigorous development of digital intelligence technology, increase publicity and education, make ecological planning, strengthen ecological management and improve laws and regulations.

Keywords: Ecotourism; Lucid Waters and Lush Mountains; Comprehensive Evaluation System

Ⅱ Index Topic

Abstract: This report constructs the development index system of China's ecotourism and systematically analyzes the development status of China's ecotourism. The whole system includes five subsystems: economic ecology, political ecology, cultural ecology, social ecology and natural ecology, with a total of 24 indicators. The report uses entropy method and expert scoring method to assign the weight of each index. The greater the weight value, the higher the importance of the index. Finally, it is concluded that the natural ecosystem is the most important, followed by economic ecosystem, cultural ecosystem, social ecosystem and political ecosystem. The results show that the overall situation of ecotourism development in China is good, especially the overall level of ecotourism development in the four municipalities directly under the central government is high. In addition, Dajiang river basin is a hot area of ecotourism development and an important ecotourism destination. However, there are also some problems in the development of ecotourism. There are great differences between regions, the phenomenon of unbalanced development is more prominent, and the development power of the central and western regions is slightly insufficient. Therefore, in the future development process of ecotourism, resource integration, regional cooperation, learning from each other's strengths and showing their own advantages will become the focus of ecotourism.

Keywords: Ecotourism; Big Data; Entropy Method; Comprehensive Evaluation System

Ⅲ Region Topics

B.3 Research on the Path and Model of China's Rural Ecotourism under the Rural Revitalization Strategy

Meng Zhijun, Zhou Renren and Yu Yang / 063

Abstract: Taking Yanqing District, Tengtou village, Chongdugou village and Yuanjiacun village in Fenghua, Zhejiang Province as examples, this paper summarizes the path and mode of China's Rural Ecotourism under the Rural Revitalization Strategy " Jade from other places can also attack stones, and water from other places can borrow Qingyuan " . Based on the characteristics of different regions in China and combined with the typical cases of different environments, conditions and development of rural tourism destinations, we can find the path of the combination of ecology and tourism, and play a key role in leading and demonstrating the path and mode of rural ecotourism.

Keywords: Ecological Conservation Area; Ecological Economy; National Tourism Resources; Ecological Culture

B.4 Research on Ecological Compensation in the Eco-tourism Area of the Pearl River Basin

Li Huimin / 083

Abstract: As China's third-largest river basin, the economic development of different regions in the upper and lower reaches of the Pearl River Basin is not balanced, and there are many contradictions in the issue of ecological and environmental protection. Judging from the current situation, the practice of ecological compensation in the Pearl River Basin, especially tourism ecological compensation, is still in its infancy. The establishment of an ecological compensation mechanism for eco-tourism in the Pearl River Basin will help adjust the environmental and economic behavior of various stakeholders in the basin, solve the stability of the ecological environment in the basin to a certain extent, and promote the economic development of the basin. This article proposes to promote the establishment and improvement of the tourism ecological compensation mechanism in the Pearl River Basin as soon as possible through measures such as improving relevant systems and clarifying responsibilities.

Keywords: Pearl River; Tourism; Ecological Compensation

Abstract: The coordinated development of regional tourism is an inevitable strategic choice to integrate tourism market resources and enhance regional tourism competitiveness. It is also an important driving force for expanding the scale of the tourism market, achieving cross-regional expansion of eco-tourism, and promoting regional economic development. The Yangtze River Delta region is rich in tourism resources, complete in infrastructure, and has a good internal and external environment for tourism. It is an important tourist destination and source of tourists in China. Under the new development pattern, promoting the coordinated development of tourism in the Yangtze River Delta is an important starting point for implementing the national strategy for the integration of the Yangtze River Delta, building a world-class city cluster in the Yangtze River Delta, and accelerating the integration process of the Yangtze River Delta. This report analyzes and summarizes the main models of coordinated tourism development in the Yangtze River Delta, and finds that it has continuously explored and achieved good results in promoting cross-regional and cross-industry collaboration in the tourism industry. At the same time, it has studied the favorable conditions for the coordinated development of tourism in the Yangtze River Delta. And the problems faced, it is found that the overall situation of the tourism industry in the Yangtze River Delta is improving, but there are still deficiencies in resource distribution, overall planning, and development environment. On this basis, this report provides new development ideas for promoting the further coordinated development of tourism in the Yangtze River Delta.

Keywords: Ecotourism; Coordinated Development; Yangtze River Delta

B.6 The Sustainable Development of Eco-tourism in Qinghai – Tibet Plateau Region Problems and Countermeasure Analysis

Abstract: Eco-tourism is a kind of green tourism consumption. It can not only meet the diversified demand of tourists for ecology, culture and travel, but also drive regional economic development. After years of exploration and practice, the development of eco-tourism in the Qinghai – Tibet Plateau region has a good momentum, but there are still many problems. The Qinghai – Tibet Plateau region is an important ecological barrier of the country, and the ecological strategic position is extremely important. To explore how to protect the ecological environment and reduce the negative impact of tourism activities, promoting regional economic development is the key to the sustainable development of eco-tourism in highland areas, and it is also an important measure to practice the concept of "Clear waters and green mountains are as good as mountains of gold and silver" . Based on the current situation of eco-tourism development in the

Qinghai - Tibet Plateau region, this report summarizes the existing problems and causes of the current development model, and puts forward some suggestions for targeted countermeasures, with a view to providing reference and reference for the exploration of ecologically friendly, green low-carbon and high-quality development path with plateau characteristics in the Qinghai - Tibet Plateau region.

Keywords: Qinghai-Tibet Plateau Region; Eco-tourism; Environmental Protection

Abstract: Shandong Province has the advantages of regional location, natural resources and cultural resources for the development of ecotourism. In the process of the continuous development and growth of tourism industry in Shandong Province, the construction of ecotourism public service system has also made great progress. The results show that there are still some problems in Shandong ecotourism public service system, such as lack of type division, lack of system integration, weak ecological supervision of the whole industrial chain, insufficient supply of education and culture, insufficient development and utilization of human resources and so on. In view of the above problems, Shandong Province should build a public service system with clear levels, network interoperability, co construction and sharing, strengthen the bottom line principle of protection and development in the ecotourism public service system, and innovate the cooperation mechanism of human resources, natural knowledge and ecological education and training.

Keywords: Ecotourism; Public Service System; Shandong Province

Ⅳ Special Topics

B.8 Study on Evaluation Standard System and Acceptance System of Ecotourism Development Planning in China

Liu Jiwei / 144

Abstract: Domestic ecotourism research focuses on the concept discussion, classification, development planning and marketing strategy of ecotourism, and there is a lack of discussion on the evaluation standard system and acceptance system of development planning. Based on the ecotourism theory and combined with the problems existing in China's ecotourism development, this paper summarizes the improvement direction of the ecotourism development planning evaluation standard system and the principle of system index construction, and constructs the satisfaction measurement index system and supporting weight determination method in order to solve the less discussion of passenger satisfaction in the current acceptance system.

Keywords: Ecotourism; Development Planning Evaluation Standard System; Acceptance System

B.9 Quantitative Analysis on the Demand Side of the New Development Pattern of Ecotourism in China

Mao Yuting / 157

Abstract: In order to explore the changes of people's current demand for ecotourism, this paper focuses on the growth path and reasons of business income of ten important scenic spots. It is found that at present, the growth rate of the overall tourism demand of the people has slowed down. At the same time, superimposed with the epidemic image, the tourism demand has further decreased.

However, due to its good natural endowment and certain monopoly, and the franchise mode of superimposing scenic spot resources, ecotourism, as a rigid demand, still maintains a good growth rate. Split the overall revenue of the scenic spot, we can find that the scenic spot resources with certain monopoly can bring stable income growth, but some dispensable supporting facilities can not bring profit growth. It can be predicted that in the early stage of reducing the impact of the epidemic, the income of scenic spots with rich natural resources will rebound and grow rapidly. In view of the fact that ecotourism is just needed, major scenic spots should focus more on relying on characteristic natural resources for development, focus on the main business and meet the needs of the people. At the same time, they can appropriately transfer the construction of supporting facilities in some sections, such as restaurants, shuttle buses and other resources, and do not compete with market-oriented institutions.

Keywords: Ecotourism; scenic spot resources; demand

V Policy and Regulation Topics

Abstract: Perfect system and mechanism is an important guarantee for the development of ecotourism. Especially under the background of ecological civilization construction in the new era, it is urgent to comply with the trend of ecological civilization system reform and establish and improve the system and mechanism to promote the development of ecotourism. At present, China's ecotourism development is facing the contradiction between supply and demand, development and protection, material and spirit, rights and responsibilities. The root cause of the above problems is the disadvantages of the existing system and mechanism of ecotourism. Combined with these development problems, this paper puts forward the key points of building ecotourism system and mechanism in the future, including ecotourism product certification mechanism, strengthening the construction of ecotourism demonstration areas and national parks, and building ecotourism brands; The community participation mechanism of ecotourism ensures the participation of community residents in the development of ecotourism from the determination of resource property rights, interest distribution and government supervision; And ecotourism supervision and management mechanism, strengthen the supervision of ecotourism development by compiling ecotourism resource balance sheet, establishing ecotourism accountability mechanism and public participation supervision mechanism.

Keywords: Ecotourism; National Park ; Ecological Supervision

B.11 Perfecting Laws and Regulations to Promote the Coordinated Development of Ecotourism and Environmental Protection

Abstract: Based on the strategic task of China's ecological civilization construction, the report focuses on the current laws, regulations and policies on Ecotourism and environmental protection. In view of the prominent problems existing in the development of ecotourism, such as unreasonable planning, resource abuse, neglect of regional carrying capacity and low participation of regional residents, the report puts forward the establishment and improvement of the legal system of ecotourism law, the improvement of the compensation system for ecological environmental damage strengthen judicial protection and strengthen administrative law enforcement supervision.

Keywords: Ecotourism; Environmental Protection; Ecological Benefit

Abstract: The public welfare of ecotourism enterprises determines that ecotourism needs to be led by the government to safeguard the public interests enjoyed by all tourists. After the introduction of social capital into tourism in 2012, the government supported eco-tourism enterprises to cooperate with social capital and made great achievements. The participation of social capital enables tourism enterprises to obtain a new driving force of "entrepreneurship and innovation", promote and promote the transformation and upgrading of traditional tourism industry, and build a new tourism industry value chain and ecosystem. In the process of promoting PPP mode, the government also has some problems, such as incorrect development concept, unclear boundary between administrative behavior and franchise, unscientific operation mechanism in project management, and has standardized and optimized it by formulating a series of policies and improving a series of mechanisms since 2018. At present, the system integration mechanism, intergovernmental division of labor and cooperation mechanism and dynamic evaluation and adjustment mechanism covering the whole process have been preliminarily established. It should be noted that the problems in the promotion and application of the cooperation mode between tourism enterprises and social capital are the "labor pains" stage in the process of its development. Therefore, it is appropriate to boost confidence and see the broad prospects for the cooperation between tourism and social capital.

Keywords: Ecotourism; Social Capital; Policy Support

Ⅵ Case Topic

B.13 Research on Brand Construction of Characteristic Ecotourism Routes

—Taking Dajiuzhai Ecotourism Routes in Western Sichuan as an Example

Wang Xin, Xu Xiaowen, Zhu Danmeng and Hu Juan / 219

Abstract: Taking Dajiuzhai ecotourism route in Western Sichuan as an example, based on a comprehensive understanding of Dajiuzhai ecotourism route resources and industrial development in Western Sichuan, this paper explores its brand development process, analyzes its brand strategy, and discriminates the problems existing in the brand development of Dajiuzhai ecotourism route in Western Sichuan, It also summarizes the relevant experience and Enlightenment of building a characteristic ecotourism route brand.

Keywords: Tourism Brand; Ecotourism; Tourist Routes; Dajiuzhai in Western Sichuan

Ⅶ Reference Topics

B.14 Adaptive Management of Ecotourism Impact in International Nature Reserves

Feng Ling, Guo Jiaxin / 235

Abstract: Ecotourism provides a sustainable development mode for nature reserves, but it also brings a burden of environmental impact to the protection zone. While promoting tourism development, protected areas should also actively pay attention to tourism impact management. As a continuous and dynamic learning process, adaptive management has been gradually applied in many fields such as management, ecology, tourism and education. It has become an effective means for international nature reserves to carry out ecotourism impact management. On the basis of reviewing the concept connotation, development and application of adaptive management theory, combined with practical experience, this paper summarizes the principles of ecotourism adaptive management in international nature reserves, that is, clarifying the objectives and values of nature reserves, strengthening the forward-looking planning of tourism and visitor management, identifying ecotourism needs, and measuring the resource and social carrying capacity of nature reserves, strengthen visitor behavior management and combine direct management and indirect management. Finally, the paper puts forward a comprehensive scheme for ecotourism adaptive management in nature reserves from three aspects: strengthening ecotourism monitoring in nature reserves, improving public participation and promoting ecotourism communication and promotion.

Keywords: Nature Reserves; Ecotourism; Environmental Impact; Adaptive Management; Visitor Management

Abstract: Yellawstone National Park is the first National Park in the world. It has rich ecotourism resources and development experience. It has learning value and significance for all over the world, especially for China, which started late in ecotourism. By combing the development context of Yellowstone National Park, clarifying the key nodes and major events, combined with the national conditions and history of the United States, this paper analyzes and summarizes the ecotourism development and management mode of Yellowstone National Park in the United States from the perspective of developers; Education guidance and legal guarantee;

Cooperation from all walks of life and scientific development; Participation of the whole people and externalization in practice. Secondly, based on the actual ecotourism practice of Yellowstone National Park, the mode of ecotourism industry integration is leisure tourism + ecotourism; Health tourism + eco-tourism; Research tourism + ecotourism; Adventure tourism + ecotourism; Cultural tourism + ecotourism. Finally, we look back to China and find that the current situation of China's ecotourism development exists, including the lack of specialized and systematic industry norms for ecotourism development, the lack of overall and long-term planning, the need to improve the regional governance ability, the lack of professionals and specific norms in ecotourism management, and the enlightenment brought by Yellowstone National Park in the United States, Propose to improve the legislative and policy system and guide stakeholders to participate in development; Experts and scholars should make zoning planning and strengthen the planning and management of ecotourism; Suggestions on introducing and cultivating professionals through multiple channels.

Keywords: Ecotourism; Development Mode; Business Integration; Yellowstone National Park

B.16 Japanese Ecotourism Development Model and Its Enlightenment to China

Tang Chengcai, Xu Shiyi, Liu Yaru and Zhuoma Cuo / 281

Abstract: In recent years, the development of ecotourism in China has made great momentum and has made many achievements. However, there are still some problems, such as weak supervision, unclear standards and poor system. Japan's ecotourism developed earlier, and its operation and management mode, product development mode and format integration mode are relatively mature. By analyzing the development model of ecotourism in Japan, this paper puts forward the optimal path of ecotourism development in China, hoping to help the high-quality development of ecotourism in China.

Keywords: Ecotourism; Japan; Business Integration

Abstract: With the deepening of people's concept of environmental protection, ecotourism has also become a popular way of tourism in China. Under the guidance of the concept of sustainable development, it has achieved the dual purpose of developing tourism and protecting the ecological environment. In order to speed up the development of ecotourism in China and ensure its smooth development, it is particularly important to learn from the development experience of International Ecotourism. Thailand has unique natural conditions and is one of the important tourist countries in Asia. As early as 1992, the National Social Development Commission of Thailand proposed that the development of "ecotourism" is a necessary choice for Thailand to protect tourism resources, improve the quality of tourism products and meet the various needs of tourists. With the promotion of ecotourism, Thailand has taken the lead in the development of ecotourism, forming an ecotourism development pattern of northern ethnic ecotourism represented by Chiang Mai and yefengsong, Central Comprehensive ecotourism represented by Bangkok and southern coastal ecotourism represented by Phuket Island, and leading the construction of ecotourism in Thailand with a unique concept of green development Animal and other characteristic tourism resources have been integrated into the construction of ecotourism to create a unique ecotourism brand. With careful ecotourism policies, systems and mechanisms and laws to ensure the development of ecotourism, we have created an ecotourism brand with unique Thai customs all over the world. Its experience and lessons are worth discussing and learning.

Keywords: Thailand; Ecotourism; Three Development Patterns; Seven Green Concepts

后　记

历时半载有余，书稿终成书样，掩卷而思，饮水思源，心怀感恩。在此谨表达编者的拳拳谢意与殷切期许。生态旅游是一个宏大的研究课题，更是具有严密思想体系与发展传承的方法学科，在编写过程中，深刻感觉到“学无止境”，没有各位领导、专家、教授的帮助和支持，本书不可能付梓。

感谢皮书报告的作者朋友们，正是各位严谨务实的学术精神、卅年如一日的专注态度，为本书夯实了理论基础；这里面不乏国内著名的学者、学科的开拓者、引路人，他们对生态旅游的经久热忱的精神激励编者在该领域研究中奋勇向前。

感谢中国工程院院士、中国科学院地理科学与资源研究所研究员、中国生态智库首席科学家孙九林先生在百忙之中为本书撰写序。

感谢北京第二外国语学院王成慧教授对皮书撰写的指导。在皮书撰写、提纲审核等过程中，王成慧教授悉心修改给编者以无比的激励与帮助。

最后，感谢本书幕后默默奉献的朋友，包括中国林业生态发展促进会秘书长陈蕾先生、副秘书长姜燕女士，社会科学文献出版社副总编、皮书院院长蔡继辉，编辑周丽、张丽丽和谷丹阳以及在本书编写过程给出建议的各位专家老师，您们在体系架构、封面设计、文字校对、文稿润色、出版安排等方面的工作给编者带来巨大的帮助与启发，谢谢您们！

S 基本子库
UB DATABASE

中国社会发展数据库（下设 12 个子库）

整合国内外中国社会发展研究成果，汇聚独家统计数据、深度分析报告，涉及社会、人口、政治、教育、法律等 12 个领域，为了解中国社会发展动态、跟踪社会核心热点、分析社会发展趋势提供一站式资源搜索和数据服务。

中国经济发展数据库（下设 12 个子库）

围绕国内外中国经济发展主题研究报告、学术资讯、基础数据等资料构建，内容涵盖宏观经济、农业经济、工业经济、产业经济等 12 个重点经济领域，为实时掌控经济运行态势、把握经济发展规律、洞察经济形势、进行经济决策提供参考和依据。

中国行业发展数据库（下设 17 个子库）

以中国国民经济行业分类为依据，覆盖金融业、旅游、医疗卫生、交通运输、能源矿产等 100 多个行业，跟踪分析国民经济相关行业市场运行状况和政策导向，汇集行业发展前沿资讯，为投资、从业及各种经济决策提供理论基础和实践指导。

中国区域发展数据库（下设 6 个子库）

对中国特定区域内的经济、社会、文化等领域现状与发展情况进行深度分析和预测，研究层级至县及县以下行政区，涉及省份、区域经济体、城市、农村等不同维度，为地方经济社会宏观态势研究、发展经验研究、案例分析提供数据服务。

中国文化传媒数据库（下设 18 个子库）

汇聚文化传媒领域专家观点、热点资讯，梳理国内外中国文化发展相关学术研究成果、一手统计数据，涵盖文化产业、新闻传播、电影娱乐、文学艺术、群众文化等 18 个重点研究领域。为文化传媒研究提供相关数据、研究报告和综合分析服务。

世界经济与国际关系数据库（下设 6 个子库）

立足“皮书系列”世界经济、国际关系相关学术资源，整合世界经济、国际政治、世界文化与科技、全球性问题、国际组织与国际法、区域研究 6 大领域研究成果，为世界经济与国际关系研究提供全方位数据分析，为决策和形势研判提供参考。

法律声明